소비 수업

소 비 ──── 수 업

우리는 왜 소비하고,
어떻게 소비하며,
무엇을 소비하는가?

윤태영 지음

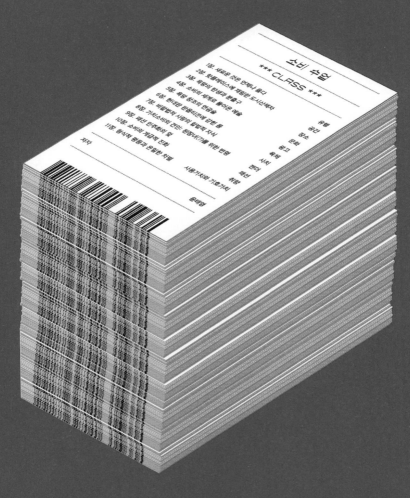

문예출판사

책을 펴내며

왜 소비인가?

　소비가 모든 것이 된 시대다. 우리가 이를 인정하든 안 하든 현대인들의 모든 행위는 소비로 시작해서 소비로 귀결된다. 친구를 만나 식사를 하고, 차를 마시고, 영화를 보거나 여행을 가는 일상의 모든 일에 소비가 뒤따른다. 우리가 자급자족을 하지 않는 한 의식주를 포함한 모든 것은 소비를 통해 획득된다. 'Buy nothing day'라는 캠페인이 진행된 적이 있다. 말 그대로 '아무것도 사지 않는 날'을 재정해서라도 하루 정도는 소비에서 벗어나 보자는 행사였다. 이러한 캠페인은 소비가 현대인의 일상에 얼마나 뿌리 깊게 자리하고 있는지를 역설적으로 보여준다. 더 나아가 현대사회에서 소비는 단순히 의식주와 관계된 재화나 용역에 국한되지 않는다. 소비가 모든 것이 되었다는 의미는 바로 여기에 있다. 우리는 오늘도 BTS

를 소비하고, 지성과 욕망을 소비하고, 스포츠와 예능을 소비하고, 진보와 보수의 정치를 소비한다. 바야흐로 모든 것이 소비되는 시대다.

이쯤되면 소비는 이제 내가 누구인지를 말해주는 단계로까지 발전한다. 현대사회에서는 더 이상 직업에서 정체성을 찾지 않는다. 특히 소비가 고도화된 사회에서 직업을 통한 정체성의 표현은 그것이 무엇이든 낡고 협소해진다. 이제 생산의 현장이 아닌 소비의 현장에서 그 사람이 어떤 사람인지를 떠올린다. 마침내 소비는 커뮤니케이션의 기능까지 부여받으며 현대사회의 언어가 됐다. 이제 굳이 내가 누구인지를 말하지 않아도 일상에서 나타나는 나의 소비양식이 나를 표현한다. 이렇게 언어로서의 지위까지 획득한 소비는 더 나아가 나와 타자를 구별짓는 기제로 작동한다.

현대사회에서 소비가 갖는 의미가 이러함에도 소비에 대한 연구나 관심은 여전히 제한적이다. 여기엔 소비에 대한 일방적 관념들이 오랜 시간 영향을 주었기 때문이라 생각된다. 일찍이 산업혁명 이후 등장한 자본주의는 과거 봉건주의 체제와 자신을 대별하기 위해 물적 생산력의 차이뿐 아니라 정신적·사상적 우위가 필요했다. 초기 자본주의에 이런 사상적 바탕을 제공한 이가 바로 막스 베버Max Weber(1864~1920)였다. 베버에 따르면 직업은 신으로부터 부여받은 의무다. 따라서 직업은 천직, 즉 하늘에서 부여받은 소명으로 받아들여졌다. 산업자본주의가 발달하면서 천직은 자본가와 노동자로 양분됐다. 베버는 자본가, 노동자 모두 소비를 억제하고 생산과 노동에 집중해야 함을 강조했다. 베버에게 '소비'는 프로테스탄티즘에서 강조하는 금욕정신에 위배되는 것이었다. 자본가는 생산을 통해 발생한 이윤을 소비로 탕진하지 않고 그 이윤을 다시 생산에 투자함으로써 자본주의의 생산성을 계속해서 높여야 한다는 것이 베버의 주장이었다. 이렇게 태어난《프로테스탄트 윤리와 자본주의 정신》(1905)에서 베버가 강조한 금욕정신은 자본주의의 사상적 기초가 됐다.

베버보다 조금 앞선 시기에 자본주의 체제의 작동 방식과 그 내부의 구조적 모순을 강조했던 카를 마르크스Karl Marx(1818~1883) 역시 생산의 관점에서 자본가와 노동자의 계급투쟁에 주목했다. 마르크스에게 소비는 그의 필생의 연구 주제였던 자본의 운동법칙과 노동에서 비껴나 있었고, 쾌락적 인간의 이기적 충족을 위한 부차적인 행위였을 뿐이었다.

어찌 됐든 학계를 중심으로 진행된 이러한 사상적 흐름은 소비를 천박한 물질주의나 무분별한 쾌락과 동일시했다. 따라서 철학이나 역사학, 사회학 등의 분야에서 학문적 연구의 대상으로 소비를 검토한다는 것은 결코 쉬운 일이 아니었다. 이러한 이유로 소비는 역사적으로나 학문적으로 중요 의제가 될 수 없었다.

그러나 장 보드리야르Jean Baudrillard(1929~2007)의 지적처럼 19세기 일반 대중이 노동자가 됨으로써 근대인이 됐듯, 20세기 이후 대중은 소비자가 됨으로써 현대인이 됐다. 즉 현대사회에서 '소비자'라는 호명은 현대의 시민임을 의미하는 표식이었다. 소비를 배제하고 현대인의 일상과 그 행위를 이해하는 것은 이제 불가능한 일이 된 것이다.

더불어 산업혁명 이후 꾸준한 생산력의 발전과 이에 따른 과잉 생산은 몇 차례 자본주의의 위기를 불러왔다. 그러나 이러한 체제의 위기는 소비를 통해 극복됐다. 이는 소비에 대한 인식의 전환으로 이어졌고 바로 소비가 미덕인 시대가 도래했다.

그럼에도 생산 우위의 전통적 힘은 여전히 강고하다. 그리고 소비의 이면에서 작동하는 체제의 운영 메커니즘에 대한 비밀은 아직도 많은 부분 베일에 가려져 있다. 이러한 상황에서 소비를 통해 나타나는 여러 현상에 대한 논의는 소비에 대한 우리의 시각을 의미 있게 교정해줄 것이라 생각한다.

이 책은 소비라는 프리즘을 통해 현대사회의 여러 풍광을 살펴보고자 하는 목적으로 쓰였다. 소비를 통해 나타나는 유행은 현대사회에서 어떤 역할을 하는지? 왜 현대인들은 새롭게 등장하는 핫플레이스에 열광하며 공간소비에 몰입하는지? 현대사회에서 교양과 매너는 어떻게 구별짓기를 위한 기제가 됐는지? 그리고 현대인들이 몸 가꾸기의 고단함도 마다하지 않는 이유는 무엇인지? 궁금했다. 현대인의 욕망 한가운데를 관통하는 무엇이 분명 있을 듯했다.

그것은 바로 구별짓기였다. 소비는 구별짓기를 위한 현대인의 욕망이 분출되는 통로였다. 현대인들은 과시적으로 드러냄을 통해서 때론 보다 은밀하고 내밀한 방식으로 그들의 구별짓기 욕망을 실천했다. 이렇게 타자와의 구별짓기를 위한 현대인의 욕망은 소비라는 프리즘을 통해 다양한 색깔로 발현됐다. 우리는 본문의 각 장에서 이를 확인해 갈 것이다.

한편 구별짓기를 위한 소비는 최근에 와서 좀 더 다양한 형태로 진화하고 있다. 그중 주목해야 할 것이 바로 소비 대상의 변화와 소유하지 않는 소비다. 물질적 소유보다는 공유와 경험을 더 중요하게 생각하는 소비가 확산되고 있다. 스트리밍 라이프는 현대인의 일상 도처에서 발견된다. 특색 있는 자신만의 공간을 찾아 발걸음을 옮기는 공간소비, 재미와 의미를 공유하는 경험소비, 과시보다는 내면의 성장에 초점을 맞춘 문화소비 등이 그 어느 때보다 활발하다. 이러한 소비는 과거처럼 물질에 대한 소유를 전제로 하지 않는다. 멋진 차를 가지려 하기보다는 차창 밖의 아름다운 풍광을 온전히 감상하고 경험하는 것에 더 큰 가치를 부여했다. 이처럼 공유와 경험이 소비의 최대 화두가 된 2020년, 현대인들은 또 어떻게 그들만의 구별짓기를 실천해 갈지 무척 궁금해진다.

이 책은 지난 몇 년간 대학에서 학생들을 가르쳤던 강의 자료를 묶어낸 것이다. 이미 했어야 할 일이었는데 삶을 핑계로 차일피일 미루어 왔던 일이다. 그리고 이 책의 많은 내용은 필자의 생각이 아니라 일찍이 소비의 중요성과 그 사회적 의미를 강조한 여러 학자들의 주옥같은 주장을 그저 나름의 틀로 엮어낸 것이다. 박사 공부를 할 때 소비에 대한 학문적 연구가 생각보다 많지 않음을 알고 놀

랐던 적이 있다. 그동안 우리가 학문적으로 접했던 소비의 영역은 주류 경제학이나 경영학에서 배운 소비이론과 소비자행동론의 틀에서 크게 벗어나지 못했다.

기존의 틀에서 벗어나 인문사회학에 기초한 새로운 관점에서, 소비의 기원과 그 중요성을 역설했던 여러 학자들의 주장을 한 권의 책으로 묶어내면 좋겠다는 생각이 이 책의 시작이었다. 이 과정에서 우리 앞에 펼쳐진 현대사회의 풍광이 결국 소비와 모두 관련되어 있음을 확인할 수 있었고 이를 거칠게나마 정리해보고자 했다. 읽는 독자에 따라 소비에 대한 이 책의 내용이 불편하게 들릴 수도 있다. 그러나 소비를 바라보는 다양한 관점 중 하나로 이해해주면 감사하겠다. TV 프로에 등장하는 '자연인'이 아닌 한 현대사회에서 소비 없이 살아가기는 어렵다. 다만 과시적이고 중독적인 소비에서 벗어나 지속가능하고 깨어 있는 소비로 한 걸음 더 나아가보자는 것이 이 책의 기본 취지임을 말씀드린다.

아무쪼록 현대사회를 해석하고 이해하는 키워드로서 우리의 일상에서 내밀하게 작동하는 소비에 대한 관찰과 연구가 앞으로도 계속되기를 기대한다.

끝으로 이 책의 출간을 흔쾌히 허락해주신 문예출판사 전준배 대표님께 감사드리며, 책이 나오기까지 함께 고민하고 애써준 진승우 과장님께도 깊은 감사 인사를 드린다.

차례

1장

새로운 것은
언제나 옳다

———————— 유 행

소비 수업

*** CLASS ***

1장 · 새로운 것은 언제나 옳다

유행

저자

윤태영

소비자본주의 사회에서 유행의 역할은
우리가 생각하는 것 이상으로 크다. 단순히 패션과 관계된
트렌드나 시류 정도로만 이해해선 곤란하다는 얘기다.
유행은 낡은 것을 폐기하고 새로운 것을
소비하게 함으로써 자본주의를 유지함은 물론 소비를 습관화한다.
그리고 이미 포화 상태에 도달해 있는 소비시장을 해체하고
그 자리에 새로운 소비시장을 만들어낸다.
유행은 작년에 구입한 제품을 낡고 트렌드에 뒤처진 것으로 만든다.
그리고 그 자리를 최신의 새로운 제품으로 대체한다.
유행은 그렇게 끊임없는 생성과 소멸의 과정을 거듭하면서
우리로 하여금 소비하고 또 소비하게 만든다.
이처럼 현대 자본주의 사회에서 유행은 소비를
무한히 반복하게 만드는 원동력이다.

소비와 유행에 대한 본격적인 논의를 시작하기 전에 지난 주말 있었던 우리의 짧은 일상 한 토막을 살펴보자. 여러분의 지난 주말은 어떠했는지 함께 생각해보시길 바란다.

이번 주말 오랜만에 시내에서 동창 친구와 점심을 같이하기로 했다. 그런데 어제 친구 A의 페이스북에서 성수동 어니언ONION 카페에서 차를 마시며 올린 사진을 보았다. 안 그래도 직장 동료들 사이에서 어니언 카페에 대한 이런저런 얘기들을 듣고 있었다. 요즘 가장 핫하게 뜨는 거리로 많은 사람들이 찾아가는 곳이다. 이왕이면 그곳에서 친구를 만나기로 어렵지 않게 결정한다. 동창을 만난 그녀는 그곳에서 브런치를 주문하고, 손대기조차 아까울 만큼 예쁘게 플레이팅되어 나오는 음식을 스마트폰에 담는다. 이 사진을 인스타에 업로드하며 모든 이에게 실시간 생중계하듯 전달한다. 마치 유럽의 어느 도시를 탐방하는 여행자처럼……. 내가 지금 살고 있는 모습과 주말을 보내는 방식에 대해 구구절절 설명하지 않아도 된다. 내가 지난 주말 어디서 무엇을 했는지, 그리고 현재 나는 어떤 삶을 살고 있는지는 사진 한 장이면 족하다.

이러한 모습은 많은 이들이 보내고 싶어 하는 주말의 모습이 되었다. 이렇게 주말에 소위 '핫플'을 방문하고 그곳에서 브런치를 즐기고 SNS에 인증 사진을 올리는 이유는 당대 많은 사람들이 추구하는 삶의 방식, 즉 유행에 합류하기 위해서다.

흐르는 강물처럼, 유행의 본질과 존재 형식

소비사회에서 유행 현상을 이해하는 데 유용한 시각을 전해줄 학자 한 명을 먼저 만나보자. 바로 독일의 사회학자 게오르그 짐멜Georg Simmel(1858~1918)이다. 그는 1895년 〈유행의 심리학, 사회학적 연구〉라는 논문을 발표했다. 유행 현상에 대한 최초의 학문적 연구였다고 보이는 이 논문에서 짐멜은 유행을 "사회적 균등화 경향과 개인적 차별화 경향 사이에 타협을 이루려고 시도하는 삶의 형식들 중에서 특별한 것"[1]이라고 정의했다. 짐멜이 여기서 말하는 사회적 균등화 경향이란 '모방'을 의미하며, 또 달리 강조하는 개인적 차별화 경향은 '개성'을 의미한다. 유행에는 결국 다른 사람과 '같아지고 싶은 욕망(모방)'과 그러면서도 그들 속에서 조금은 '달라지고 싶은 욕망(개성)'이 함께 존재한다. 모방과 개성이라는 이 두 가지 속성이 서로 대립하고 갈등하는 속에서 하나로 통일을 이루는 지점에 바로 유행이 만들어지는 것이다.

한편 짐멜은 위 두 가지 중 어느 하나라도 결여되면, 즉 남과 구분되려는 욕구(개성)가 결여되거나 반대로 집단에 속하고자 하는 욕구(모방)나 소망이 결여되는 경우 유행은 그 자체가 성립되지 않는다고 강조한다.[2] 즉 모방(사회화)만 있고 개성(개별화, 차별화)의 추구 과정이 없거나, 역으로 차별화만 있고 모방이나 사회화 과정이 없다면 유행 현상은 그 자체가 존립할 수 없다는 것이다. 누군가를 끊임없이 모방하고 그러면서도 그 누군가와 끊임없이 다르고자 하는 인간의 두 가지 상반된 욕망이 서로 대립하고 충돌하는 속에서 유행은 탄생하고 또 소멸한다. 이 두 가지 상반된 욕망에 대한 지그문트 바우만Zygmunt Bauman의 얘기를 들어보자.

여기서 말하는 서로 모순되는 욕망과 갈망이란 어떤 집단이나 집합체에 속하고자 하는 열망과, 군중과 구별되어 개성과 독창성을 얻고자 하는 욕망을 의미한다. 소속되기를 꿈꾸며 독립을 꿈꾸고, 사회적 지지를 바라며 자율성을 원하고, 남들과 같아지기를 바라며 유일무이함을 추구하는 것이다. 이러한 모순들은 결국 한마디로 안전을 갈망하며 손을 잡고자 하는 욕구와 자유를 갈망하며 홀로 서고자 하는 욕구의 충돌로 요약된다. 이런 갈등을 또 다른 관점에서 바라보면, 남들과 달라진다는 것에 대한 공포와 개성을 잃는다는 것에 대한 공포의 갈등이라고도 할 수 있다. 또한 외로움에 대한 공포와 고독의 결여에 대한 공포라고도 말할 수 있다.[3]

다른 사람들과 같아 보이기 위한 모방을 통해 유행의 필요조건이 만들어지고, 다르게 보이기 위한 노력 속에 유행의 충분조건이 완성되는 것이다.

지난 주말 당신이 방문했던 '핫플'로 다시 돌아가 보자. 엊그제 방문했던 핫플레이스는 마치 영구불변할 것처럼 주변에서 회자된다. 대부분의 사람들은 그 거리를 걷지 못하면 왠지 소외되고 뒤처지고 있다는 생각에서 벗어나지 못한다. 그러나 부지불식의 순간 우리가 찾는 공간에 변화가 시작된다. 지금의 거리를 대체하는 새로운 거리가 등장하고 새로운 공간에 사람들이 모인다. 기존의 가로수길, 경리단길이 쇠락하고 전국 각 지역에 새로운 ~로수길, ~리단길이 등장한다. 짐멜에 따르면 유행은 언제나 한 집단의 일부가 유행을 선도하고 집단 전체가 그 뒤를 따른다. 유행은 결코 현재 상태에 머물지 않으며 부단히 진행된다. 유행이 전체를 지배하게 되면, 즉 처음에는 몇몇 사람만이 수용했던 것을 예외없이 모두 따라 하게 되면, 그것이 의복이든 삶의 형식이든 더는 유행이라고 부르지 않는다.

거리의 경우 물론 다른 이유가 작동하기도 한다. 우리가 잘 아는 젠트리피케이션gentrification의 영향이다. 그러나 이 역시 유행의 본질적 속성과 변화라는 측면에서 지금의 논의에서 벗어나지 않는다.

새로운 공간, 새로운 거리가 '뜨는 거리'로 만들어지는 과정이 있다. 도심 중심가에서 그리 멀지 않고, 임대료가 상대적으로 저렴하면서 그동안 주목받지 못한 지역을 중심으로 예술인들의 작은 공방이나 작업장, 스튜디오가 들어선다. 그 뒤를 이어 독특하고 개성 넘치는 다양한 상점들이 들어선다. 그곳엔 이국적인 정서가 있고 이를 체험한 사람들과 그들의 스토리가 있다. 이렇게 만들어지기 시작하는 거리가 입소문을 타면 일반 대중들이 모여든다. 그리고 그들은 그곳에서 시간과 공간을 소비한다.

그러나 많은 사람들이 모이는 곳을 자본이 그냥 보고만 있을 리만무하다. 대기업의 프랜차이즈 상점들이 들어오기 시작하는 순간 임대료가 올라간다. 초기 거리를 만들었던 상점들이 높은 임대료를 감당하지 못해 하나둘 자취를 감춘다. 그리고 그 거리에 남는 것은 '포인트 적립해 드릴까요?'라는 건조하고 매뉴얼화된 기계적 멘트와 어디서나 볼 수 있는 상점뿐이다. 굳이 거기까지 가야 할 이유가 사라지는 것이다. 그 거리를 찾았던 많은 사람들은 그 거리만의 색다름과 독특함을 소비했던 것인데, 그러한 요소는 사라지고 어디서나 보게 되는 대자본의 매뉴얼만 남게 되면 유행의 두 축(사회적 균등화 경향과 개인적 차별화 경향, 모방과 개성) 중 하나를 잃고 유행이 소멸되고 폐기되는 것은 너무나 당연한 것이다. 이렇게 도시의 공간조차 유행의 탄생과 소멸이라는 흐름에서 예외일 수 없다.

여기서 우리가 주목해야 할 것은 유행이 갖는 본질적 성격이다.

유행의 본질적 속성은 바로 변화다. 기존의 것과는 다른 새로운 유행의 등장은 이미 그 안에 또 다른 유행을 잉태하고 있다. 유행이 그 안에 또 다른 유행의 탄생을 예고한다는 말은 지금의 유행을 부정하고 또 소멸시킴으로써 유행 현상 그 자체는 계속됨을 의미한다. 유행을 형성하는 콘텐츠는 끊임없이 변화하고 유동하지만 스스로를 부정함으로써 새로운 유행 현상이 끊임없이 반복되는 유행의 존재 형식은 변하지 않는다.

　여러분은 혹시 높은 언덕 위에서 강물을 바라본 적이 있는가? 우리가 바라보는 강물의 수면은 늘 한결같고 변화가 없어 보인다. 그

언덕 위에서 바라본 강물. 유행이 꼭 저와 같다.

러나 그 수면 아래를 흐르는 강물은 언제나 다르다. 오늘 흐르는 물은 어제 흐른 물이 아니며, 내일 역시 오늘과는 다른 새로운 물이 흐른다. 이것이 짐멜이 강조하는 유행의 본질이며 존재 형식이다. 변화의 내용은 덧없고 순간적이며 가장 절정의 순간에 사라지고 새로운 것으로 대체된다. 이것이 유행의 본질이다. 반면, 유행은 끊임없이 새로운 것으로 대체된다는 불변의 사실을 갖는데 이것이 유행의 존재 형식이다.

짐멜은 유행이 갖고 있는 또 다른 매력에 대해 얘기한다. 그는 유행이 마치 쓰나미처럼 맹렬히 우리에게 왔다가 한순간에 사라진다고 보았다. 이것은 앞서 얘기한 것처럼 오늘 등장한 유행 현상 안에 새로운 유행의 씨앗이 이미 잉태하고 있어 그것이 최고조에 달하는 순간 매우 신속하게 새로운 유행으로 교체됨을 의미한다.

이처럼 유행은 자기를 소멸시킴으로써 그 생명을 유지한다.[4] 당신은 오늘의 유행을 세상에 내놓은 사람들이 벌써 내일의 유행을 준비하기 위해 분주하다는 사실을 아는가? 그들이 내놓는 내일의 유행은 당연히 오늘의 유행과 다를 것이다.

"낡은 것을 폐기하고 새로운 것을 소비하라"[5]
소비사회의 엔진

소비자본주의 사회에서 유행의 역할은 우리가 생각하는 것 이상으로 크다. 단순히 패션과 관계된 트렌드나 시류 정도로만 이해해서는 곤란하다는 얘기다. 현대 소비자본주의 사회에서 유행이 왜 중요한 것인지 그 이유에 대해 얘기해보자.

19세기 자본주의 태동기에 당대를 대표하는 두 학자의 뜨거운 논쟁이 있었다. 그중 한 사람은 이미 우리에게 잘 알려진 막스 베버다. 그는 《프로테스탄트 윤리와 자본주의 정신》에서 자본주의의 행동 윤리와 사상적 기반이 되는 여러 지침을 제시했다. 베버는 청교도적인 프로테스탄티즘의 금욕정신이야말로 자본주의가 발달하게된 근본 동력이라고 설명한다. 그는 자본가와 노동자 모두 소비를 억제하고 생산에 집중할 것을 요구했다. 베버에게 소비는 금욕정신에 위배되는 것이며, 따라서 생산을 통해 발생한 이윤을 소비로 탕진해서는 안 될 일이었다.

그러나 이에 정면으로 배치되는 주장을 편 학자가 동시대에 또있었으니 그가 바로 베르너 좀바르트Werner Sombart(1863~1941)였다. 좀바르트는 베버의 주장에 맹점이 있음을 지적했다. 그는 프로테스탄티즘의 금욕주의에 따라 소비를 억제하는 것이 자본주의가 발전할 수 있는 진정한 동력이라면, 산업자본이 만들어낸 그 많은 상품들은 도대체 어떻게 다 소비되는지를 물은 것이다. 자본가와 노동자 그 누구도 소비하지 않고 생산에만 몰입한다면 당연히 상품은 쌓여갈 것이고, 소비되지 않은 상품을 쌓아두고 또 생산을 계속할 수 있는지에 대해 의문을 제기한 것이다.

좀바르트의 이러한 주장은 당대는 물론 시간이 한참 흐른 뒤에도 막스 베버에 가려 빛을 보지 못했다. 자본주의의 발전 과정을 살펴보면 충분히 이해되는 대목이다. 폭발적으로 증가하는 수요를 생산과 공급이 따라가지 못했던 초기 자본주의 시대에 소비의 중요성을 강조한 좀바르트의 주장은 설득력을 얻기 어려웠다. 그러나 주지하다시피 현대 자본주의는 산업혁명 이래 비약적인 생산기술의 발전을 지속적으로 이루어왔다. 그리고 수요에 비해 공급이 부족했던 시대는 오래지 않아 막을 내렸다. 이렇게 자본주의가 고도화되고 수요와 공급의 관계가 역전된 상황에서 더 이상 베버의 주장에 의지해서는 자본주의의 지속적 발전을 기대할 수가 없게 됐다. 좀바르트의 지적은 단순했지만, 현대에 와서 그의 주장은 소비가 갖는 의미와 중요성을 이해하는 데 매우 중요한 관점을 제공하고 있다. 즉 현대 자본주의의 지속적인 발전과 유지를 위해서는 끊임없는 소비가 전제되어야 한다는 것이다.

그렇다면 끊임없이 소비하고 또 소비해야 할 이유가 필요하지 않겠는가? 이미 충분히 보유하고 있음에도 각종의 재화와 상품을 또 소비하려면 새로 구입해야 할 이유가 있어야 한다. 그 이유를 제공하는 것이 바로 유행이다.

우리 주변에 물리적·기능적 효용가치가 다해 폐기되는 물건들이 과연 얼마나 되겠는가? 아마 버려지거나 또는 이용되지 않고 어딘가에 잠자고 있는 대부분의 상품들은 그 이유가 새롭게 등장한 유행과 맞지 않아서일 가능성이 매우 높다. 지금 이 글을 읽으면서 여러분의 옷장을 한번 들여다보시라. 신체를 보호하는 기능으로서 옷의 사용가치에는 전혀 문제가 없지만 왠지 손이 가지 않는 옷이 있다면 그것은 필시 지금 유행하는 스타일의 옷들과 맞지 않기 때문이다. 그러면서 우리는 정기적으로 옷장의 옷들을 정리하게 된다. 지금의 유행과 맞지 않는 옷들은 이제 여러분의 옷장을 떠나야 한다. 비록 추위와 더위를 막는 의복의 사용가치 측면에서 아무런 문제가 없더라도 말이다. 이렇게 버려져야 새로운 옷들이 소비될 것이기 때문이다.

이러한 맥락에서 유행은 현대 소비를 추동하는 엔진이다. 이렇게 유행은 낡은 것을 폐기하고 새로운 것을 소비하게 함으로써 자본주의를 유지함은 물론 소비를 습관화한다. 그리고 이미 포화 상태에 도달해 있는 소비시장을 해체하고 그 자리에 새로운 소비시장을 만들어낸다. 유행은 작년에 구입한 제품을 낡고 트렌드에 뒤처진 것으로 만든다. 그리고 그 자리를 최신의 새로운 제품으로 대체한다. 유행은 그렇게 끊임없는 생성과 소멸의 과정을 거듭하면서 우리로 하여금 소비하고 또 소비하게 만든다. 이처럼 현대 자본주의 사회에서 유행은 소비를 무한히 반복하게 만드는 원동력이다.

쫓는 자와 도망자, 계급적 차이의 수단

유행이 한 사회의 모든 계급과 세대를 아울러 동시에 나타나는 경우는 그렇게 많지 않다. 일반적으로 유행은 일정한 수의 사람들에게 한정되어 나타나는데 이때 하나의 유행에 동조하는 사람들은 일정하게 공통적인 특성을 공유하는 경우가 많다. 이를테면 특정한 성별이나 사회계급, 세대, 인종, 지역 등의 일정한 요소를 공유하는 사람들 사이에서 유행이 형성된다.

앞서 얘기했듯이 유행은 차별화 욕구를 만족시킨다. 짐멜은 유행의 내용이 변화되면서 현재의 유행은 언제나 어제의 유행과는 다르다는 사실뿐 아니라 유행이 언제나 계급적으로 분화한다고 주장했다. 따라서 유행은 계급적 차별화 욕구를 만족시키는 훌륭한 기제로 작동한다.

짐멜에 따르면 상류층의 유행은 그보다 신분이 낮은 계급의 유행과 구분되고, 낮은 신분의 계급이 상류층의 유행을 채택하는 순간 소멸된다고 했다. 이렇게 사회적 관점에서 보면 유행은 계급적 차이의 수단이며 동시에 결과다. 유행은 우리에게 개인이든 계급이든 서로가 '차이 있음'을 각인시키고, 차별을 생산하고, 이로써 권력 관계를 유지하고 재생산한다. 즉 유행은 유행에 참여하는 사람과 참여하지 못하는 사람을 구분한다. 그럼으로써 유행은 서로를 구별짓고 사회적 위치를 결정짓는다. 다시 말해 유행은 개인이 어느 위치에 속하는가를 결정해준다. 이렇게 유행은 한편에서는 동등한 위치에 있는 사람들과의 결합을 의미하고, 또 다른 한편에서는 그보다 낮은 신분의 사람들에 대한 집단적 폐쇄성을 의미한다.[6]

한편, 유행이 사회적으로 확산되는 과정을 설명하는 이론들이 있다. 소위 유행전파이론이라고 부르는 것이다. 이 이론들을 살펴보면 유행이 갖는 차이의 기능을 좀 더 명료하게 확인할 수 있다. 먼저 가장 고전적인 유행전파이론으로 하향전파이론이 있다. 하향전파이론은 1904년 짐멜에 의해 주장된 것으로 유행은 사회, 경제적으로 상층계급집단에서 시작되어 하층계급으로 전파된다는 주장이다. 이에 대한 짐멜의 주장을 들어보자.

사교의 형식들, 복장, 미적 판단들 그리고 사람이 자신을 표현하는 일체의 양식은 유행을 통해 끊임없는 변화를 겪는데 이때 유행은 주로 상류계급을 중심으로 발생한다. 이들 계급은 이로써 하류계급과 자신을 구분시키고, 그 구성원들 사이의 동질성을 확보함과 동시에 하류계급의 구성원들과 차별성을 부각시킨다. 반면 하류계급의 구성원들은 언제나 상층 지향적인데 이러한 경향을 가장 잘 실천할 수 있는 영역이 바로 유행이다. 이들이 유행을 자신의 것으로 동화시키자마자 상류계급은 그 유행을 버리고 다시 대다수 대중과 자신을 구분하게 해줄 새로운 유행을 추구한다.[7]

한편, 이러한 주장과는 상반되는 유행확산이론이 상향전파이론이다. 이 이론은 다양한 하위문화집단(이를테면 흑인, 젊은이, 노동자)이 새로운 스타일을 이끌어나가며, 그 스타일이 상류층과 사회 전반에 확산된다는 이론이다. 이 주장은 하위문화집단의 경우 다른 집단보다도 사회적 구속 없이 자유롭게 새로운 스타일을 선택할 수 있다고 가정한다. 따라서 유행은 아래에서 위로 퍼져나간다고 본다. 즉 유행의 발생이 상류층에 의해서가 아니라 그 반대로 하류층에 의해서 일어난다는 것이다.

여기서 유행은 한 사회 내의 다양한 하위집단이 스스로의 정체성을 표현하는 수단으로도 이용된다. 일정한 삶의 방식을 공유하는 하위집단들은 다른 집단과 구별되는 자기들만의 문화적 정체성을 표현함으로써 집단에 대한 소속감을 확인하고자 한다. 이때 하위집단의 구성원들이 주로 채용하는 수단은 언어, 음악, 패션, 스타일 같은 것이다. 그들 내부의 성원들끼리 독특하게 사용하는 은어나 비어 같은 것이나 그들이 좋아하는 음악, 의상, 액세서리 등이 특정 집단의 정체성을 표현하는 수단으로 기능한다.[8] 이렇게 특정 하위집단이 일정한 문화적 수단을 공통적으로 채용함으로써 특정 집단의 유행이 만들어지기도 한다. 이를 잘 보여주는 것이 힙합, 레게와 같은 음악의 유행이나 펑크나 고스, 히피와 같은 패션의 유행이다. 상향전파이론의 주장에 따르면 앞서 얘기한 계급 간의 차이를 유발하는 수단으로서 유행의 기능은 약화된다. 즉 상향전파이론에 따르면 유행은 계급 간의 차이를 확대 재생산하는 것이 아니라, 오히려 계급 간의 차이와 경계를 허무는 데 더 이바지하는 것으로 이해될 수 있다.

그러나 유행의 발생과 전파 방향에 대한 여러 논거들이 제시되었으나 여전히 유행은 상류층에서 시작되어 하류층의 모방과 그에 따른 소멸, 그리고 새로운 유행의 발생이라는 소위 계급 간 '뒤쫓기와 도망가기chase & flight'의 무한반복이라고 보는 견해가 더 우세해 보인다. 이에 대해 발터 벤야민Walter Benjamin(1892~1940)의 주장을 추가로 더 소개한다. 그의 주장을 듣다 보면 상당 부분 패션과 유행을 같은 선상에서 이해할 수 있으며, 앞의 논의를 좀 더 명료하게 이해할 수 있다.

　　오늘날 패션의 본질을 파악하려면 변화욕, 미적 감각, 겉치레를 좋아하는 것, 모방 본능 같은 (……) 개인적인 동기에 집착해서는 안 된다. 이런 동기들이 (……) 의상의 형태를 결정하는 데 (……) 일정한 역할을 했다는 것은 의심의 여지가 없다. 그러나 오늘날의 의미에서 패션은 개인적인 동기가 아니라 사회적 동기를 갖고 있으며, 이를 올바로 인식하지 않고서는 패션의 본질을 전체적으로 이해할 수 없다. 상류계급이 하류계급, 좀 더 정확하게는 중간계급으로부터 스스로를 구별지으려는 노력이 바로 패션을 구성한다. (……) 패션은 끊임없이 해체되기 때문에 항상 새롭게 세워지는 장벽이며, 이를 통해 상류 세계는 중류사회와 스스로를 차단시키려고 한다. 그래서 신분상의 허영심이 쳇바퀴 돌듯 하는 현상이 무한대로 반복된다. 한 집단은 뒤에서 쫓아오는 자들보다 조금이라도 앞서려고 노력하고, 다른 집단은 최신 유행을 즉각 받아들여 그런 차이를 다시 없애려는 것이 그것이다. 이것으로 현대 패션의 특징적인 양상을 설명할 수 있을 것이다. 먼저 패션은 상류사회에서 기원하며 그것을 중간 계급이 모방한다. 패션은 위에서 아래로 퍼져나가는 것이지 결코 아래에서 위로 올라갈 수 있는 것이 아니다. (……) 상류계급에게 있어 중간 계급이 그들만의 독자적 패션을 만들어내려는 것만큼 더 바람직하지 않은 것은 없다. 따라서 두 번째 패션은 부단히 변화한다. 중간 계급이 새로 등장한 패션을 받아들이자마자 그것은 (……) 상류계급에서는 이미 가치를 잃어버린다. (……) 따라서 참신함은 패션의 불가결한 조건이다. (……) 패션의 수명은 패션의 보급 속도에 반비례하며, 우리 시대에는 커뮤니케이션 수단이 점점 더 완벽해지면서 패션의 전파 수단도 증가하는 만큼 패션은 점점 단명하게 된다.[9]

한편, 현대에 와서 유행의 변화 속도는 과거와는 비교도 할 수 없을 만큼 빨라졌다. 가장 큰 이유는 매스미디어의 발전과 이에 기초한 커뮤니케이션의 속도다. 우리는 파리와 밀라노에서 진행된 내년 시즌 컬렉션을 현장보다 더 생생한 화면으로 바로 공유할 수 있는 시대를 살고 있다. 더불어 과거보다 나아진 소비자의 소득 환경과 비교도 할 수 없을 정도로 강화된 경쟁 상황, 기술의 평준화, 사회적·물리적 이동성의 증가, 늘어난 여가 시간, 높은 교육 수준과 여성의 역할 변화 등은 과거와는 질적으로 다른 유행 전파 조건을 만들었다.

이러한 이유들로 현대의 유행은 더 빠르게 변화하고 있고 이를 따라잡기 위해서는 더 많은 소비와 지출이 필요하다. 이는 현대인들이 유행에 뒤처지지 않기 위해서 과거보다 더 많은 돈을 지출해야 함을 의미한다. 이렇게 유행을 따르는 데 소요되는 비용은 더욱 커지고, 이 비용이 커질수록 유행은 계급 간의 차이, 즉 '구별짓기'를 위한 강력한 기제로 작동한다. 결국 유행은 서로를 구분하고 구별 지음으로써 형식적으로는 폐기된 사회적 신분과 서열 체제를 보다 은밀하고 내밀한 방식으로 재생산하고 유지하는 역할을 한다.

폭군이 된 유행, 자본의 소비 규범

유행이란 사전적 의미로 "풍습이나 관습에 대하여 일정 기간 상당수의 사람들이 어떤 행동양식을 자유로이 선택, 채용, 폐기함으로써 생기는 광범위한 사회적 동조 현상"을 일컫는다. 이러한 맥락에서 개인 취향 또는 기호가 사회 구성원 다수의 승인을 획득하고, 그 영역이 사회 저변으로 확대되었을 때, 그것을 유행이라 부른다. 이처럼 우리의 취향과 기호는 '원래 그러한 것' 내지는 '자연스럽게 발생한 것'으로 인식되고 있다.[10] 그러나 실제로 취향과 기호를 태어날 때부터 갖고 태어난 것이라고 보는 것에 반론을 제기한 학자가 있다. 바로 피에르 부르디외Pierre Bourdieu(1930~2002)다. 그는 우리 안에 생득적으로 내재되어 있다고 생각했던 취향이나 기호가 사실은 사회적·경제적·문화적 환경에 의해 결정된 것이라고 했다. 결국 취향이나 기호는 자연발생적이지 않으며, 유행 역시 개인의 취향과 기호에 따라 자연발생적으로 나타나는 것이 아니다.

대부분의 사람들은 유행이 자연스럽게 만들어지고 퍼져나가는 것으로 인식하고 있지만 실제로는 누군가에 의해 만들어지고 조장되며, 모방과 동조를 통해 확산된다. 올해의 유행 상품을 만들어낸 사람들은 그 상품을 시장에 선보이기 무섭게 바로 내년에 유행할 상품을 준비한다. 따라서 유행은 우리의 의지와는 무관하게 산업 자본에 의해 만들어지는 것이라고 할 수 있다. 실상 우리의 선택이란 순수하게 '자의'적일 수가 없다. 내게 주어진 것들 중 취사선택할 수 있을 뿐이다. 다시 말해 우리에게 주어지는 상품들이란 이미 누군가에 의해 결정된 것이다.

이것은 비단 상품에만 국한되는 것이 아니다. 유행이 현저하게 나타나는 영역은 아무래도 의복을 중심으로 하는 패션 분야지만, 유행 현상은 현대사회 대부분의 영역에서 볼 수 있다. 문화 분야(시청률 높은 TV 예능프로그램의 주제와 형식은 대부분 공통점이 존재하고, 예술 역시 시기마다 새롭게 등장해 받아들여지는 사조가 있고, 독서 역시 자기개발이나 힐링같이 유행하는 테마가 존재하고, 건축 또한 당대의 주요 흐름이나 경향이란 것이 존재한다)는 말할 것도 없고 학문 분야에서도 유행 현상들이 나타난다. 즉 의식주를 중심으로 하는 사물의 유행은 물론 게임, 놀이, 취미와 같은 행위의 유행, 그리고 인문학의 열풍에서 보았듯 사상이나 학문 등의 영역에서도 예외없이 유행 현상은 나타난다. 문제는 이러한 것들의 상당 부분이 누군가에 의해 기획된다는 것이다. 물론 그것이 모두 그렇다고 얘기할 수는 없다. 그러나 적어도 자본이 연관되어 있다면 그것은 상당 부분 사실일 가능성이 높다. 이런 얘기를 들으면 불쾌해진다. 그러나 어쩌랴? 그것이 사실인 것을……

따라서 우리가 유행을 외면하기란 결코 쉽지 않다. 유행을 거부하기 어려운 이유는 유행이 단순히 개인적 기호의 문제가 아니기 때문이다. 이 말은 새로운 것이 등장해 유행의 흐름을 타기 시작하면 산업자본은 영역과 경계의 구분 없이 그 유행하는 것의 생산에 모두 집중된다. 그것이 의복이든 음식이든, 아니면 서비스나 문화 등의 생활양식이든 그건 중요하지 않다. 자본의 탐욕성과 무차별적인 잡식성이 발현되기 때문이다.

이쯤 되면 소비자로서 유행에 신경을 쓰지 않으려 해도 유행하는 스타일을 제외하면 시장에서 살 만한 것이 딱히 없는 상황이 벌어진다. 이러한 이유로 유행은 산업자본이 이미 정해놓은 소비 규범으로 작동한다. 패션과 유행에 대한 벤야민의 주장을 다시 한 번 들어보자.

마지막으로 앞서 언급한 사회적 동기로부터 오늘날의 패션이 가진 세 번째 특징도 설명되는데 (……) 폭군적 성격이 바로 그것이다. 패션에는 어떤 사람이 '상류사회에 속해 있는지 그렇지 않은지'에 대한 외적인 기준이 포함되어 있다. 이를 포기할 생각이 없는 사람은 설령 (……) 새롭게 유행하고 있는 패션이 아무리 싫더라도 그런 유행을 따르지 않을 수 없다. (……) 패션은 이런 식으로 평가해야 한다. (……)[11]

현대사회의 유행은 자신의 실제를 가리고 상위 계급을 욕망하게 하는 측면이 한층 더 강해졌다. '짝퉁 명품'의 유행이나 성형 열풍

유행을 따를수록 몰개성의 상황이 벌어진다.

© 연합뉴스

등이 좋은 예다. 이러한 유행들은 '현재의 나 자신'을 부정하고 '소망하는 나'로 거듭날 것을 부추기는데, 이 모든 과정이 소비를 키우려는 자본의 탐욕에 따른 것임은 말할 것도 없다. 그 결과로, 개성을 살리기 위해 유행을 따르면 따를수록 개성이 사라지는 '몰개성'의 역설적인 상황이 전개된다.[12]

세상에 유일무이한 것으로서 가장 자기다움을 대표하는 외모 역시 유행 현상에서 예외가 아니다. 외모에 가하는 성형수술 때문이다. 미의 기준 역시 그 시대의 유행을 따라간다. 무조건 콧대를 높이 올리는 데 주안점을 두었던 2000년대 스타일과는 다르게 요새는 수술을 한 듯 안 한 듯한 자연스러운 코 수술이 유행이다. 성형수술에도 트렌드가 적용된다는 의미다. 이렇게 성형에도 유행을 따르다 보면 모두의 얼굴이 다 비슷해진다. 여기서 두 가지의 문제가 발생하는데 하나는 모두 비슷한 미적 기준을 가지고 성형을 하다 보면 자신만의 개성은 온데간데없이 사라진다는 점이고(기실 아름다움을 추구하는 가장 근본적인 이유는 다른 이들보다 예뻐 보이고, 돋보이고, 뛰어나 보이고자 하는 것인데 모두 비슷하게 예쁘면 참 난감해진다), 다른 하나는 미의 기준이 바뀌면 그때 가서 또 다른 미적 기준을 충족시키기 위해 얼굴에 또다시 칼을 대야 한다는 것이다. 언제까지 그럴 수 있을지 의문이다. 유행에 내재된 폭군적 성격은 여기서도 나타난다.

유행, 새로움에 대한 강박

소비사회를 살고 있는 현대인들에게 유행에 뒤처졌다는 느낌처럼 고통스러운 것은 없다. 유행에 뒤처진다는 것은 삶의 양식과 존재 방식이 더 이상 현재형이 아닌 과거형에 머문다는 것이다. 유행을 따라가지 못하는 상황에서 현대인들이 느끼는 고통은 불안으로 발전한다. 분명 현재에 존재하고 있음에도 존재하지 않는 것처럼 느껴지는 경험은 두렵고 불안할 것이다.

현대 자본주의는 유행의 주기적 교체나 계획적 진부화로 유행에 뒤처짐을 느끼는 현대인들의 불안을 끊임없이 자극한다. 자본주의는 그 자체 시스템의 존속과 유지를 위해 인간의 불안한 감정을 필요로 한다. 불안은 무엇이 유행하고 있는지, 무엇이 우리 곁에서 일어나고 있는지를 끊임없이 주목하게 할 뿐 아니라, 기꺼이 그것을 따르고 모방하도록 사람들을 부추기는 역할을 한다.

이와 관련해서 현대사회의 특징적인 개념 가운데 하나로 보드리야르는 '르시클라주recyclage'라는 개념을 제시했다. 우리말로 하자면 새로운 지식이나 방법을 배우는 '재교육' 정도로 해석할 수 있다. 보드리야르에 따르면 이것은 사회에서 밀려나거나 쫓겨나지 않기 위해 자신의 지식을 시대 흐름에 맞도록 끊임없이 재교육해야 한다는 것이다. 즉 이 개념에는 사회에서 도태되지 않기 위해 세상의 변화와 흐름에 맞춰 주기적으로 적응해야 함을 내포하고 있다. 다음의 그의 주장을 참조해보자.

> 최신의 정보를 알고 매년 매월 또 계절마다 복장, 사물 및 자동차를 바꾸어야 할 의무가 있으며, 그렇게 하지 않으면 그 사람은 소비사회의 진정한 시민이 되지 못한다.[13]

우리가 모두 기억하는 몇 가지 사례들이 있다. 한때 와인이 유행한 적이 있었다. 와인을 다룬 만화《신의 물방울》이 날개 돋친 듯 팔려나가고, 와인의 종류와 맛, 빈티지에 대해 막힘없이 얘기할 수 있는 지식(?)을 갖춰야 사교적이라 생각될 만큼 많은 사람들이 와인을 수집하고 와인 바를 찾아다니곤 했다. 소믈리에를 초빙하여 주기적으로 와인 공부를 하는 모임도 있었다. 그러나 얼마 후 그 자리를 사케가 차지하는가 싶더니 또 얼마 후엔 수제 하우스 맥주가 유행이다. 하우스 맥주의 제조법이나 맛 품평, 추천 맥주에 대한 글들을 SNS상에서 쉽게 발견할 수 있다. 소위 '음주 가무'에도 트렌드가 있으며, 그 트렌드에 뒤처지지 않으려면 새롭게 등장하는 술의 종류와 그 변화에 적응해야 한다. 내가 아무리 소주 애호가라 할지라도 내가 나로서 존재하는 것을 그냥 놔두지 않는 것, 새로운 것에 대한 끊임없는 관심과 재교육에 대한 강박, 현대 소비사회에서 유행이란 그런 것이다.

2장

핫플레이스에 재림한
도시산책자

—————— 공간

소비 수업

*** CLASS ***

1장. 새로운 것은 언제나 옳다
2장. 핫플레이스에 재림한 도시산책자

유형
공간

저자

출처정보

현대사회에서 소위 '뜨는 거리'를 배회하는
도시인들은 절대 숨가쁜 속도로 걷지 않는다.
19세기 도시산책자가 파사주, 백화점 등 상품으로
가득 찬 공간을 느릿느릿 유영했던 것처럼
현대의 도시산책자들은 자본주의적 속도에 맞춰진
현대적 삶의 리듬에 저항하며 어슬렁어슬렁 골목길을 유랑한다.
이들이 유영하는 공간은 이내 핫플레이스가 되고,
핫플레이스가 되고자 하는 거리는 21세기 도시산책자를
유혹할 수 있어야 한다.

모더니티의 수도 파리, 근대도시의 원형

"20세기를 대표하는 도시가 뉴욕이라면, 19세기를 대표하는 도시는 단연 파리다."[14] 이러한 주장을 반박하기가 쉽지 않다. 그만큼 19세기 파리는 단순히 프랑스라는 한 국가만의 도시가 아니었다. 파리는 당시 세계의 수도이자 모더니티를 대표하는 곳이었다. 발터 벤야민은 그의 저서《파리, 19세기의 수도(아케이드 프로젝트)》에서 파리를 근대의 수도라 했고, 데이비드 하비David Harvey 역시《모더니티의 수도 파리》(2005)에서 19세기 파리야말로 산업자본주의가 세계로 확장되면서 모든 도시의 원형이 되었다고 했다. 특히 하비는 1848년부터 1870년의 파리를 화폐, 신용, 금융, 노동력의 재생산, 소비, 스펙터클, 여가 등이 경쟁적으로 등장하는 도시로 설명하고 있다.[15] 한마디로 파리는 산업혁명과 프랑스 혁명을 거치며 확고한 위상을 차지한 산업자본주의의 중심지였다.

파리가 '19세기 모더니티의 수도'로 불린 결정적 이유 중 하나는 1853년부터 1870년에 걸쳐 진행되었던 오스만Georges Eugene Haussmann 남작의 도시 재정비사업이었다. 1852년 프랑스 제2제정이 선포된 후, 파리는 혼돈의 시기로 접어들었다. 이 시기 파리는 1789년 프랑스 혁명을 계기로 쟁취했던 공화제도가 위협에 처하게 되고, 이를 대신해서 들어선 왕정은 파리의 근본적이고 획기적인 변화를 추진했다. 특히 이러한 변화는 당시 파리 시장이었던 오스만 남작이 황제 루이 나폴레옹 보나파르트Louis Napoleon Bonaparte(1828~1859)의 적극적인 지원 아래 파리의 면모를 일신하는 대대적인 공사를 통해 이루어졌다. 18세기 이전까지 파리의 모습은 시테섬을 중심으로 구불구불한 골목이 길게 이어지는 전형적인 중세도시의 구조였다. 이러했던 파리는 이른바 '오스만화Haussmannization'라고 일컬어지는 대대적인 도시정비사업을 통해 도로, 광장, 철도, 건축물, 하수도 등 근대적인 외관을 갖추기 시작했다. 오스만은 파리 시장으로 재임한 약 17년 동안 프랑스의 위상을 높이고 당시 산업화가 진행 중이었던 런던과 경쟁하면서 파리를 근대적인 도시로 개조해나갔다. 오스만은 먼저 파리의 도시교통망을 대대적으로 확충했다. 대로를 신설해 도시의 구도심과 외곽지역을 연결했고, 개선문을 중심으로 방사형 형태의 도로 열두 개를 신설했다. 또한 상-하수도망을 확대해 도시 위생을 개선했고, 도심 곳곳에 많은 녹지 공간과 공원을 조성했다. 이외에도 기차역, 경찰서, 구청, 학교 등 여러 공공건물들이 들어섰다. 오스만 남작의 도시 재개발사업을 통해서 19세기의 파리는 넓은 대로와 효율적이며 위생적인 '근대도시'로 탈바꿈되었다.[16] 이렇게 변화된 파리는 이후 뉴욕, 시카고, 필라델피아 등의 도시 건설에 영향을 미치며 근대도시계획의 표본으로 자리잡았다.

이처럼 19세기를 기점으로 파리에는 대로가 건설되었고 아케이드, 박람회장, 백화점 등 도시의 발전 역사나 소비사 측면에서 무시할 수 없는 기념비적 건물들이 들어서기 시작했다. 벤야민은 이 같은 19세기 파리를 '모더니티 근대도시의 원형'으로 이해했고, 《아케이드 프로젝트》의 연구 배경으로 삼았다. 파리 거리에는 고급 상점이 들어서고 대형 백화점이 생기면서 패션, 시장, 진열, 광고, 유행 등 서구 근대도시의 총체적 도시 양식이 등장했다.

한편 파리의 '오스만화'에는 또 다른 배경이 깔려 있었다. 그것은 파리의 대대적인 도시정비를 통해 당시 부르주아를 공포에 떨게 했던 전염병과 민중 봉기를 사전에 예방하는 것이었다. 전염병의 창궐은 기본적으로 도시로의 인구 유입을 가로막는다. 산업혁명 이후 도시화, 산업화를 진행해가는 과정에서 원활한 노동력의 유입은 필수적인 요건이었다. 이를 위해 파리 도심의 비위생적인 도시환경(비좁은 거리, 밀집된 공동주택, 불결한 상-하수도 등)을 개선함으로써 전염병을 근원적으로 통제할 필요가 있었다. 또 다른 측면으로 〈레미제라블〉 영화에서도 보았듯 당시 바리케이드는 도시 봉기와 혁명의 상징처럼 등장한다. 따라서 바리케이드의 설치를 무력화하고 군대의 진입과 효과적인 봉기 진압을 목적으로 대로 건설과 교통망 정비가

19세기 모더니티의 수도 파리

대대적으로 이루어졌다. 이것은 외부의 적으로부터 도시를 지키기 위한 기존의 도시계획과는 달리 19세기 당시 파리의 도시 개조는 민중 봉기라는 '내부의 반란'으로부터 권력을 보호하는 데 그 목적이 있었다.

거리의 관찰자, 도시산책자의 탄생

19세기 중반 오스만에 의해 도시 재정비가 진행되면서 파리는 커다란 변화를 겪었다. 중세의 낡은 도시의 모습은 사라지고, 높은 건물들과 넓은 도로, 고급스러운 카페와 레스토랑, 극장 등이 생겨났다. 파리의 이러한 변화로 많은 도시공간에서 산책이 가능해졌다(그 이전까지는 좁은 골목에 마차와 사람이 함께 뒤섞여 다녀야 하는 상황이었다. 따라서 산책은 아케이드에 한정되어 있었고 진정한 의미의 도시 산책은 파리 재정비 이후에나 가능했다). 특히 거리에 고급 상점이 들어서고 대형 백화점이 생기면서 부르주아를 중심으로 한 산책은 더욱 빈번하게 나타났다. 쇼윈도에 전시된 물건을 천천히 구경하며 도시공간을 누비는 일이 자연스러운 일상으로 자리잡았다.[17] 이때 모더니티의 수도 파리의 일상을 관조하는 참여적 관찰자가 등장하는데, 현대시의 창시자로 불리는 보들레르는 이들을 플라뇌르Flâneur, 즉 도시산책자로 명명했다.[18]

거리를 누비는 도시산책자들은 원래 1830년대와 1840년대 프랑스의 부유한 '보헤미안 부르주아Bohemian Bourgeois'였다. 이들은 아케이드를 누볐고 카페에 앉아 차를 마시며 책을 읽고, 글을 썼으며, 도시 한가운데서 산책과 사색 등을 통해 지적 소비를 했던 부르주아였다.[19]

한편 벤야민은 보들레르의 거리 산책에 대한 생각과 시선에 주목하면서 그의 도시산책자 개념을 차용했다. 벤야민은 보들레르에게서 차용한 도시산책자의 걸음과 시선으로 이제 막 형성되기 시작한 파리의 근대적 도시 풍광을 세밀하게 관찰했다. 그 관찰의 결과가 바로 미완의 유작《아케이드 프로젝트》였다. 벤야민은 여기서 아케이드, 패션, 권태, 바리케이드전, 박람회, 광고, 산책자, 매춘, 도박,

거울, 회화, 철도, 음모, 사진 등 다양하고 광범위한 소재들을 매개로 당시 파리의 도시 변화상을 독창적이면서도 풍부하게 소개하고 있다. 이렇게 벤야민은《아케이드 프로젝트》를 통해 우리를 근대의 탄생 지점으로 인도한다.

도시산책자가 누비는 도시공간은 자본주의의 질서를 담고 있다. 자본주의 사회는 상품과 이미지를 통해 끊임없이 도시 풍경을 변화시키며 유행의 속도를 가속화한다.[20] 벤야민은 그의 저서에서 사람들은 소비를 함으로써 '대도시의 종교적 도취'에 빠진다고 지적하며, 당시 아케이드나 백화점은 군중을 상품의 세계로 인도하는 소비의 성전이었다고 기록하고 있다.

우리가 벤야민의 도시산책자에 주목하는 이유가 바로 여기에 있다. 그는 대도시적 삶의 특성 중 도시인들이 상품에 대해 드러내는 욕망에 주목했다. 그는《아케이드 프로젝트》의 '산책자' 편에서 산책자의 발길이 향하는 최후의 행선지가 결국 백화점이었음을 보여주며 이를 강조하고 있다.[21] 당시 도시산책자가 산책을 하던 파리는 호화로운 쇼핑가와 백화점들, 그리고 거대한 광고판이 뒤섞여 가공의 이미지들을 생산했다. 도시산책자는 가스등 거리와 카페, 극장, 공원과 파사주를 배회했다. 그리고 그는 결코 서두르지 않고 느릿느릿 걸음을 옮기며 그의 시선을 자극하는 소재들에 주목했다.

산책자의 모습 속에는 이미 탐정의 모습이 예시되어 있다. (……) 이를 위해서는 무심한 모습이 그럴듯하게 보이도록 하는 것보다 더 안

성맞춤인 것도 없을 것이다. 하지만 실제로 그러한 무심함의 이면에는 아무것도 모르는 범죄자로부터 한시라도 눈을 뗄 수 없는 감시자의 긴장된 주의력이 숨어 있다.[22]

도시산책자는 빈둥대며 시간을 보내면서도 특유의 주의력으로 주변을 관찰하고 탐색한다. "새롭게 등장한 상점, 쇼윈도 너머 보이는 화려한 상품, 도시의 간판과 불빛, 거리를 지나는 행인 등" 눈여겨보지 않았던 사물들이 도시산책자의 눈에 들어오고, 도시산책자는 그것들을 응시했다. 그렇게 도시산책자는 19세기 새롭게 탄생한 근대도시 파리를 입체적으로 사유한 존재였다.[23] 우리가 이 도시산책자에게 주목하는 이유는 바로 그에게서 현대 소비자의 원형을 발

천천히 갤러리 골목을 걷는 산책자

견했기 때문이다.

대도시의 일상, 군중 속의 고독

대도시는 소비를 비롯한 다양한 사회적 활동이 펼쳐지는 매력의 공간이다. 많은 사람들이 대도시에 모여들고 오랜 시간 삶을 영위하면서 대도시는 구성원들의 총체적 삶의 배경이 된다. 특히 현대사회의 대도시는 누가 뭐래도 소비의 중심지다. 소비를 통해 도시는 깨어나고 활력을 얻는다. 그 속에서 차이를 만들며 무한한 변화를 계속한다. 이것이 농촌이나 소도시와는 다른 대도시만의 특징이다.

현대사회처럼 대도시로 산업이 집중되고 그에 따라 도시로의 인구 집중이 가속화되면 사람들 간의 차이화에 대한 요구는 더 빠르게 증대한다. 또한 사회 전체가 도시화되고 커뮤니케이션이 완벽하게 되면 될수록 차이화에 대한 욕구는(욕망에 의해서뿐만 아니라 경쟁에 의해서도) 비약적으로 증대한다.[24] 그 이유는 인구가 집중되고 사회 안에서 보다 완벽한 커뮤니케이션이 진행되면 사회는 차별화되기보다는 더 균질화되고 민주화되는데, 그럴수록 사람들 간의 차이화 요구 및 지위 추구 경쟁은 더욱 격렬하게 나타나기 때문이다. 즉 대도시에서 소비를 통한 차이화의 추구는 더욱 가속화된다. 결국 대도시는 현대 소비자의 인큐베이터로서 기능한다.

현대 도시인들에게서 나타나는 자신만의 특이성 또는 질적 고유성을 표현하려는 욕망은 도시의 일상이 균질화된 이유뿐 아니라, 도시적 삶이 가져다주는 고독을 극복하려는 데서 비롯된다. 사람들이 가장 외롭고 쓸쓸하게 느끼는 곳이 다름 아닌 대도시의 혼잡 속이기 때문이다.[25] 이에 대해 짐멜은 〈대도시와 정신적 삶〉(1903)이란 그의 논문에서 대도시에 사는 개인들의 다양한 심리 상태에 대해 설명하고 있다. 아래의 내용을 참조해보자.

대도시의 개인들에게 전형적인 심리 상태는 신경과민이다. 이는 외적 자극이나 내적 자극이 급속도로 그리고 끊임없이 바뀌기 때문에 생기는 심리 상태라고 할 수 있다. 인간은 차이를 본질로 하는 존재이다. 즉 그의 의식은 그때그때의 인상이 선행하는 인상과 구분되는 차이에 의해 촉발된다. 우리가 받아들인 인상들이 고정되어 있거나, 혹은 그 차이가 경미하거나 대립적인 인상들이라도 규칙적이고 익숙한 흐름에 따라 밀려드는 경우가 있다. (……) 이런 심리적 조건들은 대도시의 거리를 걸을 때, 혹은 빠르고 다양한 경제적·직업적·사회적 삶을 경험할 때 발생한다. 따라서 정신적 삶의 감각적 기반, 다시 말해 차이에 입각한 우리 존재의 속성 때문에 우리에게 요구되는 의식의 총량을 비교해보면, 대도시는 소도시나 시골의 삶과 커다란 차이를 보여준다. 후자에서는 감각적·정신적 생활의 리듬이 더 느리면서 더 익숙하고 더 평탄하게 흘러가기 때문이다.[26]

짐멜에 따르면 소도시나 시골의 삶은 감각적·정신적 생활의 리듬이 더 느리고 더 익숙하고 더 평탄하게 흘러가는 반면, 대도시의 경우 이미지들의 교체가 매우 빠르게 일어난다. 또한 하나의 이미지 안에서 급격한 내용의 변화가 나타나거나 또는 계속 등장하는 이미지들이 전혀 예상치 못한 경우가 많다는 것이다.

시골과 도시라는 공간에서 우리 삶은 서로 다른 영향을 받는다. 시골 사람들에게 정서적 흥분을 일으키는 사건들은 자주 일어나지 않는다. 늘 같은 일들이 반복되며 강한 인상도 별로 없다. 그러나 도시는 다르다. 화려한 조명이 비추는 상점들이 있고, 그곳을 드나드는 수많은 사람들이 있다. 그리고 상점 안의 상품들은 매우 빠른 속도로 그 양식이 바뀐다.[27] 철학자 강신주의 지적처럼 "도시에서의 삶은 양적으로나 질적으로 시골과 비교할 수 없을 만큼 새로운 이미지에 무방비로 노출되어 있다. 시골이 무미건조한 반복의 공간이라면, 도시는 현란한 차이의 공간"[28]이다. 따라서 시골에서는 매우 사소한 일에도 적극적으로 반응하는 반면, 대도시에서는 이런 반응이 불가능하다. 시골이나 소도시 사람들이 감정적·정서적 반응을 보이는 데 반해, 대도시 사람들은 이성적 반응을 보일 수밖에 없다는 것이 짐멜의 주장이다. 짐멜의 지적처럼 무수히 많은 변화와 자극에 일일이 감정적인 반응을 보이다가는 도시인들은 신경과민은 물론 그 이상의 질병에 시달릴 것이다. 따라서 도시인들의 외부환경에 대한 반응(이후 살펴볼 무관심이나 속내 감추기나 둔감한 반응들)은 그들이 자신의 삶을 보호하기 위해 취하는 불가피한 선택이다.

둔감함, 속내 감추기, 무관심

짐멜은 대도시에 해당되는 정신적 현상으로 '둔감함'을 얘기한다. 마치 더는 어떤 반응도 보이지 않을 때까지 신경을 극도로 자극하면 결국 그 자극에 둔감해지는 것과 마찬가지다. 그에 따르면 대도시의 "둔감함의 본질은 사물의 차이에 대한 마비 증세"다. 그렇다고 그것이 전혀 지각되지 않는다는 뜻이 아니라 "사물의 차이들이 지닌 의미나 가치, 나아가 사물 자체를 공허한 것으로 받아들인다는 뜻"이다.[29] 짐멜은 대도시에서의 이러한 둔감함이 돈(화폐)의 기능과 유사하다고 보았다. 그가 주목한 돈은 "사물의 모든 다양성을 균등한 척도로 재고, 모든 질적 차이를 양적 차이로 표현하며, 무미건조하고 무관심한 태도로 모든 가치의 공통분모임을 자처함으로써 모든 것을 평준화"시킨다. 짐멜은 돈이 갖고 있는 이러한 성격(사물이 갖는 고유의 특성과 가치를 모두 없애버리는 성격)이 도시에서의 둔감함과 궤를 같이한다고 본 것이다.[30]

짐멜은 대도시인의 정신적 태도를 형식적 측면에서 '속내 감추기'라고도 얘기한다. 그는 대도시에 살고 있는 이들이 "무수한 사람들과의 쉴 새 없는 만남에 대해서 매번 내적인 반응을 보여야 한다면—만나는 사람 거의 대부분을 알고 있고 그와 긍정적인 관계를 갖게 되는 소도시라면 몰라도—사람들은 내적으로 완전히 해체되어 상상하기 어려운 정신적 상태에 빠지게 될 것"이라고 했다.[31] 이러한 '속내 감추기'와 함께 대도시인에게 필요한 또 다른 정신적 태도는 '무관심'이다. 우리의 정신은 다른 사람에게서 받은 거의 모든 인상들에 대해 어떤 방식으로든 특정한 감정으로 반응을 보인다. 그러나 그러한 감정은 의식되지 않고 순간적으로 스쳐 지나가며 변화하기 때문에 우리의 정신은 곧 무관심에 빠진다. 이러한 이유로 짐멜은 대도시인은 소소한 일들과 편견들에 얽매이는 소도시인에 비해 '자유롭다'고 했다. 대도시에서 느끼는 자유는 근본적으로 '익명성'에서 기인한다. 그리고 그 익명성은 지금까지 얘기한 도시인들의 둔감함, 속내 감추기, 무관심 등의 정신적 태도와 상황에 기초하고 있다.

돋보임, 개성 강조

한편 짐멜은 도시를 경제적 분업이 최고로 발달한 장소로 보았다. 그에 따르면 분업화된 도시에서 각 개인은 다른 사람에 의해 퇴출당하지 않도록 자신의 성과를 끊임없이 드러내야 한다. 다시 말해 공급자는 수요자로 하여금 새롭고 독특한 욕구를 지속적으로 불러일으키도록 노력해야 한다는 것이다. 이렇게 도시에서는 자신의 성과를 전문화시켜야 하는 필연성이 생기고, 이는 나아가 일반 대중의 욕구를 보다 세련화하고 풍부하게 만든다. 이로써 대중의 내부는 개별적 차이가 점점 커지게 된다. 짐멜은 대도시 삶의 차원에서 이러한 움직임은 결국 차이에 대한 감수성을 더욱 자극하고, 어떤 식으로든 주위의 사회 집단이 자신을 주목하게 만들며, 이는 유별남, 변덕, 멋부리기 등 대도시 특유의 과장된 행동으로 나타난다고 했다.[32] 또한 짐멜에 따르면 소도시의 관계와 비교해볼 때 대도시에서 개인들의 만남은 짧고 드물다는 특징이 있다. 그렇기 때문에 자주 그리고 긴 시간 만날 수 있는 소도시에서보다 그렇지 못한 대도시에서 자신을 돋보이게 하고 상대에게 자신의 개성을 강조하려는 유혹이 훨씬 더 크게 나타난다는 것이다.[33] 이처럼 짐멜은 그의 논문에서 대도시가 어떻게 해서 개인에게 가장 개인적인 존재가 되고자 하는 충동을 불러일으키게 되는지에 대한 이유를 밝히고 있다.

한편 도시인이 시골이란 공간 속에서 느끼는 '답답함'의 감정 이면에는 도시라는 공간이 만들어준 '자유'의 감정이 전제되어 있다.[34] 앞서 본 '거리두기'라는 도시인 특유의 삶의 태도가 바로 '자유'라는 감정의 중요한 기초가 된다. 거리두기를 통한 '자유'는 곧 익명성이 주는 편안함에서 비롯된다. 아래의 인용은 이러한 내용을 잘 보여주고 있다.

분주한 삶을 영위하던 한 도시인이 어느 깊은 시골 마을에 내려갔습니다. 그는 과도한 업무와 스트레스 그리고 비인격적인 인간관계에 신물이 나서 잠시 도시를 떠났습니다. 녹음으로 우거진 깊은 산골, 그 사이로 조용히 흐르는 개울물, 친절하고 정 많은 시골 사람들,

기름기 없고 소박한 시골의 정겨운 음식들, 아마 이 도시인은 다음과 같이 읊조릴지도 모릅니다. "내가 왜 지금까지 매연과 경쟁에 찌든 도시에서 살았단 말인가? 한적하고 여유로운 시골이야말로 사람이 살아갈 만한 진정한 터전이다."

하지만 얼마 지나지 않아 도시인은 '답답함'을 느낍니다. 푸르른 자연 풍광은 이제 지루하기만 하고, 몇 명 되지 않는 마을 주민들의 지나친 친절함은 간섭처럼 귀찮게 느껴지고, 자연에서 직접 채취해 요리한 야채 음식들은 어느 순간 입에 물립니다. 이제 우리 주인공은 어찌 된 일인지 자신이 떠나온 대도시를 다시 그리워합니다. 새로운 풍광으로 거의 매 순간 변하는 백화점의 화려한 경관, 자신이 무엇을 하든 전혀 신경쓰지 않는 깔끔한 아파트 주민들, 다양한 카페와 음식점들로 가득 찬 도심의 거리가 그립기까지 합니다.

시골이나 소도시처럼 작은 생활공간과 적은 인구수를 가진 곳에서 사람들은 인격적인 관계, 즉 서로 훤히 아는 밀접한 관계에 놓여 있습니다. 이 때문에 이곳에서는 개인의 사생활이란 공간이 따로 존재할 수 없습니다. 이러한 이유로 우리는 시골보다 도시에서 더 자유롭다고 느낍니다.[35]

도시에서 거리두기는 개인들 사이에 서로 전혀 신경을 쓰지 않는다. 여기에 도시의 삶이 가져다주는 아이러니가 있다. 즉 도시의 삶은 짐멜이 지적한 것처럼 돋보이고 개성을 강조하기 위해 끊임없이 구별짓기를 위한 노력을 하지만, 정작 구별짓기를 위한 노력은 그 누구도 알아주지 않는다. 우선 나 자신부터도 옆 부서 김 대리의 패션 변화나 바뀐 핸드백에 별 관심이 없다. 내가 아침에 출근하기 전 옷장 앞에서 고민했던 시간을 비웃기라도 하듯이 그들은 크게 관심이 없다(그러니 너무 남들의 시선을 의식하지 않아도 될 일 아닌가? 도시는 당신만큼 당신에 대해 관심을 갖고 있지 않다). 이러한 도시에서 삶의 방식은 철저하게 서로를 무관심하게 만든다. 타인에 대한 무관심과 거리두기라는 도시인들의 냉담한 태도는 당연하게도 사람들을 고독에 빠지게 한다. 앞서 본 '군중 속의 고독'은 바로 이러한 연유에서 시작된다.

퇴근길 나를 제외한 모든 사람들은 그저 배경일 뿐이다. 짐멜의 지적처럼 도시인의 자유 이면에는 이처럼 심각한 고독의 문제가 도사리고 있다. 대도시는 도시에 사는 사람들에게 자유와 고독을 동시에 가져다준다.[36]

대도시 군중 속의 고독

걷기, 도시는 걷는 순간 완성된다

이제 대도시에서 좀 더 들어가 도시를 걷는 행위에 대해 얘기해 보자. 먼저 벤야민은 "도시는 이야기책이며 걷기라는 언어로만 해독이 가능하다"라고 했고, 레베카 솔닛은 저서 《걷기의 역사》에서 "걷기야말로 도시의 공유 공간을 점유하는 유일한 방법"[37]이라고 했다. 그녀는 "도시에서의 걷기는 원시시대의 수렵이나 사냥과 닮았다"라고 말한다. 시골에서와는 다르게, 도시에서의 걷기가 사냥과 닮았다는 이 비유는 도시 속의 거리를 걷는다는 것의 의미를 매우 적절히 설명해주고 있다.[38] 솔닛이 도시 걷기에서 말하는 사냥의 의미는 '뜨는 거리'를 유랑하다 무심히 눈에 들어온(그것이 독특하고 이국적인 상품이든, 개성 있는 상점이든, 아니면 식당이나 카페 또는 공방이든) 것을 발견하고 획득하는 과정과 유사하다.

방금 살펴본 걷기에 대한 벤야민의 얘기와 앞서 살펴본 도시산책자 개념은 우리로 하여금 '어떻게 걸을 것인가'에 대한 문제를 생각하게 한다. 사실상 우리는 끊임없이 도시공간을 걷고, 소비하고 행동하지만 정작 왜 이 거리를 걷는지, 어떻게 걸어야 하는지에 대한 질문을 던지지는 않는다. 이것은 마치 일상 속 현대인들이 도시가 주는 충격적 자극에 무감각한 것과 같다. 실제로 도시의 삶은 현대인의 신경을 민감하게 건드린다. 시각을 비롯해 청각, 촉각, 후각, 미각 등 우리의 총체적 감각을 자극한다. 멀티플렉스 영화관과 길거리의 쇼윈도, 건물 위의 광고판들, 거리를 쉼 없이 오가는 사람들,

자동차 행렬 등 이러한 스펙터클은 인공적인 만큼이나 강력하게 우리를 자극한다.[39] 그럼에도 우리는 이것들에 무감하다. 사실 왜 이 거리를 걷는지, 그리고 어떻게 걸어야 하는지에 대해 답이 있을 리 없다. 다만 벤야민의 도시산책자로부터 도움을 얻는다면 거리를 걷는 이유는 새롭고 이국적이며 개성 넘치는 것들에 대한 '미적 체험'을 위해서고, 어떻게 걸을 것인가는 19세기 근대의 파리를 사유했던 도시산책자처럼 결코 서두르지 않고, 무심한 척, 구석구석을 감상하고 체험하며 사유하는 걷기일 것이다. 이것은 바로 뒤에서 좀 더 자세히 얘기하기로 하겠다.

한편 소비라는 측면에서 우리가 걷는 공간은 길이라기보다는 거리라고 해야 할 것이다. 아래 인용글은 길과 거리의 차이를 적절하게 설명해주고 있어 소개한다.

길이 이동과 도착이라는 목적 지향에 충실하다면, 거리는 경험의 배경이자 공간적 장치로서 도시성에 더 잘 부합한다. 또한 길을 숲이나 벌판을 가로지르는 자연의 영역으로 본다면, 거리는 인공적 환경에 의해 만들어지는 도시의 일부로 구분할 수 있다. 시골길에 고요가 있다면, 도시의 거리에는 활기가 있다. 사진이나 영화 속 노천카페의 낭만은 모두 거리가 낳은 것이다.[40]

이러한 관점에서 보면 건축가 이경훈의 말처럼 도시는 거리를 걷는 순간 비로소 완성되는 것이라고 할 수 있다. 그에 따르면 도시를 걷게 만드는 것은 상점이다. 거리에 늘어선 상점의 쇼윈도는 도시 생활을 규정하며, 그 도시의 얼굴이자 거울이기도 하다. 쇼윈도의 주요 목적은 고객의 눈길을 끌기 위해 상품을 전시하는 것이지만, 쇼윈도의 미학적 효과는 이보다 더 중요하다. 빛의 각도에 따라 쇼윈도는 마술을 부린다. 빛을 받은 쇼윈도는 거울이 되어 거리의 풍경을 담아내며 시각적인 깊이를 더해준다. 또한 이러한 상점은 거리에 활력을 불어넣을 뿐 아니라 어두운 밤거리를 밝히는 가로등이며 보안등이다. 계절마다 새로운 상품으로 치장하는 상점은 보행자들에게 볼거리와 재미를 제공하는 거대한 미술관이다.[41] 이렇게 도시의 상점은 진정 걷고 싶은 거리를 만든다. "계절의 변화를 공원의 나뭇잎이 아니라 쇼윈도의 장식 속에서 느낄 수 있는 것이 진정 도시다운 거리"[42]라는 이경훈의 지적은 그래서 쉽게 공감하게 된다.

이것은 건축가 유현준이《도시는 무엇으로 사는가》에서 걷고 싶은 거리의 구성 요소로 이벤트의 밀도를 얘기한 것과도 맥을 같이 한다. 그가 말하는 이벤트의 밀도가 높다는 것은 조금만 걸어도 새로운 상점의 쇼윈도를 마주할 수 있다는 것을 의미한다. 즉 상점이 빼곡히 들어선 거리의 풍경은 사람들에게 더 많은 볼거리를 제공한다.

새로운 상점은 새로운 볼거리와 경험을 제공하고, 새로운 경험은 또다시 새로운 감정과 기억할 사건을 만들어준다. 이벤트가 많이 일어나는 거리에 사람들이 많이 모이고 성공적인 거리가 되는 이유

걸을 때 도시는 완성된다.

가 여기에 있다. 이처럼 '핫플레이스'가 되려면 다양하고 많은 감정
을 느끼게 해줄 이벤트가 필요하다.[43] 이제 공간은 더 이상 물건을
파는 곳이 아닌 이색적이고 색다른 경험을 제공하는 곳이어야 한다.

도시산책자의 재림과 핫플레이스의 등장

오늘날 한국 사회에서 골목길은 그야말로 핫플레이스가 되었다.
보드리야르는 현대 소비사회의 주요 특징 중 하나로 공간에 대한
소비를 얘기한 바 있다. 그는 이러한 특징을 '분위기의 소비'로 정의
했는데, 공간이 소비된다는 것은 현대 소비사회에서 공간이 일정한

기호와 상징을 갖게 되었으며, 이것은 공간이 상품의 지위로 이행했다는 것을 의미한다. 과거 모든 이들이 향유했던 맑은 공기가 점차 희소해지면서 공기 자체도 상품이 되는 것처럼, 현대사회에서 골목길은 현대 문명의 이기에 내몰려 사라질 위기에서 마침내 상품으로서의 지위를 얻게 되는 것이다.

건축가 유현준에 따르면 우리가 골목길을 찾는 이유는 "자연에 대한 욕구, 외부 자극, 사람을 만날 수 있는 기회, 스마트폰이 주는 자유"[44]가 그곳에 있기 때문이라고 했다. 자연에 대한 욕구가 충족되지 않는 이유는 그의 지적처럼 현대사회의 공간적 특징(인공적인 도시공간)이기도 하고, 보드리야르의 얘기처럼 현대 소비사회에서 나타나는 '자연화' 때문이기도 하다. 보드리야르는 《소비의 사회》에서 현대사회가 추구하는 '자연화'에 대해 다음과 같이 언급하고 있다.

'자연화'는 자연을 해체한 후에 기호로서 현실 속에 부활시키는 것이다. 따라서 사람들은 숲을 베어내고서 그곳에 '녹색도시'라고 명명한 마을을 세운다. 그곳에 몇 그루의 나무를 다시 심고서 그것이 자연을 '대신한다'고 하는 것이다.[45]

이러한 맥락에서 현대사회의 공간적 특징을 "변화하는 미디어가 자연을 대체하는 것"[46]이라고 한 건축가 유현준의 주장은 옳은 지적이다.

현대의 도시인들이 골목길을 찾는 이유를 지금까지의 얘기에 기초해 좀 더 살펴보도록 하자. 이에 대해 답하기 위해 우리는 앞서 살폈던 19세기 파리의 도시산책자(플라뇌르)를 현재로 다시 소환할 필요가 있다. 그 이유는 "산보는 유동적인 주체의 상태를 강조하는 현대적 도시 구경 방식에 대한 약칭"인 동시에 산책자야말로 벤야민에게 "19세기 꿈 세계의 저장소인 아케이드를 돌아다니는 자의 형상"[47]이었기 때문이다. 이처럼 산책의 개념이 소비공간을 이해하는 데 중요하게 등장하는 이유는 바로 그것이 현대적 도시 구경 방식이기 때문이다.

도시산책자는 앞서 보았듯 19세기 근대도시의 원형으로 등장한 파리를 "입체적으로 전유한 인물"[48]이었으며, "산책과 산책을 통해 도시공간을 체현하는 주체"[49]를 의미한다. 산책자는 유유히 도시를 거닐면서 거리의 일부가 되기도 하고, 한편으로는 그 거리를 관찰하는 관찰자가 되기도 한다. 예를 들면 익선동 골목길을 걷고 있는 당신은 그 골목의 일부가 되기도 하고, 그 골목의 속살까지 구석구석 들여다보는 관찰자가 되기도 한다. 19세기의 도시산책자가 새롭게 등장하던 근대적 도시 파리의 구석구석을 관찰했던 것처럼. 이런 점에서 새로운 공간을 찾아 나서는 현대 도시인들의 시선과 발걸음은 19세기 벤야민이 주목했던 도시산책자의 시선과 맞닿아 있다.

한편 현대사회에서 소위 '뜨는 거리'를 배회하는 도시인들은 절대 숨가쁜 속도로 걷지 않는다. 19세기 도시산책자가 파사주, 백화점 등 상품으로 가득 찬 공간을 느릿느릿 유영했던 것처럼 현대의 도시산책자들은 자본주의적 속도에 맞춰진 현대적 삶의 리듬에 저항하며 어슬렁어슬렁 골목길을 유랑한다. 이들이 유영하는 공간은 이내 핫플레이스가 되고, 핫플레이스가 되고자 하는 거리는 21세기 도시산책자를 유혹할 수 있어야 한다.

그것은 19세기 파리가 새롭게 등장한 아케이드, 대로, 백화점, 상품, 광고, 건축 등 온갖 이국적이고 근대적인 문물들로 산책자를 유혹했던 것과 다르지 않을 것이다. 19세기 파리의 거리는 "자본주의 상품 미학의 전시장이었으며, 그곳을 산책하는 일은 새로운 미적 체험을 가능"[50]하게 했다. 근대의 탄생 지점에서 도시산책자가 그러했듯 현대의 도시인들 역시 이국적이고 낯선 무언가를 찾고자 느릿한 걸음과 호기심 어린 시선으로 거리의 풍광을 관찰한다. 19세기 파리의 카페를 어슬렁거리며 하릴없이 아케이드를 배회하던 도시산책자는 이제 21세기 도시의 어느 골목길에 공간 소비자의 모습으로 재림했다.

핫플레이스로 새롭게 등장한 거리들은 19세기 파리가 그랬던 것처럼 현대판 도시산책자들이 유랑하는 도시공간이 되었다. 현대사회에서 도시공간에 대한 체험은 소비의 형태로 나타날 가능성이 매우 높다. 현대 도시에서는 모든 것이 소비의 대상이 되었기 때문이다. 가장 직접적으로 도시공간 그 자체가 소비의 대상이 되어 소비된다. 공간은 더 이상 스펙터클의 배경이 아닌 상품 그 자체가 되었다. 따라서 이제 무엇을 소비하는지는 예전만큼 그렇게 중요하지 않다. 오히려 그러한 소비가 어느 거리에서, 어떤 공간에서 이루어지느냐가 현대 도시인들의 정체성을 표현하는 또 다른 방식이 되었다. 그래야 구별짓기가 되기 때문이다.

더불어 핫플레이스를 중심으로 나타나는 공간 소비의 이면에는 자본주의적 문명의 속도를 거스르는 도시산책자의 느림의 미학이 있다. '속도의 권력'을 거부하고 산책의 느린 속도로 거니는 행위는 자본주의의 직선적 시간관과 속도 문화에 대한 비판이자 저항이다.[51] 구불구불하고 울퉁불퉁한 골목길은 자본주의적 직선의 길, 대로와는 다른 의미를 갖는다.

한편 현대 도시인들의 삶은 점점 더 물리적 공간에서 멀어지고 있다. 인터넷, SNS 등 전자매체를 통한 탈물질화된 가상적 네트워크 공간에서 더 많은 시간을 보내고 있다. 이는 여러 통계자료에서 거듭 확인되고 있는 사실이다. 따라서 도시인들이 골목길을 찾는 또 다른 이유는 이러한 경향에 대한 반작용으로, 구체적·물질적 공간 체험에 대한 욕구에서 비롯되었다고도 볼 수 있다. 즉, 가상의 세계에 점점 몰입해가는 현대사회에서 "추상화된 도시공간을 다시 구체적 물질성을 지닌 공간으로 경험하기 위한"[52] 현대 도시인들의 시도인 것이다. 커뮤니케이션이 탈물질화되고 있는 현대사회에서 "도시 거리는 구체적 물질성을 지닌 공간"[53]으로서 새롭게 등장한 것이다.

아래에 앤 미콜라이트와 모리츠 퓌르크하우어가 쓴 《도시를 보다》(2012)의 내용 한 구절을 소개하며 이 장을 마칠까 한다. 이번 주말은 어느 골목길 노천카페에서 따사로운 햇살을 즐기며 도시의 여

젊은이들의 발길이 끊이지 않는 연남동

유를 느껴보기 바란다.

　사람들은 햇살 아래에서 걷기를 좋아한다. 밝고 따사로운 햇살은 포근하고, 도시인은 그에 매료된다. 매일 반복되는 태양의 춤사위에 맞춰 카페의 손님들은 의자의 각도를 틀고, 사람들은 햇살이 비치는 길이나 광장을 찾는다. 또 햇살을 피하기 위해 선글라스를 꺼내 들거나 차양을 친다. 그렇게 사람들은 빛과 그늘을 오가며 햇살을 즐긴다. 상인은 태양의 농밀한 유혹에 빠진 사람들을 교묘하게 상점으로 끌어들인다.[54]

3장

욕망의
탄생과 분출구

———— 장소

백화점은 근대로 이행하는 과정에서
새로운 문물의 소개를 통한 계몽과 교육의 담지자였다.
19세기가 '만국박람회'를 통해 시민을 계몽했다면,
20세기는 '백화점'이 그 역할을 수행했다.
백화점은 혁신가, 교육가를 자처하며 근대 문물을 통해
도시인들을 계몽했고, 그 자체가 도시를 대표하는 상징물이 되었다.
탄생한 지 150여 년이 넘은 이 시점에서도
백화점은 전 세계 대도시를 대표하고 있다.
우리가 새로운 도시를 방문할 때 빼놓지 않고 찾는 곳이
백화점인 이유도 백화점이 갖는 이러한 상징성 때문이다.
백화점은 그 자체가 바로 도시문화다.

근대 계몽의 선구자, 만국박람회

소비공간에 대한 연구를 진행하면서 관심을 갖지 않을 수 없는 시대가 바로 19세기다. 19세기는 소비공간의 측면에서뿐 아니라 현대의 여러 원형들이 등장했던 시기이기도 하다. 따라서 19세기에 대한 온전한 이해 없이 현대사회를 이해하기란 결코 쉽지 않다. 19세기는 프랑스 대혁명 이후 사회구조의 실질적 변화가 일어난 시기였고, 동시에 산업혁명이 시작된 시기였다. 바로 이 시기에 등장한 만국박람회는 산업혁명 이후 급속도로 발전하는 산업기술과 각국에서 생산된 각종 신기술, 신제품을 한자리에 모아 보여주는 대형 이벤트였다. 만국박람회는 한 번도 본 적이 없는 문명의 이기를 한자리에 모아 전시함으로써 대중을 계몽하고 그들을 근대로 안내하는 역할을 담당했다. 더불어 무수히 많은 상품의 전시와 진귀하고 이국적인 사물이 소개된 박람회는 대중의 근대적 욕망이 싹트기 시작한 공간이었다. 이처럼 만국박람회는 백화점이 탄생하기 이전의 백화점과 같은 기능을 했을 뿐 아니라, 이후 백화점 탄생의 배경이 되었다. 만국박람회에 감동받은 당시 프랑스의 공상적 사회주의자들은 상설박람회의 구상을 발표했고, 그들의 이러한 생각은 아리스티드 부시코Aristide Boucicaut가 세운 백화점으로 현실화되었다.

실제로 백화점의 최초 설립자인 부시코는 프랑스 제2제정기인 1855년과 1867년 두 차례에 걸쳐 개최된 파리 만국박람회에서 깊은 인상을 받았다. 그는 상품과는 별개로 백화점 그 자체를 (만국박람회를 연상시키는) 스펙터클한 공간으로 만들고자 했다. 실제로 봉마르셰Bon Marché 백화점의 크리스털 홀은 만국박람회를 기념하기 위해 제작된 에펠탑의 설계자 에펠에 의해 만들어졌으며, 또한 만국박람회와 유사하게 철골과 유리 위주로 지어졌다. 부시코의 목적은 파리 만국박람회에서 관객들이 보여주었던 반응을 백화점 안에서 다시 끌어내는 것이었다. 오늘날 백화점 내외부 장식의 화려함은 모두 이때부터 시작되었다고 할 수 있다.

만국박람회는 1851년 영국 런던에서 처음 개최되었다. '크리스털 팰리스'로 상징되는 런던 만국박람회는 근대적 의미의 최초의 박람회였다. 유리와 철골로만 지어진 축구장 11개 넓이의 3층짜리 전시장은 그야말로 '수정궁전Crystal Palace'이었다. 여기에는 유럽 각국에서 1만 3,000여 개의 제품이 전시되었고, 방문자수만 620만 명에 다다

랐다. 당시 런던의 인구가 270만 명이었음을 감안하면 실로 어마어마한 사람이 모였던 것이다.

한편 만국박람회는 전 세계가 개발한 새로운 문명의 이기들이 소개되는 공간이었다. 1851년 런던 만국박람회에서는 크리스털 팰리스 외에도 콜트가 만든 피스톨이 전시되었고, 1853년 뉴욕 만국박람회에서는 오티스의 엘리베이터가 출품되어 많은 이들의 관심을 받았다.[55] 1855년 파리 만국박람회에서는 싱거 재봉틀, 사진기, 세탁기, 커피머신, 리볼버 권총 등이 전시되었다. 파리에서 두 번째 만국박람회가 열린 1867년에는 가스가 선을 보였다. 가스는 증기기관을 대신해 기계를 돌리고 불을 밝혀줄 새로운 에너지였다. 전시장 주변에 5,000개가 넘는 가스램프가 24시간 내내 전시장을 밝혔다. 이외에도 인쇄기와 잠수부 등이 처음 등장하기도 했다. 파리에

1851년 런던 만국산업박람회 수정궁

서 세 번째로 열린 1878년 만국박람회의 최대 관심거리는 바로 전구였다. 그리고 타자기나 도자기 아말감, 전화 같은 발명품 역시 여기서 소개되었다.[56]

이렇듯 19세기 등장한 만국박람회장은 신세계나 마찬가지였다. 박람회장을 찾은 방문객들은 박람회장 안에 세워진 당대 최신의 첨단 시설들과 웅장하고 아름답기까지 한 건물에 넋을 잃었다. 만국박람회에 모인 19세기 사람들은 자신들이 인류 역사상 가장 빛나는 세기, 온통 발전과 발명으로 가득한 놀라운 세기에 살고 있다는 자부심을 만끽했을 것이다.[57]

이렇게 런던에서 시작된 만국박람회는 파리와 빈, 바르셀로나, 필라델피아, 뉴욕, 시카고, 오사카 등의 도시들에서 개최되었다. 이것은 프랑스에서 처음 등장한 백화점이 영국, 독일 등 프랑스 인근 국가들을 거쳐 미국, 일본으로 전파되었던 과정과 유사하다. 즉 19세기 만국박람회의 개최와 백화점의 확산 과정은 대도시가 형성되고 발전해온 과정과 그 궤적을 같이한다.

이처럼 20세기가 백화점에 의해 시민의 계몽과 도시의 발전이 이루어졌다면, 19세기에는 만국박람회가 백화점이 탄생하기까지 시민의 근대화를 계몽하고 대도시를 상징했다. 이것이 소비공간의 역사를 추적하는 과정에서 만국박람회의 위상을 무시할 수 없는 이유다.

벤야민의 유작, 《아케이드 프로젝트Arcade Project》

19세기 전반 프랑스에는 파사주passage라 불리는 아케이드가 대도시에 만들어지기 시작했다. 물론 아케이드가 등장하기 이전까지 상점이 전혀 없었던 것은 아니었다. 다만 그때까지 소매상점은 '길드'라는 동업조합이 장악하고 있었는데, 주지하다시피 길드는 같은 분야에 종사하는 상공업자나 수공업자들이 결성한 이익단체였다. '아케이드Arcade'라는 근대적 상업시설과 공간이 등장하기 전까지 그 역할을 수행했던 길드 조합의 상점에 대해 먼저 살펴보도록 하자.

길드는 각 지방 경찰청에 정식으로 등록하고 자체 규약을 만들어 조합원들의 복리를 극대화하는 것이 목적이었다. 길드는 조합원에게는 해당 분야에서 독점적인 기득권을 유지할 수 있게 해주었고, 대신 생산량을 비롯해 노동시간부터 판매를 위한 장소, 수량 등 모든 활동을 규제했다. 이렇게 길드는 독점적 지위의 부여를 통해 소속된 조합원들을 장악했다. 구체적으로 각 지방을 작은 단위 구역으로 나누어 한 구역에 한 명의 조합원만을 할당하는 방식으로 조합원에게 독점의 권한을 부여하고 경쟁을 원천적으로 봉쇄했다. 어느 지역이든 업종별로(빵을 파는 상점이든, 옷을 파는 상점이든, 그릇을 파는 상점이든……) 오직 한 상점만 판매할 수 있게 한 것이다. 또한 팔 수 있는 물건의 개수까지 조합에서 정했다. 따라서 얼마의 양을 생산해서 얼마나 팔 것인지는 처음부터 상인들의 관심 대상이 아니었다. 결국 이러한 독점적 권한의 보유와 판매해야 할 수량의 결정은 길드 조합 상인들로 하여금 굳이 손님에게 친절해야 할 필요도, 상점을 멋지게 꾸미거나 더 많은 물건을 팔려고 노력할 필요도 없게 했다. 좁고 어두컴컴한 가게, 고압적이고 불친절한 상인의 모습은 당시 유럽 최고의 도시였던 파리에서도 흔하게 접하는 풍경이었다.[58]

이렇게 길드를 중심으로 한 프랑스의 상점 풍경은 1789년 프랑스 혁명을 계기로 변화되었다. 그동안 독점적 지위를 유지하던 동업조합이 철폐되면서 소매 업계에 새로운 바람이 불기 시작한 것이다. 독점권이 사라지면서 상인들은 물건을 하나라도 더 팔기 위해 경쟁해야 했고, 더 많이 팔기 위한 아이디어들이 등장했다. 그중 하나가 바로 새로운 소매점 형태인 파사주의 등장이었다. 파사주는 백화점이 등장하기 전인 19세기 초반 무렵까지 많은 사람들이 상품을 구매하기 위해 방문한 인기 있는 상점가였다.[59]

이전까지 길드 조합의 횡포에 속수무책이었던 사람들은 파사주의 등장을 환영했다. 파사주는 지금의 아케이드와 비슷한 구조로 건물과 건물 사이의 거리를 지붕으로 덮은 상점 거리였다. 처음부터 집단적인 상점 거리를 계획하고 개발된 파사주는 기존의 동네 상점들과는 외관부터 달랐다. 거리를 보며 나란히 위치한 상점들은 모두 자로 잰 듯 네모반듯한 모양이었고, 상점마다 유리 너머 진열된 상품과 이를 비추는 크리스털 조명은 손님의 시선을 끌기에 충분했다.[60]

당시 파사주의 형태를 규정하는 몇 가지 특징들이 있었는데, 첫째는 보행자 전용이라는 것, 둘째는 사람에게 지름길을 제공하며 번창하는 두 거리를 연결한다는 것, 셋째는 기본적으로 상점들로 둘러싸여 있다는 것, 넷째는 빛이 통하며 악천후에 대비한 지붕이 있다는 것, 다섯째, 가스나 전기로 밝기를 유지한다는 것, 끝으로 사치스러움이 건축은 물론 상점에도 잘 드러나야 한다는 것이었다.[61] 파사주는 상품과 마찬가지로 상점 역시 광채를 띠어야 하고, 잘 갖춰져 있고, 고급스러워야 함을 강조했다. 아래 벤야민의 설명은 아케이드에 대한 이해를 보다 쉽게 도와준다.

> 산업에 의한 사치가 만들어낸 새로운 발명품인 아케이드는 유리 천장과 대리석으로 되어 있으며 (……) 몇 개의 건물을 이어 만들어진 통로다. 천장에서 빛을 받아들이는 이러한 통로 양측에는 극히 우아한 상점들이 늘어서 있는데, 이리하여 이러한 아케이드는 하나의 도시, 아니 축소된 하나의 세계다.[62]

위의 인용문에서와 같이 '산업에 의한 사치가 만들어낸 발명품'이라고 할 만큼 온갖 종류의 가게들이 빼곡히 들어찬 파사주는 '하나의 도시, 아니 축소된 하나의 세계'였다. 최초의 가스등이 켜진 곳도 바로 이 아케이드에서였다.

당시 파리의 도로는 좁고 구불구불해 마차가 함께 다니는 거리를 산책하기는 어려운 일이었다. 따라서 산책은 자연스럽게 도로가 아닌 아케이드를 중심으로 나타났으며 이는 도시산책자들이 탄생하는 계기가 됐다. "유리 천장으로 덮인 파사주는 따스한 햇볕을 만 끽하며 목적 없이도 어슬렁거릴 수 있는 전천후 도시공간"[63]이었다. 그곳은 사람들로 하여금 '윈도쇼핑window-shopping'이라는 새로운 간접 소비의 방식을 탄생시켰다.

대부분의 파사주는 19세기 후반 오스만(당시 파리 시장)에 의해 진 행된 도시 재정비와 함께 자취를 감췄다. 시원하게 뚫린 대로, 말끔 하게 포장된 도로, 밤까지 훤히 불을 밝히는 가스등, 거리 곳곳에 쉬 어갈 수 있는 벤치 등이 설치되면서 도시 풍경은 하나둘씩 바뀌어 갔다. 굳이 상점을 찾아 통로 안으로 들어가야 하는 파사주의 인기 는 자연히 하락할 수밖에 없었다.

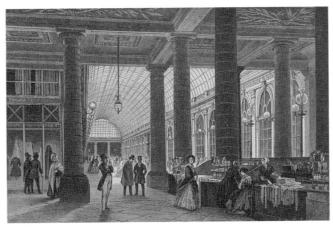

19세기 파리 아케이드의 풍경

파사주가 소비와 상업 공간의 역사에서 점하는 의의는 매우 크다. 근대 소비자의 원형으로 불리는 도시산책자(플라뇌르)가 처음 등장한 곳도 바로 파사주에서였다. 그리고 도시인들은 파사주의 출현을 통해 과거와는 전혀 다른 근대적 의미의 소비 체험을 하기 시작했다.

신유행품점, 마가쟁 드 누보테

공업적 대량생산이 확대되면서 기존의 수공업적 방식은 쇠퇴했다. 그에 따라 생산자와 판매자는 분리되고 새로운 개념의 상점이 출현했다. 이때 등장한 것이 '마가쟁 드 누보테magasins de nouveautes'였다. 1830~1840년대에 걸쳐 나타난 마가쟁 드 누보테는 '새로운 상점', '직물과 멋진 상품의 가게', '신유행품점' 등으로 불리며 기존의 상점과는 확실하게 차별화되는 새로운 개념의 상점으로 등장했다. 이러한 상점들은 이전의 포목양품점, 중고의류상, 직물상과는 근본적으로 다른 방식으로 운영되었다.[64]

마가쟁 드 누보테가 등장하기 전의 상거래 상황은 지금으로서는 쉽게 상상하기 어려운 형태를 보여주었다. 그 이전 프랑스의 개인 상점에서는 주인의 승낙 없이 지금처럼 마음대로 상점에 들어갈 수 없었다. 그리고 상점에 들어간 뒤에 무엇을 살 것인지를 정하는 일이 허락되지 않았다. 즉 미리 무엇을 사고자 하는지를 말해야 했다.

특히 패션 부티크나 구둣방 등에서는 상품도 진열해놓지 않은 채 손님이 원하는 스타일을 말하면 그제야 창고에서 물건을 가져오는 경우가 흔했다. 또한 당시의 프랑스 상점에는 일단 가게에 들어서면 아무것도 사지 않은 채 상점을 나올 수가 없었다. 상점에 발을 들였다면 뭐라도 사가지고 나와야 했다. 게다가 가격도 표시되어 있지 않았기 때문에 상점 주인과의 가격 흥정은 당연한 일이었다. 당시 파리 시내는 교통이 불편했을 뿐만 아니라 인도 역시 정비되어 있지 않았다. 따라서 마차가 있는 상류층을 제외하곤 물건을 살 수 있는 곳이 한정되어 있었다. 그들은 걸어갈 수 있는 곳에 있는 가게에서 생활에 필수적인 것들만 구입했다. 이러한 이유로 상점은 경쟁하지 않아도 되었고, 손님을 끌기 위한 장식이나 서비스는 아예 존재하지도 않았다.[65] 그러나 이러한 상황은 마가쟁 드 누보테라는 새로운 형태의 상점이 등장하면서 변화하기 시작했다. 마가쟁 드 누보테란 앞서 설명했듯 "새로운 상점 또는 직물과 멋진 상품이 진열된 가게"[66]를 의미했으며, 그때까지의 상점과는 확연히 다른 판매방식을 채택했다. 먼저 상점의 구조가 달랐다. 마가쟁 드 누보테 이전의 상점은 앞면에 유리가 있어 안을 들여다보는 것이 가능은 했지만, 상점 안이 어두워 상품을 제대로 보기는 어려웠다. 또한 옷감이나 상품이 제대로 관리되어 있지도 않았다. 손님이 가게 밖에서 안의 상품이나 옷감을 전혀 살펴볼 수 있는 상황이 아니었다. 이에 반해 마가쟁 드 누보테는 백화점의 초기 모델로 밝은 쇼윈도, 널찍한 공간, 잘 정리된 다양한 색깔의 옷감과 옷들, 그리고 그것들을 효과적으로 연출해주는 조명 등 모든 면에서 그 이전의 상점과는 전혀 다른 모습으로 꾸며졌다.[67] 참고로 아래의 인용은 당시 발자크가 마가쟁 드 누보테의 효시가 된 '프티 마틀로'에 대해 묘사한 글이다.

이 가게는 얼마 전부터 파리에 나타나기 시작한 이런 가게, 즉 채색한 간판, 바람에 펄럭이는 깃발, 숄을 그네처럼 펼친 진열창, 트럼프로 만든 성처럼 배치한 넥타이, 그 밖에 눈길을 잡아끄는 수많은 물품, 가격표, 장식끈, 포스터 등 쇼윈도를 상업적인 시라고 해도 될 만큼 완벽한 경지에 이른 시각의 환각과 효과, 그런 것을 가진 가게의 선구자였다.[68]

이리하여 온 거리에서 파사드, 쇼윈도, 간판의 기묘한 전쟁이 펼쳐진다. 상인들의 자존심 때문에 말도 안 되는 일이 벌어진다. 가게의 건물은 위에서 아래까지 마치 축제일의 군함처럼 만함식으로 꾸며진다. '정찰제 판매점'이라는 문구가 같은 파사드의 1층에서 옥상까지 곳곳에 걸려 있다. (……) 간판에 이르면, 그것은 아예 거친 천에 그림물감을 덕지덕지 칠해놓은 유화라고 해도 좋을 정도인데, 여기에 1만 에큐(약 3,000만 원)라는 돈을 투자했다.[69]

이러한 상점의 전개와 운영은 이전과 달리 꼭 사야 할 물건이 있는 손님뿐 아니라 '잠재적인 구매 욕구'가 있는 손님까지도 유인했다.[70] 앞서 살펴보았듯 파리는 19세기 중반 오스만의 대로 건설 이

19세기 파리 마가쟁 드 누보테. 백화점의 초기 형태로 볼 수 있다.

전에는 꼬불꼬불한 도로에 건물들이 나란히 서 있는 구조였다. 이런 도로 사정에서는 아무리 훌륭하게 물건을 전시한다고 해도, 그효과는 제한적일 수밖에 없었다. 오스만의 대로 건설은 확 트인 대로를 뚫어줌으로써 마가쟁 드 누보테의 진열이 더욱 효과를 발휘할수 있도록 했다. 파리 시내를 지나는 모든 사람이 전시된 물건들을보지 않을 수 없었다.

마가쟁 드 누보테는 취급하는 물품의 규모부터가 기존 상점과는차원이 달랐을 뿐만 아니라 넓은 매장을 상품별로 구분해 판매했고 신상품을 수시로 교체해가며 진열했다.[71] 이러한 상점은 관광객뿐만 아니라 부유한 프랑스 사람들의 증가로 대중화되었다. 그러나백화점의 원형으로서 근대 상거래의 성당으로 비유되는 마가쟁 드 누보테는 1848년 11월 혁명 이후 나폴레옹 3세의 쿠데타에 이르는 경제 침체 기간 동안 대부분 도산했다.[72]

욕망의 분출구, 백화점의 등장

백화점의 기원은 1852년 프랑스 파리에 설립된 봉 마르셰다. 당시 가장 규모가 큰 마가쟁 드 누보테인 '프티 생 토마'에서 직원으로 일하던 부시코가 봉 마르셰의 공동 경영자가 된 이후 봉 마르셰는 대형화되고 전문화되면서 이후 백화점으로 거듭났다.[73]

봉 마르셰의 창업자였던 부시코는 당시로서는 매우 혁신적인 새로운 판매 및 운영방식을 도입했다. 그 내용을 보면 먼저 상품의 소매 마진을 인하하는 대신 회전율을 높이는 박리다매를 추구했고, 테마별로 상품을 전시하여 판매를 촉진하고자 했다. 예를 들면 판매 비수기인 2월과 8월에 장갑, 레이스, 향수와 같은 특정 아이템의 세일을 진행한다거나 블라우스, 속옷, 시트, 식탁보 등의 흰색 옷감을 대대적으로 판매하는 '백색 상품 세일'과 같은 판매 촉진이 진행되었다. 또한 저가의 미끼 상품을 통해 소비자를 유인하는 판매정책을 진행했고, 그동안 일부 제품에 국한되어 진행했던 가격정찰제를 모든 제품에 확대해 진행하기도 했다. 고객이 자유롭게 점포를 출입할 수 있도록 한 것은 물론, 제품의 반품이나 환불 역시 자유롭게 받아들여졌다.[74] 봉 마르셰는 이러한 환불 정책을 대대적으로 선전하는 카탈로그를 제작해 배포하기도 했는데, 당시에 이러한 판매 방식은 매우 혁신적인 것이었다. 19세기 당시 도입되었던 백화점의 판매방식이나 운영방식은 두 세기가 흐른 오늘날에도 여전히 익숙한 정책들이다.

부시코는 1852년 이후 지속적으로 점포를 확장했다. 그럼에도 상품을 대량으로 진열하는 데 매장의 절대면적 부족을 느낀 부시코는 오스만 시장의 파리 재정비 기간이었던 1869년 9월 새로운 봉 마르셰 건물의 건축공사를 시작한다. 새로운 봉 마르셰를 세우면서 부시코가 가장 먼저 생각한 것은 이곳을 일찍이 그 누구도 상상하지 못했던 상업공간으로 만든다는 것이었다. 부시코의 이러한 생각은 단순한 상업 공간에 그치는 것이 아니었다. 그가 생각한 백화점은 그야말로 스펙터클한 공간의 창조였고, 현기증이 날 만큼 모든 장치들을 끌어모아 사람들을 '보는' 존재로 환원하는 것이었다.[75] 부시코는 단순히 미끼상품이나 바겐세일이라는 상품의 힘으로 소비자의 발길을 끄는 것으로 만족하지 않았다. 그는 새로운 봉 마르셰라는 건물 그 자체의 매력, 백화점이라는 이미지의 힘으로 소비자를 유혹하려고 생각한 것이다. 여기에는 앞서 얘기했듯 만국박람회의 영향이 크게 작용했음은 말할 것도 없다.

이를 위해 부시코는 철과 유리를 이용하는 건축양식에 집착했다. 철을 이용한 건축에 집착한 것은 철골을 쓰면 천장을 유리로 넓게 덮을 수 있는 홀을 만들어낼 수 있기 때문이었다. 만국박람회의 파빌리온(전시관)과 마찬가지로 철골과 유리로 이루어진 봉 마르셰의 크리스털 홀은 손님들에게 파노라마와 같은 착시현상을 활용한 스펙터클의 효과를 발휘했다. 높고 넓은 유리천장을 통해 홀 안으로 쏟아지는 햇살은 상점에 전시된 의복이나 상품을 천상의 것으로 변화시켰다.[76]

봉 마르셰는 만국박람회의 파빌리온과 같은 큰 홀에 그치지 않았다. 먼저 제2제정 시기 전형적으로 나타나는 파사드는 오페라극장처럼 벽면을 아름다운 고급 석재로 장식했다. 따라서 상점 건물이라기보다는 극장이나 대성당 건물을 연상하게 했다. 앞서 설명했듯 넓은 홀 위로 높이 솟아 있는 유리 천장을 통해 쏟아지는 햇빛과 그 햇빛을 받아 빛나는 계단은 마치 오페라극장의 관람석으로 이어지는 인상을 주었다. 또한 철로 만든 곡선의 장식 난간은 발코니를 받치는 쇠기둥의 직선과 함께 훌륭한 조화를 보여주었다. 마가쟁 드 누보테의 홀과는 비교도 되지 않을 만큼 화려한 분위기를 자아냈다. 그리고 저녁이 되면 4,300여 개의 가스등과 거대한 샹들리에에서 퍼지는 현란한 빛이 거울에 반사되어 신성한 상품의 세계로 사람들을 유혹했다. 한마디로 '현대 상업의 대성당'이 출현한 것이었다.[77]

또한 봉 마르셰 백화점은 도서실, 휴게실, 미술관뿐 아니라 무도회 및 음악교실, 회화교실 등의 시설을 갖추었다. 이는 당시 유행하던 살롱의 이미지를 재현한 것이었다. 당시 살롱은 귀족이나 부르주아들이 성이나 저택을 연희를 위해 바꾼 것이었는데, 이렇게 봉 마르셰 백화점은 파리 어느 곳에 내놓아도 뒤지지 않는 호화 사교

살롱의 이미지를 갖추며 베르사이유 궁전과 어깨를 겨루는 '소비의 궁전'이 되었다.[78] 에밀 졸라의 소설 《부인들의 천국》은 당시 백화점을 무대로 한 소설로 19세기 후반 이른바 제2제정기의 파리 백화점을 자세하게 묘사하고 있다.

부인들의 천국은 정면의 대형 현관에 들어서면 주변에 갤러리가 있고 중앙에는 지붕까지 트인 대형 홀이 준비되어 있다. 그 옆에는 대형 철계단이 설치되어 있다. 철계단은 1층부터 2층으로 연결되었는데, 끝에서 끝까지는 철제 다리가 걸쳐 있다. 젊고 재능 있는 건축가가 창조적인 아이디어를 통해 건물 전체를 구성한 것이다. 따라서 발 닿는 곳마다 넓은 공간이 형성되었고, 빛과 공기가 잘 들어왔다. 천장이 탁 트인 공간을 사람들이 자유롭게 움직일 수 있다. 이것은 현대 상업의 대성당이다. 가볍지만 견고한 이 건물은 소비자라고 불리는 국민들을 위해 만들어졌다.[79]

한편 에밀 졸라가 백화점을 '부인들의 천국'이라고 묘사했듯 백화점은 당시 여성들에게 교회나 성당을 제외하고 남성의 에스코트 없이 방문할 수 있는 최초의 공적 장소였다.

부르주아지 숙녀들이 실제로 이곳을 방문할 수 있었다는 사실은 과거와의 중요한 단절을 나타낸다. 백화점은 교회나 성당을 제외하고 숙녀가 남성을 동반하지 않은 채 방문해도 부끄럽지 않은 최초의

공적 장소가 되었다.[80]

백화점 매장에서 쇼핑을 하는 것은 대도시의 중간계급 여성들에게 중요한 옥외 활동이 되었다. 소비와 젠더 편에서 따로 더 자세히 논의하겠지만 이 무렵 근대 자본주의 사회에서는 생산과 소비의 분리라는 이원적 이데올로기가 매우 크게 영향을 미치던 시기였다. 즉 생산은 남성, 소비는 여성의 몫이었다. 이러한 시대적 상황에서 백화점은 여성의 공적 영역 진출의 도화선이 되는 계기를 제공했다. 발터 벤야민이 백화점을 "종교적 도취에 바쳐진 사원"[81]이라고 지적한 것처럼 부르주아 여성들은 백화점을 통해 과시와 구별의 욕망을 실현했다.

봉 마르셰 백화점 전경

이렇게 백화점이야말로 과거의 풍습에서 해방된 여성의 욕망 분출구로서 소비에 대한 욕망을 끊임없이 확장시킨 공간이었다. 더불어 백화점은 산업혁명 이후 노동자 계급을 포함한 일반 대중을 대상으로 누구나 편하게 출입할 수 있는 대규모의 열린 공간이었으며, 당시 상류계급 사이에 유행하는 생활양식을 일반 대중에게 소개하고 전파하는 기능을 담당했다.

봉 마르셰를 설립한 부시코는 만국박람회를 계승한 백화점을 근대성을 교육하는 공간으로 생각했고, 그 일환으로 1년의 판매 촉진 스케줄을 작성하고 시행했다. 오늘날 백화점에서 계획하고 실행하는 판매 촉진 스케줄은 이미 이때부터 이어져 온 셈이다. 따라서 소비자들은 백화점에서 진행하는 일련의 판촉 스케줄에 의해 사계절에 대한 감각을 받아들이고 앞선 유행을 교육받았다.[82] 봉 마르셰 백화점은 패션이 발전한 프랑스에서 가장 앞서 유행을 제안하는 곳이었다.

손님을 소비로 유혹하는 것은 일종의 유혹 기술의 문제, 일종의 무대 연출 같은 것이었다. 그리고 부시코는 이런 영역에서 유례없는 재능을 발휘했다. 그는 백화점 안에 매혹이 넘치는 분위기를 만들어내는 기술을 터득하고 있었다. (……) 봉 마르셰는 일종의 일상적인 축제, 일종의 제도, 환상적인 세계, 터무니없이 장대한 스펙터클이 되어 사람들이 봉 마르셰에 가는 것은 어떤 사건이나 모험에 뛰어드는 일이 된다. 다시 말해 이런저런 물건을 사러 가는 것이 아니라 그저 그

봉 마르셰 백화점 크리스털 홀 전경

곳에 가기 위해 가는 것이고, 우연히 물건을 샀다고 하더라도 그것은
즐거움을 위한 것, 생활에 또 다른 차원을 더해주는 경험에 참가하기
위한 것이 된다.[83]

위의 인용문에 따르면 이제 봉 마르셰에 가는 일은 환상적인 체
험이 되고, 쇼핑은 필요를 채우기 위한 행위가 아니라 스펙터클에
참가하고 있음을 확인하는 과정으로 바뀐다.[84] 이와 유사한 경험은
1920~1930년대 대한제국 경성에서도 있었다. 당시 대한민국 최초
의 백화점이었던 미쓰코시 경성점(현재 명동에 위치한 신세계 백화점 본
점의 전신)이 설립되었을 때, 당시 조선의 많은 대중은 물건을 구입하
기 위해서가 아니라 이곳의 웅장함과 내외부의 화려함을 보기 위해

먼 곳에서의 발걸음도 마다하지 않았다.

봉 마르셰를 비롯해 프랑스에서 개점한 쁘렝땅Printempus(1865), 사마리탄Samaritaine(1869)과 같은 백화점은 대부분이 양품점에서 변신했다는 특징을 갖고 있다. 이런 면에서 프랑스 백화점의 발흥은 당시 프랑스 의복산업의 발전과 매우 밀착되어 있었다.

백화점이 출현한 19세기 중, 후반은 파리 패션이 탄생한 시대이기도 하다. 파리 패션의 세계적인 보급과 백화점의 역사는 매우 밀접한 관계를 갖고 있다. 백화점은 파리에서 발표된 패션이 대량으로 복제되어 전 세계로 퍼지는 시스템(상품에서 디자인을 분리해 디자인을 판매하는 복제 시대가 시작되었다. 이런 복제 시스템에 의해 파리 패션은 세계로 전파되었고, 이를 뒷받침한 것이 백화점이었다)에 커다란 역할을 했다. 이렇듯 파리가 일찍이 패션의 도시로 정착하게 된 것도 백화점의 탄생 및 발전 과정과 무관하지 않다.

백화점은 근대로 이행하는 과정에서 새로운 문물의 소개를 통한 계몽과 교육의 담지자였다. 19세기가 '만국박람회'를 통해 시민을 계몽했다면, 20세기는 '백화점'이 그 역할을 수행했다. 백화점은 혁신가, 교육가를 자처하며 근대 문물을 통해 도시인을 계몽했고, 그 자체가 도시를 대표하는 상징물이 되었다. 탄생한 지 150여 년이 넘은 이 시점에서도 백화점은 '도시', '이국'이라는 문화 혈통을 통해 전 세계 대도시를 대표하고 있다. 우리가 새로운 도시를 방문할 때 빼놓지 않고 찾는 곳이 백화점인 이유도 백화점이 갖는 이러한 상징성 때문이다. 백화점은 그 자체가 바로 도시문화다.[85] 19세기 중반에 등장해 20세기의 상징으로 군림했으며, 21세기에도 여전히 소비공간의 한 중심에 존재하는 백화점은 '욕망의 환기 장치', '소비의 전당', '스펙터클의 공간', '상업의 대가람' 등[86] 다양한 형용으로 불리며 소비공간의 역사를 써 내려왔다. 그 과정에서 백화점은 여성을 소비의 주체로 세우고 소비와 사치의 대중화를 가능케 했다.

소비공간의 역사에서 백화점의 지위와 역할을 아무리 강조한다 해도 지나치지 않은 이유는 차고도 넘친다.

4장

소비의 세계로
들어온 예술

────── 문화

소비 수업

*** CLASS ***

1강. 새로운 것은 언제나 옳다
2강. 황홀경이스에 재림한 도시산책자
3강. 욕망의 탄생과 렌즈구
4강. 소비의 세계로 들어온 예술

유형
공간
장소
문화

저자

업데잇

사물은 많이 소비하든 적게 소비하든
가장 뛰어넘기 쉬운 장벽이다.
월급쟁이도 좀 무리하면 명품을 구입할 수 있고,
어쩌다가 로또라도 당첨이 되는 날엔 고가의 사치품을
쉽게 구입할 수도 있다. 그러나 오랜 시간 축적되는 것이
특징인 취향과 안목은 돈이 생겼다고
백화점에 가서 구입할 수 있는 것이 아니다.

돈에서 교양으로, 사치재가 된 매너

　현대사회에서 재화는 더는 부를 측정하는 기준이 되지 못한다. 소득수준의 전반적인 향상으로 누구나 사치품 한두 개 정도는 어렵지 않게 살 수 있다. 이렇게 현대사회에서 사물은 과거처럼 지위를 상징하는 역할을 다하지 못하고 있다. 재벌가의 상속녀나 스스로 생활비를 버는 직장 여성이나 똑같이 고가의 루이비통 백을 들 수 있는 시대다. 모든 사람이 사치품을 살 수 있을 때 사치품에 대한 소비는 더 이상 상류계급을 표시하는 기호가 되지 못한다. 짐멜이 얘기했듯이 이제 상류계급은 그들을 쫓아오는 중-하류계급과의 구별짓기를 위해 사치품이 아닌 그들만의 또 다른 대안을 찾아 나선다. 현대사회에서 상류계급이 구별짓기를 위해 찾은 대안은 무엇일까?

　이에 대해 보드리야르는 상류층의 '반소비反消費', 즉 전략적 검소함을 소개한다. 중류층이 고급 이탈리안 레스토랑에서 식사하면 재벌 총수는 오래된 7,000원짜리 국밥집을 찾고, 평사원이 외제 수입차를 타면 재벌 총수는 국산 자동차를 타거나 택시 등 대중교통을 이용한다. 소비하기를 거부하는 것이야말로 소비 중에서도 최고의 소비가 된 것이다.

대중 소비사회의 확산과 생활수준의 전반적인 상승, 그에 따른 사치의 민주화로 그동안 상류층의 여가와 스포츠로만 인식되었던 해외여행이나 골프, 스키 같은 스포츠는 이제 중류층도 즐길 수 있다. 이렇게 되자 상류층은 오히려 더 바쁘게 일하고, 잠은 비행기에서 자고 식사는 햄버거로 대신한다. 오늘날 글로벌 대기업의 오너나 CEO, 임원들의 하루 24시간을 살펴보면 이들이 얼마나 바쁜 일정을 살아가고 있는지 알 수 있다. 현대사회에서 검소와 노동은 사치보다 더한 사치로 둔갑한 것이다. 이러한 상류층의 반소비는 아래 계급을 따돌리기 위한 전략의 일환이다. 이런 관점에서 보면 재력을 상류계급의 기준으로 보는 사람은 아직 소스타인 베블런Thorstein Veblen(1857~1929)의 시대를 살고 있는 것이다. 금력이 여전히 부유층의 필요조건일지는 몰라도 더는 상류계급의 충분조건은 아니다.

"과시에서 검소함으로, 양적인 과시에서 차이를 만드는 것으로, 돈에서 교양으로 이행"[87]함으로써 그들은 자신들의 사회적 지위를 지속적으로 유지한다. 이런 측면에서 베블런이 《유한계급론》에서 말했던 과시적 소비의 이론은 현대사회에 와서는 수정되어야 할 듯싶다. 사물의 차이 표시 기능은 반드시 고가품의 화려한 명품에만 있는 것이 아니다. 소비하기를 거부하는 것이야말로 소비 중에서도 최고의 소비가 된 것이다. 현대사회에서 소비하지 않기는 고도의 교묘한 소비이며, 그것은 상류계급의 표시가 되었다.

여기서 한 걸음 더 들어가 현대사회에서 보드리야르의 반소비보다 더 강력하게 구별짓기를 위한 기제로 작동하는 피에르 부르디외의 '문화자본'에 대해 살펴보도록 하자. 부르디외가 말하는 '문화자본'은 현대사회의 소비가 발전하고 그 차별적 기능이 고도화되면서 매우 핵심적인 요소로 부각되었다. 현대사회에서 소득이나 부의 정도는 이제 더는 사회적 차이화를 위한 수단으로 기능하지 못했다. 오히려 다른 요소들, 이를테면 부르디외가 강조하는 문화자본의 보유 정도가 사회적 차이와 구별짓기에 더 큰 영향을 미치게 된 것이다. 이것은 충분히 예상된 것이었다. 소비를 통해 끊임없이 서로의 차이를 실현하고자 하는 개인들의 부단한 노력은 다른 이들이 쉽게 따라오지 못할 영역으로 소비의 대상을 확장한다. 획득에 오랜 시간과 비용이 소요되지만, 일단 획득하고 나면 비교 집단이 쉽게 따라오지 못할 뿐 아니라 우월적 지위를 보증해주는 구별짓기의 수단은 이들에게 매우 매력적인 것이었다. 부르디외가 문화자본으로 규정하는 것들이 바로 여기에 해당된다.

사실 사물은 많이 소비하든 적게 소비하든 가장 뛰어넘기 쉬운 장벽이다. 월급쟁이도 좀 무리하면 명품을 구입할 수 있고, 어쩌다가 로또라도 당첨이 되는 날에는 고가의 사치품을 쉽게 구입할 수도 있다. 그리고 앞서 보드리야르가 주장한 '반소비' 즉 전략적 검소함은 더 따라 하기 쉽다. 그러나 오랜 시간 축적되는 것이 특징인 문화는 돈이 생겼다고 백화점에 가서 구입할 수 있는 것이 아니다. 로또에 당첨된 벼락부자와 어렸을 때부터 음악이나 미술에 노출되어 온 전통부자 사이에 햄버거나 스테이크에 대한 미각은 서로 비슷할 수 있다. 그러나 바흐의 〈푸가〉를 듣고 피카소의 〈게르니카〉를 보는 예술적 안목에서 두 사람의 차이는 쉽게 극복되지 않는다. 이렇게 "명품은 돈을 주고 살 수 있지만 고급 예술을 감상할 수 있는 안목이나 취향은 돈으로 살 수 없다. 돈은 단기간에 벌 수 있지만 교양은 마음처럼 그렇게 쉽게 습득되지 않는다."[88] 따라서 개인이 어떠한 문화적 취향을 갖고 있으며, 또 어떤 종류의 문화를 소비하고 있는가는 그 사람이 살아온 배경과 사회적 지위, 그리고 그가 속한 계급을 알 수 있는 단서가 된다.

피카소, 〈게르니카Guernica〉(1937)

현대사회에서 교양이나 매너 그리고 문화적 안목과 취향이 구별 짓기를 위해 유용한 수단임을 강조한 부르디외의 주장을 좀 더 살펴보도록 하자.

부르디외는 《구별짓기》에서 문화자본의 중요성에 대해 강조하고 있다. 그는 현대사회의 자본을 경제자본과 문화자본 그리고 사회적 자본으로 분류했다. 그리고 그는 사회 안에서 계급 재생산을 설명하면서 문화자본의 중요성을 강조했다. 부르디외는 문화자본을 다시 세 가지 형태로 분류했는데, 체화된 상태의 문화자본, 객관화된 상태의 문화자본, 그리고 제도화된 상태의 문화자본이 그것이다.

먼저 그가 말하는 체화된 상태의 문화자본이란 말투, 교양, 세련됨, 품위, 스타일, 취향같이 어렸을 때부터 오랜 기간 지속되어 몸에 밴 습관 등을 말한다. 이렇게 체화된 상태의 문화자본은 주입을 통해 획득될 수 있는 것이 아니다. 어렸을 때부터 문화자본이 풍부한 환경에 지속적으로 노출될 때 비로소 형성될 수 있는 것들이다. 경제자본처럼 증여나 구매 등을 통해 바로 전수받거나 획득할 수 있는 것과는 다르다. 이것은 경제적 자본과는 달리 오랜 기간에 걸쳐 지속적이고 무의식적이며 비가시적인 방식으로 체화(내재화)된다. 따라서 자본으로 인식되지 않고 마치 개인이 태어날 때부터 타고난 생득적인 능력으로 인식된다. 그 결과 클래식에 대한 깊은 조예나 예술 작품에 대한 뛰어난 해석 능력은 타자와 자신을 차별화하고 구별짓는 데 매우 강력한 수단이 된다.

다음으로 부르디외의 문화자본 중 객관화된 형태의 문화자본은 책, 그림, 기념물, 악기와 같이 물질적 형태로 전수 가능한 자본을 말한다. 이러한 객관적 문화자본은 경제자본을 이용해 구매하고 소장함으로써 물질적으로 이용될 수 있다. 그러나 어떤 사람이 객관적 상태의 문화자본을 소유하고 있다고 해서 그것을 소유하지 못한 사람과의 사회적 차이를 만들어낸다고 할 수는 없다. 그것은 언제든 돈을 주고 구입할 수 있는 것으로, 객관적 상태의 문화자본을 구매하고 소유할 수 있다는 것은 경제적인 능력이 있음을 의미할 뿐, 그것이 차별적인 문화적 역량을 갖추고 있다는 의미는 아니다. 따라서 이러한 객관적 상태의 문화자본은 체화된 상태의 문화자본을 소유한 계급에 의해 이용될 때 비로소 문화자본의 가치를 발휘한다.

　마지막으로 부르디외가 얘기하는 문화자본은 제도화된 상태의 문화자본이다. 제도화된 상태의 문화자본은 대개 학위나 자격증을 의미한다. 이러한 제도화된 문화자본은 상징적인 능력의 지표로서, 그것을 보유한 사람을 사회적으로 능력 있는 사람으로 확신시켜준다. 이러한 자격증을 보유한 사람은 사회적 차이를 발생시킬 수 있고 사회적 지위를 보장받을 수 있다는 것이다. 즉 제도화를 통해 공식적으로 인증된 문화자본은 독학으로 획득한 자본과는 구별된다. 여기서 부르디외는 학력자본은 "문화자본을 완벽하게 보증해주는 문화자본의 지표가 된다"[89]고 강조한다.

　부르디외는 경제적 자본(돈)이 있어야 다른 자본의 습득이 유리한 것은 사실이지만, 자신의 계급적 위치를 재생산하기 위해 경제적 자본만을 내세워서는 부족하다고 했다. 부르디외는 계급 재생산에 핵심적 역할을 하는 요소로서 시간적 축적의 결과로 나타나는 문화 역량 및 취향이 중요하다고 보았다.[90] 그는 "문화적 취향의 차이가 바로 계급적 차이를 만들어내며, 이것이 신분적 위계질서를 가능하게 하는 지배 논리의 단초"[91]로 기능한다고 보았다.

부르디외는 계급, 계급 간에 불평등한 관계가 발생하는 이유가 단순히 경제력의 차이 때문만은 아니라고 주장한다. 가난한 집안에서 자란 아이가 상류층의 식사 예절을 익히거나 클래식 음악이나 추상화를 감상하기란 쉬운 일이 아니다. 이처럼 부르디외는 경제자본 못지않게 문화자본 역시 불평등하게 배분되고 있음을 지적한다. 개개인의 취향과 문화에 대한 태도나 성향이 다르게 나타나는 것은 단지 그 사람이 갖고 있는 타고난 재능이나 기호가 다르기 때문만은 아니라는 것이다. 부르디외는 각 개인이 태어난 환경과 성장한 배경, 교육수준, 출신계급 같은 사회문화적 환경이 그러한 차이를 만드는 데 더 큰 영향을 미친다고 했다.

부르디외가 주장하는 위 세 가지 형태의 문화자본은 현대사회에서 모두 중요한 기능을 수행한다. 그러나 이 중에서도 특히 체화된 상태의 문화자본은 현대인들의 구별짓기를 위해 가장 강력하게 작동한다. 앞서 얘기했듯이 체화된 상태의 문화자본은 태어난 집안 환경이나 가정교육 등에 의해 어려서부터 내면적으로 형성되고, 음악이나 미술 등 문화자본이 풍부한 환경에 오랜 시간 노출됨으로써 자연스럽게 획득되는 것이기 때문이다. 출신이 문화자본 획득에 미치는 영향에 대한 다음의 인용을 참조해보자.

출신은 매너의 차이로 드러난다. 신분을 통한 최초의 문화적 자본은 식사 예절, 대화 방법, 억양, 음악적 소양, 예의범절, 테니스 치는 법과 같은 문화적 기술을 배우는 과정에서 얻어진다. 상류계급의 구성원들은 이러한 문화적 기술을 조기에 습득함으로써 사회적으로 유리한 위치에 서게 된다. 왜냐하면 이러한 매너들이 사회적 권력을 표시하는 척도가 될 수 있기 때문이다. 다른 계급들은 부르주아 문화를 감히 흉내 낼 수 없는 이유가 바로 여기에 있다. 교양과 매너가 몸에 배어 있지 않으면 부르주아 계급이 될 수 없는 것이다. 교양과 매너를 익히는 데는 오랜 시간이 필요하다. 이러한 매너는 사회적 성공과 직결된다. 프랑스의 학교 제도에서는 시험이 대부분 인터뷰로 진행되는데, 이때 학생들의 말투나 어휘 사용 습관들은 채점관에게 학생의 계급적 위치를 알리는 중요한 지표가 될 수 있기 때문이다. 상류계급의 매너는 바로 정통 취향으로 인정되며, 이것이 입학시험을 통과하거나 관료로 성공하는 데 중요한 역할을 한다.[92]

위의 인용문은 현대사회의 소비를 이해하는 기초 배경으로 여전히 유의미한 내용들이 많다. 이제 교양이나 매너 그리고 음악이나 미술과 같은 예술은 사회적 차이를 만들어내는 자본이 되었다. 문화자본은 경제적 자본으로 무장한 졸부들이 쉽게 건너뛸 수 없는 구별짓기를 만들어낸다. 상류계급의 품위는 다양한 지식과 교양,

예술적 감각, 취향, 예법 등의 훈련과 교육을 통해서 서서히 발달한다. 재차 강조하지만 이제 부는 더 이상 상류계급의 기준으로 작동하지 않는다. 진정한 상류계급이 되기 위해선 경제적 자본은 말할것도 없고 오랜 시간 습득 과정이 요구되는 취향과 안목을 갖춰야한다. 따라서 이제 상류계급은 경제자본 위에서 축적되는 문화와상징 자본의 보유 정도에 따라서 결정된다.

이러한 점에서 최근 한국 사회에서 나타나는 재벌 2~3세들의 갑질은 교양이나 매너, 소양과 예의와 같은 문화적 자본을 제대로 축적하지 못한 한국 재벌들의 씁쓸한 자화상이다. 한국의 자본주의를천민 자본주의라고 부르는 데는 다 이유가 있다. 그들이 경제적으로 부유층일 수는 있지만, 결코 도덕적·윤리적 측면에서 상류층이되지 못하는 이유이기도 하다. 부유층과 상류층은 이제 엄밀하게구별되어야 한다.

예술을 품은 소비, 소비의 세계로 들어온 예술

자본주의가 고도화될수록 소비를 통해 얻고자 하는 욕망은 보다세분화된다. 사람들은 소비를 통해 삶의 다양한 가치를 획득한다. 현대사회에서 구매 동기는 물건이 주는 기능성과 효용성을 넘어 그 물건에 투영된 가치, 즉 이미지, 기호, 상징으로 확대된다. 이를 통해서우리는 다른 사람들과 구별되는 미적 차이를 얻고자 한다. 결국 우리는 '스타벅스'의 커피 맛이나 '아이패드'가 주는 편리함에 앞서 해당 이미지가 주는 "세련되고 도회적인 감성을 욕망"[93]하는 것이다.

이렇게 소비에서 감각적이고 세련된 가치를 중시하는 '감성 소비'가 나타나면서 미적 가치가 소비의 중요한 기준으로 등장했다. 이 과정에서 마침내 예술은 소비의 영역으로 소환되었다. 예술이 갖고 있는 유일성과 신비의 분위기를 소비의 대상에 투영함으로써 이제 상품은 그 예술이 갖는 가치와 이미지를 획득한다. 새로운 상징과 이미지, 기호를 얻게 된 것이다.

여기서 잠깐 보드리야르가 현대 소비사회에서 예술의 역할을 어떻게 보았는지 살펴보자. 그는 "소비의 핵심 기제로 본 '차이differentiation'가 현대사회에서 예술의 지위를 설명하는 가장 중요한 역할을 한다"고 했다. "소비사회는 차이의 욕망을 부추기는 가장 효과적인 도구로 예술을 이용하기 시작했다"[94]는 것이다. 자본주의가 고도화되고 소비를 더욱 촉진시키기 위해 사물은 점점 더 미적인 것을 반영한다. 감성이 중요해진 사회에서 예술의 섬세함은 상품의 차이를 광고하고 소비자의 감성을 자극하는 데 매우 적합한 도구로 기능한다. 특히 포스트모더니즘이라는 가치와 맞물려 '일상의 미학화'를 통해 일상과 예술의 경계는 지속적으로 허물어져 왔다. 이들 둘 간의 경계를 허무는 최전선에 광고가 자리하고 있다. 그동안 광고는 사회적 금기의 영역조차 예외없이 소비의 영역으로 끌어들였고, 상류계급의 전유물로 간주되어온 예술 역시 이 과정에서 예외일 수 없었다. 이것은 최근 '아트마케팅'이라는 이름으로 우리와 친숙해졌다. 이제 광고에 상품은 전면에 등장하지 않는다. 광고는 더 이상 상품에 대해 이야기하지 않는다. 대신 예술을 내세워 그 이미지와 기호를 상품에 투영한다. 건조한 상품 대신 아름다운 선율의 음악과 세련되고 기하학적인 무늬와 형상, 그리고 예술 작품에 스며 있는 이야기가 등장한다.

다음의 현대카드는 카드 디자인에 보티첼리의 작품인 〈비너스의 탄생〉을 차용하고 있다. 비너스 탄생의 의미를 새로운 현대카드 상품 출시에 투영하고 싶었던 것이다. 예술작품이 갖는 의미는 이렇게 상품으로 옮겨간다.

또 다른 예로 미술이 아닌 음악에서도 소비와 예술의 만남은 쉽게 찾아볼 수 있다. 우리가 잘 아는 바흐Emanuel Bach(1714~1788)는 클

보티첼리의 〈비너스의 탄생〉이 그려진 현대카드

래식 음악이 소비의 세계와 결합해 가장 대중화된 작곡가다. 현대 소비사회에서 바흐의 음악이 광고의 배경음악으로 삽입되어 소비의 세계로 들어온 경우다.

예를 들면 "바흐의 〈두 대의 바이올린을 위한 협주곡〉은 회사의 성실한 이미지를 피력하고, 〈무반주 첼로 조곡Six Suits for Unac companied Cello〉은 첼로의 깊고 중후한 선율로 신뢰감을 주는"[95] 것처럼 예술음악은 그것이 투영되는 대상에 권위와 신뢰를 비롯한 다양한 가치를 부여한다.

주지하다시피 광고는 소비의 영역을 무한대로 확장시킨다. 현대 소비사회에서 가장 민감한 촉수를 지니고 있는 광고가 관심을 갖는 것이라면 그게 무엇이든 소비의 영역에서 결코 자유로울 수 없다. 소비 촉진을 위해 동원된 예술은 이제 작품 그 자체는 물론 소비를 위한 배경으로서 더 대중의 사랑을 받는다. 그렇게 예술은 서서히 소비의 세계로 들어왔다.

그동안 예술 작품은 특권을 지닌 상류계급의 사치재로서 기능했다. 그러나 광고와 사진 등 복제기술의 발달로 예술은 대중과 보다 밀접한 관계를 형성했다. 이제 예술은 초월적이고 비판적이고 심각하게 바라봐야 할 대상이 아니라 다른 사물들과 마찬가지로 유희의 대상이 된 것이다. 예술은 패션이나 광고, 미디어 등에 자유롭게 전이되고 있으며, 예전과는 비교할 수 없을 만큼 편안하고 가벼워졌다.

예술 작품에 대한 대중적 소비의 증가는 작품 생산의 양적 증가 뿐 아니라 내용의 변화도 수반한다. 물론 무엇이 먼저인지에 대한 논의는 여기서 중요하지 않다. 내용의 변화 중에서 가장 큰 것이 바로 작품에 내재되어 있는 유일성, 독창성 그리고 이를 총칭하는 '아우라Aura'의 해체다.

'아우라'란 원래 '숨, 공기'라는 라틴어에서 온 단어로 어떤 실체의 주위를 싸고 있는 분위기라고 해석되고 있다. 조형예술품에서 이 아우라는 작품이 신비롭고 고귀하게 보이는 어떤 현상들이라 하겠다. 그것은 작가가 시도하고 있는 고유의 기술과 감정이입 방법에서 나타나는 모방될 수 없는 특수성으로, 그것이 작품에서 외부로 발산되면서 '아우라'를 만든다고 할 수 있다. 수용자의 입장에서는 그것에 대해 그 작품만의 특유한 의미를 부여함으로써 그 가치를 찾을 수 있을 것이다.[96]

아우라는 20세기 초의 독일 사상가 발터 벤야민이 예술 이론으로 도입한 용어다. 벤야민에 따르면 아우라는 예술 작품이 지니고 있는 개성적이고 고유한 본질을 의미한다. 벤야민은 예술 작품이 아우라를 갖게 된 이유를 예술 작품이 등장한 배경과 그 기능에서 찾는다. 예술이 원래 가지고 있던 기능, 즉 신을 예배하고 숭배하는 제의와 의식에 예술 작품이 사용되었던 사실에서 아우라의 생성 배경을 찾고 있다. 이러한 근원에서 비롯된 예술 작품은 의식 기능을 여전히 내포하고 있다고 벤야민은 주장한다.[97] 이처럼 예술 작품은 인간에게 밀접한 것임과 동시에 접근할 수 없는 어떤 분위기를 풍긴다. 예술 작품이 갖고 있는 어떤 분위기는 벤야민의 지적처럼 종교적 신비감에서 연유하는 것으로 보인다. 한편, 예술 작품에 내재된 아우라가 새삼 중요해진 이유는 19세기로 거슬러 올라가야 할 것 같다.

그 당시(19세) 시와 음악은 모든 가치 척도의 중심이었다. 종교의 몰락과 과학의 필연적인 상대주의에 의해 예술은 인류 구원의 책임을 떠맡게 되었다. 예술은 두 가지 이유로 중요했다. 첫째는 예술이 인류의 가장 심오한 문제들을 그 주제로 다루기 때문이고, 둘째는 인간이 예술을 통해 인간의 정당성과 존엄성을 추구할 수 있다는 점에서 예술이 지니는 중요성 때문이었다.[98]

아무튼 예술 작품이 갖고 있는 아우라는 그것이 최초로 등장했던 당시 종교 제의를 위해 기능함으로써 얻은 종교적 신비감과, 19세기 들어 종교의 몰락 속에서 예술에 부여된 인류 구원이라는 임무 속에서 획득되었다. 그러나 이렇게 획득한 예술 작품의 아우라는 이내 곧 사라지고 만다.

아우라의 해체, 기술 복제 시대의 예술

이제 우리는 예술 작품이 갖고 있던 유일성의 아우라가 어떻게 사라지게 되었는지를 살펴볼 것이다. 이를 처음 주장한 발터 벤야민의 논문 한 편을 보도록 하자. 그는 1936년 발표한 〈기술 복제 시대의 예술 작품〉에서 사진 기술과 영화 기술의 발명으로 가능해진 기술적 대량 복제가 인간의 생활방식은 물론 예술 작품에 어떠한 영향을 미쳤는지 설명하고 있다. 여기서 벤야민은 예술 작품의 원작에 '진품성'의 개념을 도입한다. 그가 말하는 진품성이란 원작이 갖는 시간적·공간적 현존성을 말하는데, 이 진품성이 기술적 복제 앞에서 어떻게 소멸되는지를 보여준다. 이를테면 미켈란젤로의 다비드상이 피렌체가 아닌 서울의 안방 TV 화면에서 실제보다 더 실제 같은 모습으로 재현되고, 파리의 오페라하우스에서 연주된 모차르트의 교향곡 역시 현장에서 듣는 음질보다 더 감동적인 음질로 사무실에서 편하게 들을 수 있다. 이러한 상황은 결국 예술 작품의 시공간적 현존성이라는 가치를 떨어뜨린다.

이렇게 사진 기술과 영상기술의 발달에 따라 예술에 대한 무한 복제가 가능해진 시대가 되면서 예술 작품이 갖는 유일성의 아우라는 해체되어왔다. 복제 기술은 복제품을 대량으로 생산하고, 이렇게 생산된 복제품은 일상의 여러 상황 속에 등장하면서 원작은 사라지고 복제품만 우리 앞에 남게 된다. 더욱이 현대사회에 이르러 복제 기술의 고도화는 무엇이 원작이고 무엇이 복제인지, 아니 원작보다 더 원작 같은 복제물의 등장을 가능하게 했다. 보드리야르는 현대 사회의 이러한 속성을 '시뮬라시옹Simulation'과 '하이퍼 리얼리티Hyper reality'의 개념으로 표현했다. 참고로 우리가 잘 아는 영화 〈매트릭스〉

는 실제로 그 영화를 제작한 워쇼스키 자매의 얘기처럼 보드리야르의 '시뮬라시옹'의 개념에서 착안된 영화였으며, 주인공이 살아가는 영화의 초기 배경은 실재보다 더 실재 같은 '하이퍼 리얼리티'의 정수를 보여주고 있다.

한편, 벤야민은 아우라의 붕괴는 역설적으로 예술의 발달을 가져왔다고 주장한다. 그에 따르면 그동안 소수 기득권을 위해 존재했던 예술 작품의 종교적 가치나 제의 가치는 사진 기술의 발달을 통해 전시적 가치로 변화되었고, 이 과정에서 예술은 이제 누구나 쉽게 접근이 가능한 대상이 되었다. 이것은 궁극적으로 예술의 대중화, 민주화를 앞당기는 계기로 작용했다. 또한 사진 기술의 발달은 기존의 회화가 그리던 단순한 상황이나 인물 재현에서 벗어나, 회화가 예술로서 진정한 가치를 가질 수 있도록 했다. 아무리 뛰어난 화가라도 재현에서 사진 기술을 뛰어넘기란 어려운 일이다. 이러한 벤야민의 주장은 회화에서 인상파의 등장을 설명하는 근거가 되기도 한다.

예술의 민주화 그리고 팝아트의 역설

1950년대는 미술사조에서 커다란 변화가 일어난 시기였다. 사진과 영상기술의 발전과 함께 당시 미국과 유럽에서는 네오다다이즘, 누보 레알리즘, 팝아트로 불리는 미술운동이 일어난다. 이것은 추상예술이 더 이상 신선한 감동을 주지 못하는 것에 대한 문제의식에서 비롯되었다. 이 운동을 주도한 예술가들은 소비가 미덕이 된 자본주의 사회 속에서 물질적 풍요와 문화적 다양성을 경험하며 등장한 사람들이었다. 이들은 주변의 환경에서 쉽게 구할 수 있는 사물들을 예술 작품의 소재로 활용했다. 이를테면 만화나 광고, 인쇄물 등의 이미지를 있는 그대로 작품 속에 재현했다. 이들 작품의 특징은 가치 중립적이고 냉담한 것처럼 보이면서도 당시 소비 만능주의의 분위기 속에서 소비사회의 화려함 이면에 감추어진 비속함이나 모든 것이 경제적 가치로 환원되는 것에 대한 비판을 담고 있었다.[99]

예술을 표현하는 수단의 변화와 그 대상이 되는 소재의 변화, 그리고 소비문화에 익숙해진 작가들의 의식은 그동안 예술이 간직해 온 유일성의 아우라를 주저없이 해체시켰다. 이러한 배경 속에 탄생한 것이 바로 팝아트였다.

팝아트의 효시가 되는 작품은 영국의 팝아트 작가로 우리에게 잘 알려진 리처드 해밀턴Richard Hamilton의 작품이다. 1956년《이것이 내일이다This is Tomorrow》전시회에 출품했던 〈오늘날의 가정을 이토록 색다르고 멋지게 만드는 것은 무엇인가?〉라는 제목의 작품이 바로 그것이다. 이 작품은 팝아트의 효시가 되는 작품으로 1950년대 당시 중산층 가정의 모습을 매우 사실적으로 보여주고 있다. 집안에는 깡통 안에 든 햄과 다양한 광고 문구, 청소기, 자동차 회사의 심벌, 당시의 생활을 보여주는 일상용품, 인공적인 식료품과 가전제

리처드 해밀턴의 〈오늘날의 가정을 이토록 색다르고
멋지게 만드는 것은 무엇인가?〉

품 등의 이미지와 광고 포스터의 복제 이미지가 조합되어 있다.[100]

영국에서 처음 태동한 팝아트는 소비문화가 발전한 미국에서 더욱 발전했다. 우리는 미국 팝아트를 대표하는 앤디 워홀Andy Warhol, 로이 리히텐슈타인Roy Lichtenstein, 클래스 올덴버그Claes Oldenberg 등의 작품 속에서 대량생산에 따른 과잉과 복제 이미지의 홍수 등으로 대변되는 1960년대 미국 사회의 모습을 확인할 수 있다. 그들은 작품 속에 사진 이미지, 대량 인쇄물, 일상용품, 광고 이미지 등을 끌고 들어왔다.[101]

위홀은 잘 알려진 작품이나 사진 이미지를 실크스크린 기법이라는 기계적이고 상업적인 방법을 통해 반복적으로 복제했다. 여기에 작가의 예술혼이나 고민의 흔적은 존재하지 않는다. 그의 작품 안에서 반복되는 이미지는 자본주의 사회에서 대량으로 생산되는 제품의 모습을 반영할 뿐 작가의 어떠한 감정도 투영하지 않는다.

위홀의 대표작 중 하나인 〈마릴린 먼로〉(1962)는 그에게는 마릴린 먼로가 캠벨 수프 깡통이나 코카콜라와 별반 다르지 않은 대중적 소비품일 뿐이었다. 마릴린 먼로의 반복된 이미지는 할리우드 배우 역시 대량생산의 대상에서 예외일 수 없음을 보여준다. 이렇

앤디 워홀의 〈마릴린 먼로 두 폭〉(1962)

게 미국의 팝아트는 미술에 대량생산이라는 동시대의 생산 구조와 체계, 방식들을 도입했다. 특히 워홀은 이 작품을 통해 할리우드의 스타가 생산되고 유통되는 과정이 일반 공산품이 공장에서 대량으로 생산, 유통되는 것과 다르지 않음을 보여주었다. 매일 대중매체를 통해 지루할 정도로 생산되는 마릴린 먼로의 이미지와 뉴스들은 컨베이어벨트 생산라인에서 기계적으로 찍어내는 생산물과 다르지 않았다.[102]

위홀의 또 다른 작품인 〈마오쩌둥〉(1972) 초상은 냉전시대의 적대국 정치인이라는 느낌보다는 가볍고 무심하고 밝은 이미지로 재현되어 있다. 워홀은 여기서 마오쩌둥을 핑크빛 화면, 형광색 톤을 띤 노란색과 연두색 등으로 채색하여 표현했다. 워홀 작품의 가장 큰 특징은 어떠한 대상과 주제를 다루더라도 그것이 갖는 원래적 의미나 무게, 이미지 등에서 벗어나 객관적 거리를 유지한다는 것이다. 이러한 특징은 자동차 사고, 전기고문의자, 폭동 등을 소재로 한 작품에서도 볼 수 있는데, 참혹함과 심각함은 사라지고 무심히 반복되는 매체의 재현 방식만 남는다. 이것은 무겁고, 어둡고, 정치적으로 민감한 주제지만 작가의 어떠한 개인적인 감정도 개입되지 않기 때문이다.[103]

한편 미국의 팝아트를 대표하는 또 다른 작가인 로이 리히텐슈타인은 자신의 작품이 인쇄된 것처럼 보이게 하기 위해 의도적으로 망점을 그려 넣었다. 이 같은 기법은 그동안의 고급 미술과 대중적 미술 간의 경계를 허무는 것이었다. 그 역시 무한히 반복하고, 복제하고, 상업적 매체를 이용함으로써 예술의 순수 영역을 허물고 '원본'이 갖는 유일성의 아우라를 거부했다.

특히 리히텐슈타인의 경우 만화 이미지를 단순히 재현하는 것에 그치지 않고, 원본에 대한 복제를 의도적으로 드러냈다. 그렇게 함으로써 이미지가 사물의 본질을 대신하는 현 사회에 대해, 원본보다 모의가 지배하는 사회에 대해, 그에 따라 실재가 소멸되어버리는 현대 소비사회의 구조에 대해 관람자 스스로 생각해보게 했다.[104]

이들은 일상생활을 지배하게 된 각종의 인스턴트물이나 통속적인 만화, 대중 영화, 광고 이미지 등을 통해 당대의 사회 흐름을 있는 그대로 보여주고자 했다. 이 점에서 이들은 리얼리즘의 예술사적 계보를 잇는 미술가들이었다.[105]

지금까지 살펴본 바와 같이 팝아트는 대량으로 생산된 물품들, 사진, 광고 이미지, 인스턴트식품 등 상업적인 소재를 적극적으로 작품 속에 도입했다. 팝아트는 예술을 위한 예술에 반기를 들고, 기계에 의해 대량으로 복제된 비예술적인 사물과 이미지를 작품 속으로 끌어들임으로써 끝없이 재생산되고 소비되는 현대 소비사회의 모습을 표현했다.

팝아트는 말 그대로 '대중적popular'인 예술로 시작되었다. 우리 주변에서 흔히 볼 수 있는 각종의 사물들을 예술의 대상으로 소환했고, 기계적 복제 과정을 통해 예술이 갖는 아우라를 해체하면서 팝아트는 예술을 대중화시켰다. 그러나 아이러니하게도 현대사회에서 팝아트는 고급예술의 영역으로 넘어간 듯하다. 워홀의 작품은 이제 미술 경매시장에서 피카소 다음으로 높은 가격에 거래되고 있다. 그리고 이들의 작품은 고급예술, 순수예술의 작품으로 승인받는 곳, 바로 세계적으로 유명한 미술관의 전시실에 고급예술 작품들과 나란히 전시되고 있다.

작가들이 작품의 신성성을 벗겨내면 벗겨낼수록 현대의 소비사회는 거꾸로 그것들을 더욱 신성하게 만들고 있다. 참으로 아이러니한 일이 아닐 수 없다.

5장

욕망 창조의
연금술

———— 광 고

광고는 예술, 문학, 종교, 스포츠 등
많은 부분을 자기의 영역으로 끌고 들어왔고,
사용 가능한 모든 시니피앙과 시니피에를 자신의 소재로 삼았다.
광고는 가부장적 사회에서 통념상 허용되지 않았던
동성애의 문제나 인종문제, 종교문제, 체제문제 등
사회적으로 민감하고 뜨거운 주제를 사회적 논쟁의 한가운데로
끌어와 이슈화했고, 이에 대한 대중의 가치 판단을 물었다.
이렇게 소개된 광고의 내용은 곧 우리 사회의
익숙한 풍경으로 자리잡는다.

광고를 흔히 자본주의의 꽃이라고 말한다. 꽃에는 향기가 있다. 그렇다면 광고가 발산하는 향기는 어떤 향일까? 오늘날만큼 광고가 홀대를 받는 시대도 없었다. 광고가 나오기 무섭게 우리는 채널을 돌리고 시선을 거둔다. 마침내 꽃이 시든 것인가? 아니면 그 향이 예전만 못한 것인가? 여기서 필자는 광고를 대하는 현대인들의 불편함에 주목해야 한다고 생각한다.

광고인들이 자주 얘기하는 내용 중에 현대사회는 물, 불, 흙, 공기 그리고 광고로 이루어졌다는 말이 있다. 광고를 제외한 위 네 가지는 고대 철학자들이 자연의 구성 요소로 꼽은 기본 물질들이다. 광고를 이 기본 물질들과 같은 반열에 놓았다는 것은 광고를 대하는 광고인들의 생각이 어떤지를 잘 보여준다. 또한 그들의 주장이 황당하기만 한 것은 아니라고 생각한다.

오늘 하루의 일상을 되돌아보자. 아침 출근길 엘리베이터 미디어

보드에서 나오는 광고를 시작으로 버스, 택시, 지하철, 정류장, 길거리 곳곳 어디에서건 우리는 광고와 마주친다. 광고와의 원치 않는 만남은 사무실에 도착해 컴퓨터를 켜고 메일을 검색하는 동안에도 그리고 일하는 시간은 물론 퇴근하고 잠자리에 들어서는 그 순간까지 계속된다. 이 모든 것이 우리의 의사와는 전혀 상관이 없다. 그리고 광고는 분명한 의도가 있음을 노골적으로 얘기하며, 그 내용 역시 우리를 불쾌하게 만드는 경우가 더 많다. 광고는 우리의 결핍을 끊임없이 들추어내고, 심리적 불안을 조장하고, 급기야 자존감에 상처를 주는 다양한 방식을 동원하며 우리를 소비의 욕망에 무릎 꿇게 한다. 광고에 대한 불편한 마음이 생긴 연유가 여기에 있다.

그러나 광고에 대한 현대인의 태도가 어떠하든 광고는 자본주의를 상징하는 동시에 현대문명의 이기이자 그 자체가 되었다. 앞서 보았듯 광고를 자연의 기본 물질 중 하나로까지 생각하고 있지 않은가? 이 장을 시작하면서 먼저 간단히 광고의 원형과 역사를 살펴보도록 하자.

광고의 탄생과 발자취

근대적인 형태를 갖춘 광고가 등장한 것은 약 100년 정도의 일이지만, 그 기원은 매우 오래되었다. 물물교환이나 매매가 있는 곳에는 교환의 당사자(판매자와 구매자)가 존재하게 마련인데, 이때 주로 판매자가 판매 의사를 구매자에게 표시하기 위해 하는 모든 활동을 가장 기본적인 광고의 초기적 형태라고 볼 수 있다.

우리가 살펴보고자 하는 세계 최초의 광고는 매춘 광고다. 성경에도 나오는 터키 에페소스의 한 유적지에 네 개의 그림이 그려진 돌판이 그것을 말해주고 있다. 네 개의 그림은 발 모양, 여자 얼굴, 하트 모양, 동그라미 등이다. 이 방향(발 방향)으로 오면 예쁜 여자(여자 얼굴)와 사랑(하트 모양)을 나눌 수 있다. 그런데 돈(동그라미)을 가져와야 한다. 다만 발이 여기 있는 크기(발 그림 크기)보다 커야 한다. 즉 미성년자 불가라는 해석이다.[106] 이는 1972년 일본 광고 회사 덴츠가 "세계 최초의 광고가 터키 서해안에 위치한 에페소스에서 발견되었다"고 보도하면서 알려졌다.

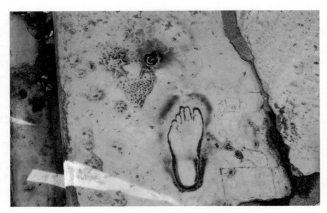

세계 최초의 매춘 광고

에페소스는 터키 이즈미르에서 남서쪽으로 약 50킬로미터 지점에 있으며, 상업 중심지로 발전해 BC 7세기에서 BC 6세기까지 최전성기를 누렸던 곳이다. 지금 에페소스 유적지 근처에는 바다가 보이지 않지만 옛날에는 에페소스 앞이 바다였다고 한다. 항구에는 수많은 선원과 상인들이 모여들게 마련이고, 게다가 당시 에페소스에는 아주 큰 도서관이 있어 학생들도 많았던 것으로 전해진다. 그러다 보니 선원, 상인, 학생들을 상대로 하는 매춘이 창궐했던 것으로 보인다.[107]

또 하나의 오래된 광고는 BC 1000년경 고대 이집트의 수도 테베에 뿌려진 전단 광고였다. 그것은 갈대와 섬유로 만들어진 파피루스 종이에 쓰인 것으로 영국의 대영박물관에 보관되어 있다. 광고 내용은 도망친 노예를 붙잡아 달라는 것이다. 오늘날로 치면 현상 수배 광고와 같은 것이다. 내용은 이렇다.

남자 노예 '셈'이 선량한 주인 '하푸'로부터 도망을 쳤습니다. 테베의 선량한 시민 여러분, 그를 잡는 데 협조해주세요. 그는 신장 5피트 2인치로 얼굴은 붉고 눈은 갈색입니다. 그가 있는 곳을 알려주시는 분들께는 금환 반 개를 드리고, 하푸의 가게로 데리고 오시는 분들께는 금환 한 개를 드립니다. 하푸의 가게는 최상의 옷을 만들고 있습니다.[108]

고대 이집트의 현상수배 광고

노예를 찾기 위해 노예에 대한 기본적인 신상 정보를 제공하면
서 시민의 협조를 구할 뿐만 아니라 자신의 가게에 대해서도 홍보
하고 있다. 이 광고는 전단이라는 '매체'를 이용하고 있으며, '광고
주'를 명시하고 있고, '광고 문안'의 작성 등에서 광고의 요소를 갖
췄다는 평을 받고 있다.[109]

서구의 광고가 근대화한 것은 겨우 100년 남짓한 기간 내에 이루
어진 일이며, 그 배경에는 기본적으로 산업혁명과 그에 따른 자본
주의의 발전이 전제되어 있었다. 1700년대 중반 영국에서 시작된
산업혁명은 1800년대 초에 미국으로 전파되었으며, 이는 미국 사회
전반에 걸쳐 커다란 변화를 일으켰다. 1800년대 중반으로 넘어가

면서 본격화된 동력과 기계의 발명은 대량생산을 가능하게 했으며, 저렴한 가격의 상품이 대량 공급되면서 취약한 가내수공업은 점차 사라져갔다. 농업과 가내수공업에 종사하던 대부분의 사람들은 자연스럽게 공장의 임금노동자로 유입되었다. 이렇게 산업혁명은 도시화와 공업화를 수반하며 많은 사람이 농촌에서 도시로 공장의 일자리를 찾아 이동하게 했다. 그 결과 1830년에서 1860년까지 미국의 도시 인구는 무려 세 배나 증가했다.[110]

이 시기 전까지만 해도 대부분의 일상품들은 가내수공업적 방식으로 조달되었다. 그러나 도시 인구가 증가하면서 일상의 소비는 공장에서 대량생산된 물건에 점차 의존했다. 폭발적으로 증가한 도시 인구의 수요를 가내수공업적 방식으로는 더 이상 충족시키기가 어려웠다. 1790년 전체 의류 소비의 80퍼센트가 가내 생산품이었다면 1890년대에는 상황이 역전되어 대량생산된 의류가 전체 소비의 90퍼센트를 차지했다. 이렇게 대량생산된 제품의 소비가 증가할수록 생산자들은 자신의 제품을 사람들에게 알려야 한다는 중요성을 인식했다. 각 가정마다 제품의 필요성이 증가하면서 소매점이 대거 등장했고, 이들은 제품을 판매하기 위한 수단으로 광고를 이용했다. 또한 교통수단의 발달은 물류의 편의성과 경제성을 높임으로써 보다 낮은 가격으로 상품을 먼 거리까지 수송할 수 있게 되었다. 이는 시장의 확대로 이어졌으며, 보다 넓어진 시장을 대상으로 상품 정보를 제공하는 것이 기업들의 중요한 과제로 부상했다.[111]

또한 광고가 존재하기 위해 사회적으로 필요한 또 다른 조건은 대중매체의 발달이었다. 최초의 대중매체는 신문의 형태였는데, 1833년 미국에서 발간된《뉴욕 선New York Sun》을 시작으로 대중 신문이 광고를 전달하는 중요한 역할을 수행했다. 신문이 출현하게 된 기술 발전의 연원은 15세기 구텐베르그의 인쇄술로 거슬러 올라간다. 중국에서 발명되어 아랍을 거쳐 유럽으로 전파된 종이가 구텐베르그가 발명한 금속활자를 통해 대량의 인쇄가 가능해졌다. 그 결과 사회는 엄청난 변화를 맞았다. 그중에서도 가장 큰 변화는 많은 대중이 문맹에서 벗어났다는 것이다. 이것은 그동안 성직자를 중심으로 독점되어왔던 성경 해석에 대한 배타적 특권이 사라졌음을 의미하기도 했다. 이러한 인쇄술의 발전과 문자 해독은 르네상스, 민족주의, 중상주의가 성장하는 밑거름을 제공했다.[112] 인쇄술의 발전은 일반 대중의 문맹률을 낮추었고 이는 다시 인쇄술이 더욱 발전할 수 있는 계기를 만들면서 대중 신문이 출현하는 바탕을 만들었다. 한편 신문이 대중화된 계기 역시 산업혁명으로 인쇄물의 대량생산이 가능해지면서였다. 즉, 보다 저렴한 가격에 더 빠른 속도로 신문을 찍어낼 수 있는 인쇄기술의 발전이 신문 대중화의 발판을 제공한 것이다.[113]

1800년대 중반 이후 1차 세계대전에 이르는 시기 동안 근대적 의미의 광고가 발전할 수 있는 바탕이 마련되었다. 기술적 진보와 함께 사회적으로 대중의 소비지향적 가치관이 본격적으로 형성되기 시작했다. 그리고 19세기 말에 이르러 포장 방식의 혁명과 본격적인 브랜드의 등장은 대중의 소비주의적 생활방식을 더욱 확산시켰다.[114] 이 과정에서 광고는 매우 중요한 역할을 수행한다.

한편, 1차 세계대전이 끝나고 경제가 성장하던 시기에 광고는 '여성의 소비자화'에 커다란 영향을 미쳤다. 이 시기 '소비는 여성의 몫'이라는 인식이 사회적으로 확대되었다. '소비자는 여성'이라는 생각은 광고주와 마케터 그리고 여성잡지의 이해관계가 합치되면서 확산되었다. 당시의 여성잡지는 기사와 사설 등을 통해 여성성과 소비자주의를 연결시키는 역할을 담당했다. 특히 《레이디스 홈 저널》과 같은 잡지는 소비의 젠더화를 전국의 잡지 구독자들에게 전파하며 이를 여론화한 최초의 잡지다. 이 잡지는 "여성은 가정의 주된 소비자이며, 소비는 여성의 영역으로서 여성은 곧 소비자"[115]라는 등식을 성립시키는 데 주도적인 역할을 했다.

2차 세계대전 이후 미국은 전쟁의 수혜를 가장 크게 입은 나라였다. 전후 승전국으로서 경제력을 얻은 미국 사회는 역사상 유례없는 물질적 풍요를 누렸다. 전후 베이비붐의 확산과 자동차의 증가, 그에 따른 고속도로의 건설, 그리고 교외로의 거주 지역 확장 등이 진행되었으며, 이것은 자연스럽게 소비 유형의 변화로 이어졌다. 또한 텔레비전의 급속한 보급은 주택은 물론 자동차, 각종 전자 제품과 일상 소비재에 대한 수요를 폭발적으로 증가시키는 계기가 되었다. 또한 신용카드의 보급과 할부 구매의 확산은 본격적인 소비사회로의 진입을 촉진시켰고, 소비가 미덕이라는 인식을 자연스럽게 유포시켰다. 이 시기 광고 역시 보다 과학적인 조사방법을 도입하면서 인간의 기본 행동을 지배하는 가장 강력한 동기가 성$_{sex}$과 안

전security에 대한 욕구임을 밝혀냈다.[116] 특히 성 자체에 대한 소구訴求나 성적 매력의 부각은 인간 심리에 강력한 영향을 미치며 오늘날까지 가장 빈번한 광고 소재로 활용되고 있다.

1980년대 들어서는 이른바 신자유주의가 도입되고 글로벌라이제이션globalization의 추세 속에 광고는 다국적 기업의 동반자로 전 지구적 확장을 도모해왔다. 다른 대중문화와 마찬가지로 광고의 형식과 내용 역시 국경을 가로질러 점차 동질화되고 표준화되고 있다. 특히 할리우드 영화들이 다국적 기업의 생산품을 전파하는 전도사 역할을 하는 것처럼 광고 역시 유사한 소비 욕구와 열망, 생활방식을 전 지구적으로 확산시키는 데 첨병 역할을 수행하고 있다.[117]

거칠지만 시대별로 광고의 역사를 소개했다. 광고가 발전해온 과정은 근-현대 인류 문명의 발전 과정과 그 궤를 같이한다. 광고는 탄생부터 발전의 전 과정에서 당대 사람들의 일상적 삶과 무관하지 않았다. 그것은 현재도 마찬가지다. 광고는 이미 현대인의 일상에 뿌리깊게 자리잡고 있음은 물론 현대인의 삶에 심대한 영향을 미치고 있다. 이제 광고가 우리에게 미치는 영향에 대해 좀 더 깊게 살펴보도록 하자.

자연적 욕구와 인위적 욕망

하루에도 남들이 당신의 손톱을 몇 번이나 쳐다보는지 아세요? 당신의 손톱을 볼 때마다 평가가 이루어집니다.

위의 인용글은 1920년대 미국 미용 용품 회사의 광고 카피다. 이때부터 광고는 상품에 대해 얘기하는 대신 우리의 자의식Self-consciousness에 대해 얘기하기 시작했다. 광고가 다루는 현대사회의 자의식이란 '타인과 구별되는 자기에 대한 의식'이 아니라 '남이 나를 어떻게 생각할 것인가에 대한 의식'이 되었다. 이제 광고는 상품에 대해 한마디도 얘기하지 않는다. 대신 끊임없이 우리로 하여금 남과 비교하게 하고 남을 의식하게 만든다. 이렇게 광고는 남을 의식하게 하면서 우리를 결핍된 존재, 열등한 존재로 부각시킨다. 이것이 광고의 고전적이고 전통적인 프레임이었다.

인간이 어떤 필요를 느끼는 것은 자신에게 무엇인가가 결핍되어 있다고 느낄 때다. 어떤 이유에서든 있어야 할 것이 있지 않아 결핍감을 느끼게 되면, 우리는 그것을 채우기 위한 노력과 행위를 시작한다. 때마침 광고는 현실의 상태와 이상적 상태의 간극을 강조하며, 이 간극을 메꾸어 결핍을 해소하고 행복을 추구하라고 속삭인다. 이 과정에서 우리 안에 욕구와 욕망이 만들어진다. 여기서 잠깐 욕구와 욕망의 차이에 대해 살펴보도록 하자.

인간의 욕구는 크게 '자연적 욕구'와 '의식적 욕구'로 대별된다.

'자연적 욕구'는 그것에 어떤 관심이나 의지를 갖지 않더라도 자신도 모르게 일어나는 '무의식적 욕구'다. 인간이 느끼는 가장 기본적인 욕구, 즉 식욕, 성욕, 수면욕 등이 이에 해당된다. 반면 '의식적 욕구'는 인위적으로 관심과 의지를 갖고 자발적인 행위를 개입시키는 것으로 '비자연적 욕구'라고 할 수 있다.[118] 여기서 '의식적 욕구', '비자연적 욕구'는 '인위적 욕망'으로 발전한다. 예컨대 배고픔을 해결하기 위해 음식을 먹으려는 것은 욕구(자연적 욕구)지만, 미각의 즐거움을 위해 진귀한 음식과 맛집을 찾는 것은 욕망(의식적 욕구, 비자연적 욕구)이다. 더위나 추위를 피하기 위해 옷을 입으려는 것은 욕구지만, 누군가에게 자신을 과시하고 사치하기 위해 화려한 옷을 입는 것은 욕망이다. 욕구가 단순한 부족함을 충족시키는 것을 의미한다면, 욕망은 단순한 충족을 뒤로 미루고 여전히 충족을 지향한다는 점에서 욕구보다 좀 더 복잡하다. 동물이나 인간은 모두 배가 고프면 음식을 먹는다. 그러나 인간만이 배고픔에 대한 직접적인 충족을 뒤로 미룰 수 있다. 우리가 격을 갖춘 음식점에서 음식을 먹을 때 메인 음식을 먹기 전 애피타이저를 먼저 먹고 완전한 충족을 뒤로 미루는 것도 같은 맥락이다. 이 때문에 욕망은 동물에게는 없고 오직 인간에게만 있다.[119] 의도한 것이든 아니든 결국 욕구의 충족을 지연시키면 욕망은 더욱 커진다. 이것은 우리가 원하지만 소유할 수 없을 때 그 사물에 대한 욕망이 더욱 커지는 것과 마찬가지다.

소비사를 고찰하는 과정에서 상점의 쇼윈도가 갖는 의의도 같은 맥락에서 이해할 수 있다. 쇼윈도 너머 진열된 상품은 손을 뻗으면 금방이라도 닿을 것 같다. 그러나 나와 상품 사이에 위치한 쇼윈도는 투명하게 상품을 보여주기는 하나 유리가 그 사이를 가로막고 있다. 쇼윈도 너머의 상품을 만져보고 싶고 소유하고 싶지만 유리로 말미암아 그럴 수 없다. 이러한 이유로 상품에 대한 욕구는 욕망으로 발전하며 그 욕망은 점점 더 커져간다.

그렇다면 이러한 인위적 욕망은 진정 나의 욕망인가? 이에 대해 프랑스의 철학자이자 정신분석학자인 자크 라캉Jacques Lacan은 현대사회에서 우리가 욕망하는 것의 실체는 나의 욕망이 아닌 '타자의 욕망'이라고 했다. 우리는 내가 아닌 타자가 욕망하는 것을 욕망한다는 것이다. 라캉의 이러한 주장을 쉽게 설명하면 이렇다. "아이는 엄마와 서로 반응하면서 사회생활의 원리를 배워나간다. 아이가 웃을 때 엄마가 좋아하면 아이는 자꾸 웃는다. 아이가 한 발짝 걸음을 떼었을 때 엄마가 박수를 치면 아이는 자꾸 걸으려고 한다. 아이의 한두 마디 말에 가족이 환호하면 아이는 자꾸 말을 하려고 한다. 아이는 나이를 먹으면서 대상을 엄마에서 친구, 선생님, 친인척, 사회로 바꿔가면서 자신의 행동을 사회적으로 정립해나간다. 이렇게 사람은 태어나면서부터 타인의 욕망을 충족시키면서 사회를 배운다"[120]는 것이다.

모든 욕망은 실제 필요와 결핍으로 인해 생기기도 하지만, 현대사회에서는 광고의 주술적 반복에 의해 생기는 경우가 더 많다. 따라서 우리의 욕망은 끝이 없어 보이고 항상 결핍감에 시달린다. 광고가 자본주의의 꽃이라고 칭송되는 현대사회에서 인간의 욕망을 충족시킨다는 것은 사실상 밑 빠진 독에 물 붓기나 다름없다. 이는 보드리야르의 말처럼 욕구에는 한계가 있지만, 욕망과 욕망 체계엔 한계가 없기 때문인데, 그 욕망은 바로 광고에 의해 끊임없이 새로운 형태로 재생되기 때문이다.

보드리야르는 우리가 소비하는 것이 상품의 기능적·물리적 효용이 아니라 그 안에 체화되어 있는 기호라고 했다. 따라서 현대 자본주의 사회에서 모든 상품은 기호로 조작된다. 이를 통해 상품은 필요의 대상이 아니라 욕망의 대상이 된다. 광고는 바로 이 과정에 주목하고 이를 적극적으로 활용한다. 이렇게 광고는 자연적 욕구가 아닌 인간의 인위적 욕망을 자극하고 조작함으로써 자신에게 부여된 자본주의의 첨병이라는 소임을 다하고 있다.

광고는 매체를 타고, 미디어는 메시지다

광고는 매체(미디어)를 통해 전달된다. 따라서 대중매체의 속성과 작동 방식에 대한 이해는 현대사회의 소비를 이해하는 데 매우 중요하다. 전통적으로 매체는 contain, 즉 무언가를 담아 전달하는 용기의 의미로 이해되어왔다. 그러나 이러한 매체는 단순히 정보만을 전달하는 수단에 그치지 않는다. 즉 어떤 매체를 통해 전달되느냐에 따라 정보의 의미가 달라질 뿐 아니라, 그 파급 효과 역시 달라진다. 이를 두고 캐나다의 미디어 이론가이자 문화비평가인 마셜 매클루언Marshall McLuhan은 "미디어는 메시지다"라는 말로 매체의 특징과 그 속성의 중요성을 강조했다. 그는 미디어의 속성에 주목하여 미디어가 가지고 있는 자체적 특징이 메시지를 규정짓는다는 새로운 패러다임을 제시했다. 미디어의 형식과 틀이 미디어가 전달하는 내용보다 중요함을 지적한 것으로, 어떤 미디어를 통해 전달되느냐에 따라 커뮤니케이션의 내용이 갖는 의미와 영향 정도가 크게 달라질 수 있음을 지적한 것이다.

따라서 우리는 한 시대의 특징을 파악할 때, 그 시대에 통용되었던 메시지의 내용뿐 아니라 메시지가 전달되고 순환되는 형식과 틀, 즉 그 시대의 지배적인 미디어에도 주목해야 한다. 각 시대마다 형성되는 지배적인 담론은 그 시기에 지배적인 위치를 차지하는 미디어의 영향을 받게 마련이다. 이를테면 책이 지배하던 시대의 지배적 담론과 텔레비전이 지배하는 시대의 지배적 담론은 차이가 있으며 이 차이는 시대를 주도하는 미디어의 차이에서 기인한다.[121]

이에 대한 이해를 돕기 위해 미디어의 발전 과정에 대해 간단히 살펴보도록 하자. 미디어의 최초 형식은 다름 아닌 음성이었다. 의사소통의 전제는 언어의 발생이다. 인간의 언어는 음성의 형태로 존재했고 음성을 통해서만 전달되었다. 이 음성은 직접적이며 정서적 상태까지 전달할 수 있다는 장점이 있지만 바로 사라진다는 한계를 갖는다. 반면 '문자'는 음성을 시각화하여 음성의 한계를 극복하기 위해 도입된 미디어였다. 음성이 일차적이고 직접적인 데 반해 문자는 이차적이며 음성에 종속적일 수밖에 없다.[122] 문자가 처음 만들어졌을 때 문자는 음성을 시각화하고, 보존하고, 전달 가능한 것으로 만들기 위한 도구에 지나지 않았다. 이러한 문자는 반복적 기억이나 정확하고 광범위한 전달의 필요성을 갖고 있던 사람이 아니라면 굳이 많은 시간과 노력을 투자하면서까지 익혀야 할 것은 아니었다. 때문에 음성 언어에 비해 문자는 과잉의 노력을 들여서라도 습득했을 때 무엇인가 확실한 이득을 얻을 수 있는 사람들에게만 의미 있는 미디어였다. 여러 번 물건을 사고 팔고 때로는 신용거래까지 해야 하는 상인이나, 하느님의 뜻을 왜곡 없이 널리 전파할 필요가 있었던 성직자에게는 매우 유용한 도구였다.[123] 이렇게 문자는 자연스럽게 특권층의 미디어가 되어갔고, 이에 반해 이미지는 대중의 미디어로 자리잡았다. 특별한 교육을 받지 못했어도 누구나 이미지를 보고 뜻을 이해할 수 있었기 때문이다. 이러한 문자와 이미지의 관계는 종교개혁을 기점으로 문자의 승리(대중화)로 귀결된다. 문자로 기록된 하느님의 말씀(성서)에 충실하려는 신교, 즉 프로테스탄트는 인쇄술이라는 새로운 미디어의 출현과 함께 등장했다.[124] 텍스트가 승리를 거두고 문자가 지배적 미디어로 등장하는 데는 인쇄술이라는 혁신적인 기술이 큰 역할을 했다. 인쇄술은 텍스트의 대량생산과 대량소비를 가능하게 만들었고, 그 결과 텍스트는 더는 특권층만이 소비하는 사치품이 아니었다. 사실 인쇄술이 보급되기 전까지 책은 필사의 방식으로 제작되어 매우 고가였으며, 따라서 중세사회에서 책을 소유한다는 것은 성직자와 귀족만이 누릴 수 있는 특권이었다.[125] 이렇게 인쇄술은 텍스트의 대량생산-대량소비를 가능케 하면서 매스커뮤니케이션의 가능성이 확인되었다. 그 증거가 바로 신문이다. 신문이야말로 대량생산 – 대량소비의 텍스트 구조가 어떤 효력을 발휘할 수 있는지를 잘 보여준다. 텍스트의 포드주의는 텍스트의 사회적 영향력의 확대를 가져왔다.[126]

종교개혁 이후 인쇄된 성경을 신앙의 중심에 놓은 프로테스탄트의 근대는 꽤 오랜 시간 지배적 미디어로 기능했다. 그러나 사진술에 의한 기술 복제 시대의 등장은 오랜 기간 유지되던 이미지와 텍스트의 관계를 새롭게 정립하는 계기가 되었다. 사진 기술의 등장에 따라 이미지도 대량생산이 가능해졌다. 이미지와 텍스트 모두 대량생산의 시대로 접어들면서 이제 이미지와 텍스트의 관계는 다시 동등해졌다. "이미지의 대량생산이 가능해지면서 이미지는 대중적 코드로서의 성격을 회복했다"[127] (문자가 대중화되기 전까지 이미지는 가장 대중적인 매체였다). 이에 더해 움직이는 사진이자 소리 나는 영화가 등장하고 마침내 대중의 대표적 오락 수단으로 부상하면서 가장 주도적인 미디어로 자리잡기에 이른다. 영화는 텔레비전이 등장하기 전까지 대중의 일상을 장악하는 가장 영향력 있는 미디어가 되었다. 하지만 텔레비전의 등장으로 영화의 지위는 곧 흔들리기 시작한다.

한편 텔레비전이 등장했다고 해서 책, 신문, 라디오, 사진, 영화와 같은 그 이전의 미디어가 모두 사라지는 것은 아니다. 우리가 살고 있는 현 시대에는 "기원전 1500년 무렵에 발명된 알파벳이라는 미디어는 물론 기원전 105년에 발명된 종이, 16세기의 인쇄술, 18세기

의 신문, 19세기의 사진과 영화가 20세기의 텔레비전과 공존"[128]한
다. 물론 21세기는 인터넷의 등장 이후 또 다른 미디어의 혁명이 진
행 중에 있다.

영화와 함께 텔레비전의 등장은 근대성의 핵심인 시각 중심의 커
뮤니케이션이 시작되었음을 의미한다. 따라서 시각적 커뮤니케이
션 매체를 대표하는 텔레비전의 속성과 특징을 이해하는 것은 현대
소비문화를 이해하는 데 매우 중요하다. 특히 보는 매체인 텔레비
전은 듣거나 읽는 매체인 라디오나 신문보다 훨씬 강렬한 소비 욕
망을 유발한다. 견물생심見物生心이라고 했다. 보면 없던 욕심도 생기
고 욕망은 눈에서 온다는 것이다. 다른 사람의 소비행위를 보는 것
만으로도(그것이 비록 텔레비전을 통해서일지라도) 우리 안의 소비 욕망
은 꿈틀거린다.

텔레비전이 처음으로 방송된 시기는 1928년 미국에서였다. 이 시
기는 미국에서 포드주의가 발흥한 시기와도 겹친다. 당시 포드는
전통적인 노동 통제 방식과 저임금 체계를 폐기했다. 포드는 노동
자에게 적절한 임금과 노동시간을 제시했다(당시 포드는 최저 임금을
시간당 5달러로 책정했다. 이것은 당시 업계 평균의 두 배에 달하는 것이었다. 그
리고 노동시간도 하루 9시간에서 8시간으로 줄었다). 그 이유는 노동자를 포
함한 대중이 실질적인 구매력을 갖고 있어야 대량생산 시스템이 제
대로 작동할 수 있다고 판단했기 때문이다. 포드 자동차 공장의 혁
신에서 출발한 대량생산 - 대량소비 시스템은 자동차 공장의 울타

리를 넘어 사회 전 영역으로 확산되었다. 충분한 임금과 여가시간을 갖게 된 노동자들은 투쟁을 위한 집회 장소가 아니라 쇼핑센터에서 시간을 보내며 소비자로 변모해갔다.[129] 텔레비전은 포드가 내세운 충분한 임금과 여가시간 제공의 효과가 가장 잘 발휘된 영역이었다. 충분한 임금을 받는 노동자들은 자동차와 더불어 텔레비전을 구입했고, 노동자들의 충분한 여가시간은 그들로 하여금 텔레비전 시청에 보다 많은 시간을 할애할 수 있게 했다. 이렇게 1920년대 포디즘과 텔레비전의 등장은 대량생산과 대량소비의 바탕을 마련하며, 현대 소비사회를 한 단계 더 진전시키는 결정적 역할을 했다.

한편 피에르 부르디외는 그의 저서《텔레비전에 대하여》에서 현대사회에서 텔레비전을 둘러싼 사회 주체들 간의 은밀하고 내밀한 지배구조와 그 영향 관계를 강조했다. 더불어 텔레비전이 그토록 시청률이란 지표에 매달리는 이유에 대해서도 설명한다. 주지하다시피 텔레비전 방송국의 매출과 이윤 획득의 원천은 광고다. 따라서 텔레비전의 고객은 광고주이지 시청자가 아닌 것이다. 여기서 방송사의 매출을 좌우하는 광고의 판매량과 가격을 좌우하는 것이 바로 시청률이다. 시청률 지상주의는 텔레비전 방송국의 입장에서 당연할 수밖에 없다. 이처럼 산업적 측면에서 텔레비전은 매우 소비적인 매체다. 이는 구조적으로 텔레비전이 매우 소비적일 수밖에 없는 그리고 광고주 중심의 소비문화를 형성하고 확산시키는 데 집중할 수밖에 없음을 잘 보여준다.

한편 현대사회에서 텔레비전은 관련 기술의 발전에 힘입어 매우 사실적인 정보를 우리에게 전달한다. 우리는 경기장에 있는 것보다 더 실감나게 경기를 즐길 수 있다. 텔레비전은 우리가 직접 가보지 않은 광활한 우주와 바다 속 심연의 세계 역시 생생하고 사실적인 모습으로 보여준다. 따라서 텔레비전 수용자들은 더 이상 우주나 깊은 바다 심연에 대해 수고롭게 상상할 필요가 없다. 우리가 할 일은 소파에 기댄 채 그저 텔레비전이 전하는 영상을 통해 세상을 바라보는 일뿐이다. 우리는 수고로움이 뒤따르는 '상상력'을 포기하고 그 자리에 '수동성'이 들어서는 것을 용인했다. 그러면서 텔레비전 수용자들은 점점 더 텔레비전에 의존적이 되어갔다. 텔레비전을 보기 위해 특별한 교육을 받거나 기술이 필요한 것도 아니다. 어린 아이가 태어나 인쇄 미디어를 통해 의사소통을 할 수 있을 때까지 소요되는 시간과 노력을 생각해보면 텔레비전이란 미디어는 구조적으로 시청자들을 수동적으로 만든다.[130]

같은 영상 매체인 영화는 돈을 지불하고 감상하지만, 텔레비전은 프로그램 앞뒤에 붙은 광고를 보는 것으로 시청료를 대신한다. 따라서 텔레비전의 수용자들은 타 매체에 비해 상대적으로 낮은 관여도와 집중도를 보인다. 텔레비전을 보지 않더라도 습관적으로 텔레비전의 스위치를 켜놓는 경우나, 텔레비전을 켜놓고 실제로는 스마트폰을 통해 페이스북이나 인스타그램을 검색하는 것이 다 이런 연유다. 따라서 이렇게 '산만한' 시청자들의 눈길을 붙잡기 위해 텔레비전은 현란해야 하고 끊임없이 변화해야 하고, 말초적인 방법으로 선정적인 소재를 다루어야 한다. 결국 텔레비전은 즉물적, 자극적일 수밖에 없는 구조를 갖는다. 이와 함께 텔레비전 프로그램의 열악한 제작 환경 역시 텔레비전의 소비 지향성 확대에 또 다른 역할을 한다. 부족한 제작비를 충당하기 위해 수많은 광고주들의 제품을 등장시키고(PPL, 간접광고) 대부분의 드라마에서 제품의 노출이 자연스럽게 이루어진다.

한편 텔레비전이 켜지는 순간 거실은 백화점이 되고 마트로 변한다. 텔레비전을 통해 광고에 노출되어 있는 시청자는 소비주의의 욕망으로부터 자유롭지 못하다. 텔레비전이 대중화된 현대사회에서 발터 벤야민의 산책자는 더 이상 설 자리가 없다. 현대의 산책자는 신상품들이 미로처럼 전시되어 있는 파사주와 백화점을 산보할 필요가 없게 되었다. 광고가 이를 대신하기 때문이다. "광고는 시청자들로 하여금 거실에 앉아서 상품 사이를 산보할 수 있도록"[131] 만들어주었다.

또한 텔레비전은 사회의 최신 경향에 대해 그 어떤 미디어보다 빠르게 전달한다. 텔레비전은 일상의 구석구석에서 일어나는 다양한 사건, 사고를 'breaking news(속보)'의 형태로 전달하면서 '최신'의 지위를 획득한다. "텔레비전에 붙여진 '최신'이라는 이미지는 텔레비전을 '신상품'의 전시장으로 만든다. 텔레비전에는 매일매일 신상품이 넘쳐난다. 광고는 매일매일 새로운 상품을 소개하고, 홈쇼핑 채널에서는 아예 1년 365일 신상품을 소개한다."[132]

이처럼 소비문화의 성격은 당대를 규정하는 가장 유력한 미디어의 구조와 특징을 반영한다. 따라서 지금의 소비문화는 텔레비전이라는 매체가 갖는 특성으로부터 지배적인 영향을 받아왔다.

한편 같은 시각 중심의 매체로 새롭게 부상한 인터넷 기반의 미디어의 등장은 향후 텔레비전의 위상에 적지 않은 영향을 미칠 것으로 예상된다. 할리우드의 영화가 텔레비전이 등장했을 때 겪었던 위기를 텔레비전 역시 동일하게 맞고 있다. 동일한 시각 매체이긴 하나 최근에 새롭게 등장한 매체 환경의 변화는(유튜브 등) 기본적으로 소비자와의 커뮤니케이션 방식에 근본적인 변화를 일으키고 있다. 이 내용은 장의 마지막 부분에서 좀 더 논의하기로 하겠다.

광고의 대상, 기호와 의미

광고와 홍보 회사가 모여 있는 뉴욕시의 거리인 매디슨가에는 이런 말이 있다. "우리는 상품이 아니라 광고를 소비하고, 맥주가 아니라 맥주 광고를 마시고, 차가 아니라 명패를 운전하고, 담배가 아니라 CM송을 피운다."[133] 광고를 중심으로 현대사회에서 소비되고 있는 대상이 무엇인지 극명하게 보여주는 내용이다.

앞서도 얘기했듯이 우리는 제품이나 서비스가 지닌 본연의 기능(사용가치)을 소비하는 것에 머무르지 않는다. 우리가 소비하는 진짜 대상은 그 제품이 의미하는 상징과 기호(기호가치, 상징가치)다. 그리고 이것은 광고의 언어로 기호화되어 나타나며, 현대 소비사회의 중요한 특징으로 나타난다.

현대 소비사회에서 소비되는 것은 기호라고 무수히 강조해온 만큼, 이제 현대 소비의 대상이 되는 그 기호에 대해 잠깐 알아보고 가자. 다만 이론적 배경이 되는 기호학에 대한 논의까지는 여기서 다루지 않기로 하겠다.

　　기호는 기표(記表, signifiant, 시니피앙)와 기의(記意, signifie, 시니피에)로 구성되어 있다. 시니피앙signifiant과 시니피에signifie는 '의미하는 것'과 '의미되고 있는 것'을 뜻하는 프랑스어로, 우리말로는 기표記表와 기의記意로 번역된다. '장미'를 예로 들면 시니피앙(기표)은 귀로 들리는 /jangmi/라는 발음과 글자의 형태로 적힌 '장미'가 시니피앙이다. 반면 '장미'의 시니피에(기의)는 사물의 개념, 즉 '장미과 장미 속에 속하는 여러해살이의 관목 또는 덩굴식물로 흰색, 노란색, 붉은색의 꽃잎이 나고 (……) 등' 식물로서의 장미가 바로 시니피에다. 시니피앙과 시니피에 이 두 가지가 결합해서 '장미'는 기호가 되어 의미와 상징을 획득한다. 이런 면에서 언어는 우리 시대 가장 대표적인 기호라고 할 수 있다. 또한 기호는 사회구성원 간에 공유된 약속의 산물이기도 하다. 따라서 만약 어떤 한 남성이 호감이 가는 여성에게 장미꽃을 전달한다면 그 장미꽃에 어떤 의미가 담겨 있는지는 굳이 말로 표현하지 않아도 모두가 이해한다. 결국 우리는 장미가 의미하고 상징하는 기호를 소비한 것이다.

　　방금 우리는 현대 소비사회의 핵심적 특징인 기호가 시니피앙과 시니피에로 구성되어 있다고 했다. 여기서 현대 소비사회의 또 다른 중요한 특징이 등장하는데 바로 시니피앙과 시니피에의 분리다. 그리고 시니피앙과 시니피에가 가장 극명하게 분리되어 나타나는 분야가 바로 광고다.[134] 우리의 마음을 사로잡는 광고는 거의 대부분 시니피앙과 시니피에가 분리되어 있다. 우리는 거짓인지 알면서도 보다 이상적이고 환상적인 꿈을 제시하는 광고에 더 매료된다. 이를테면 '당신이 사는 곳이 당신을 말해줍니다'라고 속삭이며 화려한 성을 보여주는 아파트 광고가 있다. 아파트를 광고하기 위한 것인데 아파트는 어디에도 보이지 않는다. 성이 아파트를 대신해 등장한다. 시니피앙에 초점을 맞춘 광고다(물론 시니피에는 시멘트 덩어리의 입방체다). 광고가 제시하는 화려한 성이 아파트가 아님을 잘 알면서도 우리는 성이 등장하는 아파트에 더 강한 소유 욕망을 갖게 된다. 결국 현대 소비사회에서 광고는 시니피에와 분리된 시니피앙들의 거대한 부유물이다.[135]

이렇게 광고는 시니피앙과 시니피에의 분리를 통해 의미(기호, 이미지)를 생산한다. 여기서 의미는 몇 차례의 단계를 거쳐 형성된다. 이렇게 탄생하는 의미는 두 가지의 층위를 구성하며 나타나는데, 첫 번째 층위는 디노테이션denotation이고, 두 번째 층위는 코노테이션connotation이다. 이것은 언어학자 루이 옐름슬레우Louis Hjelmslev가 처음 말한 것으로 롤랑 바르트Roland G. Barthes가 차용하여 널리 퍼뜨린 이후 기호학의 중요한 개념으로 자리잡았다. 디노테이션이란 사전적·지시적·외연적 언어라고 할 수 있는 반면, 코노테이션은 정서적·함축적·내포적 언어라고 할 수 있다. 즉 디노테이션은 겉 텍스트의 사전적 의미이고, 코노테이션은 텍스트 속에 내포된 의미를 말한다.

이것은 언어기호의 시니피앙과 시니피에의 관계를 기호학적으로 확대한 개념이라고 할 수 있다.

예를 들면 우리가 니그로Negro라 하면 디노테이션 측면에서 사전적 의미로 '피부가 검은 사람'을 지칭하지만, 코노테이션 측면에서 보면 '백인 사회에서 멸시와 천대를 받는 유색 인종'을 말하는 것으로 그 의미가 확장된다.[136] 롤랑 바르트는 디노테이션과 코노테이션 측면 외에 또 다른 층위가 있다고 얘기하는데, 그것은 바로 신화의 측면이다. 롤랑 바르트의 신화 개념은 사회에 널리 퍼져 있는 지배적인 사상이나 담론, 이데올로기를 뜻한다.

롤랑 바르트는 그의 저서 《신화론》에서 현대사회의 일상적 삶에서 발견되는 사소한 사물들과 현상들 안에 감추어져 있는 숨겨진 이데올로기와 의도를 보여주고자 했다. 그의 주장에 따르면 미국의 여배우 마릴린 먼로는 할리우드의 섹슈얼리티를 대표하는 여배우다. 이것은 먼로에 대한 코노테이션 수준의 인식이다. 그러나 여기서 신화의 단계로 확장되면 마릴린 먼로는 이제 할리우드가 만들어낸 아메리칸 드림이라는 신화를 상징하는 배우로 신화화된다. 이것이 신화의 측면이다. 이것은 이데올로기적 담론을 구성하며 당대의 주도적 가치관과 세계관을 반영한다.[137] 광고는 이렇게 세 번째 측면인 신화를 생산하고, 이제 우리는 상품이 아닌 신화를 소비한다.

광고는 최종적으로 신화를 생산함으로써 우리 시대의 지배 이데올로기가 되었다. 광고를 만들어내는 전문가들은 현대사회의 모든 것을 주조함과 동시에 사람들의 욕망을 기획하고 설계하는 연금술

사가 되는 것이다. 광고는 기본적으로 상품의 이데올로기지만, 오늘날은 개별 상품을 넘어 세계에 대한 개념과 시대정신을 보여주는 것으로까지 발전했다.

이를 잘 보여주는 예로 광고는 예술, 문학, 종교, 스포츠 등 많은 부분을 자기의 영역으로 들여왔고, 사용 가능한 모든 시니피앙과 시니피에를 자신의 소재로 삼았다. 아래의 인용문은 그 한 사례다.

스물아홉 열네 시간을 기다려서야 자식의 울음소리를 들을 수 있었습니다. 당신은 신을 믿지 않았지만 당신도 모르게 기도를 올렸습니다.

서른일곱 자식이 초등학교를 들어가 우등상을 탔습니다. 당신은 액자를 만들어 가장 잘 보이는 곳에 걸어두었습니다. 아직도 당신의 방에는 누렇게 바랜 액자가 걸려 있습니다.

마흔셋 일요일 아침, 모처럼 자식과 뒷산 약수터로 올라갔습니다. 이웃 사람들이 자식이 아버지를 닮았다며 인사를 건넸습니다. 당신은 괜히 기분이 좋았습니다.

마흔여덟 자식이 대학 입학시험을 보러 갔습니다. 당신은 평소와 다름없이 출근했지만, 하루 종일 일이 손에 잡히지 않았습니다.

쉰셋 자식이 첫 월급을 타서 내의를 사왔습니다. 당신은 쓸데없이 돈을 쓴다고 나무랐지만, 밤이 늦도록 내의를 입어보고 또 입어봤습니다.

예순하나 딸이 시집을 가는 날이었습니다. 딸은 도둑 같은 사위 얼굴을 쳐다보며 함박웃음을 피웠습니다. 당신은 나이 들고서 처음으로 눈시울이 붉어졌습니다.

　오직 하나 자식 잘되기만을 바라며 살아온 한평생

　하지만 이제는 희끗희끗한 머리로 남으신 당신 (……)

　우리는 당신을 아버지라 부릅니다.

　위의 글은 신문광고에 실린 모 생명보험 회사의 광고 문안이다. 아버지를 생각하게 하는 광고 내용이 수필보다 훨씬 더 따뜻하고 가슴에 와 닿는다. 광고가 문학을 대신하고 있는 듯하다. 이외에도 광고는 가부장적 사회에서 통념상 허용되지 않았던 동성애의 문제나 인종문제, 종교문제, 체제문제 등 사회적으로 민감하고 뜨거운 주제를 사회적 논쟁의 한가운데로 끌어와 이슈화했고, 이에 대한 대중의 가치 판단을 물었다. 이렇게 소개된 광고의 내용은 곧 우리 사회의 익숙한 풍경으로 자리잡는다. 파격적 광고로 유명한 베네통의 광고물을 보면 광고가 현대사회의 금기를 어떻게 무너뜨려왔는지 쉽게 이해할 수 있다.

　다음 그림은 기흥에 있는 삼성전자 반도체 공장의 사진이다. 공장 외벽의 도색이 몬드리안의 추상화를 연상시킨다. 하드웨어의 상징인 건물의 외벽조차 광고의 배경이 되고, 이러한 배경은 예술이란 콘텐츠로 채워져 우리의 일상에 자리 잡았다.

　다음 광고의 이미지 역시 몬드리안의 추상 이미지가 가전제품인 냉장고에 차용된 사례다. 그동안 순수 고급예술의 영역에 있던 작품들을 소비시장으로 들여와 대중화시킨 예라 할 수 있다. 이제 냉

기흥에 있는 삼성전자 반도체 공장

몬드리안의 추상 이미지를 제품 디자인에 활용한 삼성전자의 냉장고

© 삼성전자 뉴스룸

장고는 네덜란드 추상 예술의 거장 몬드리안의 예술 가치를 새로운 기호로 획득하게 된다. 이렇듯 광고가 마음먹으면 그 대상이 무엇이든 소비의 세계로 초대되는 것을 거부할 재간이 없다.

아래의 인용 역시 광고가 당대의 시대정신과 지배담론을 잘 대변하고 있음을 보여준다.

> 미래의 역사가들은 이런 시시껄렁한 아류문학들을 편집물보다 더 큰 가치를 지닌 것으로 대접하게 될지도 모른다. 우리는 광고를 통해 사회학적 역사의 흔적을 추적하게 될지도 모른다. 유행과 열광의 일어남과 스러짐을, 음식과 의복 분야에서 관심과 기호의 변화를, 오락과 악습을, 또한 당대 삶의 파노라마를 들여다볼 수 있게 될지도 모른다. 광고는 낡은 일기장이나 스러진 묘비보다 더 많은 것을 알려줄 것이기 때문이다.[138]

디지털 시대의 풍경, 1인 미디어 시대

2019년 현재 디지털 시대의 가장 대표적인 변화는 1인 미디어의 성장이다. 개인의 힘이 유사 이래 이렇게까지 확장된 적이 있나 싶을 정도로 막강해졌다. 스마트폰의 대중화와 디지털 콘텐츠 제작 환경의 발전으로 누구든 창작자가 될 수 있는 시대가 되었다. 그리고 이 흐름 속에서 자신만의 콘텐츠를 창작하고 스스로 목소리를 내는 이들을 우리는 1인 미디어 또는 소셜 크리에이터라고 부른다. 이들은 이미 대세가 된 동영상 콘텐츠를 통해 새로운 소비 환경을 만들어가고 있으며, 인플루언스라는 또 다른 이름으로 소비문화에 지대한 영향을 미치고 있다. 1인 미디어가 등장하면서 과거 매스미디어가 가졌던 '절대 권력'은 분화되고, 기존 산업구조 역시 변화를 맞기 시작했다.

이러한 1인 미디어 환경은 어느 날 갑자기 우리 앞에 등장한 것은 아니다. 지금의 1인 미디어 환경이 등장하기까지 전조 현상들은 계속해서 있어왔다. 우선 인터넷 시대가 본격화되면서 개인 홈페이지와 웹진 붐이 있었다. 거대 미디어에 대항해 작고 독립적인 콘텐츠를 만들어 전파하고자 하는 욕망이 내재되어 있었다. 다양한 형태의 디자인에 텍스트와 이미지를 접목할 수 있었고, 자신만의 도메인을 가지고 독자성을 가질 수 있다는 것이 큰 매력이었다. 그러나 웹진과 홈페이지 붐은 오래가지 못했다. 그 이유는 개인이 콘텐츠를 생산하고 유통할 수 있는 기술적 가능성은 우리 앞에 제시되었지만, 이것이 콘텐츠를 지속적으로 생산해내지는 못했다. 취미생활로 글을 써서 올리고, 그 취미에 관심 있는 친구들만 찾아보는 자족적 활동 그 이상으로 넘어가지 못했다.[139]

얼마 뒤 포털과 결합된 블로그 서비스가 시작되었다. 이들은 개인 홈페이지의 약점을 보완했다. 유저들은 서버를 관리하고 웹 디자인을 해야 하는 기술적인 문제에 신경쓰지 않아도 되었다. 또한 포털의 트래픽을 활용해 개별 블로거들이 독자들과 만날 수 있는 경로를 제공받았다. 요리, 인테리어, 사진 등 특정 주제의 전문적인 블로거들이 등장해 인기를 얻었고, 공동구매 등의 형태로 수익을 창출하는 수익 모델도 생겨났다. 이는 앞서 웹진이나 홈페이지와는 다르게 콘텐츠 제작의 이유와 환경을 만들어주었다. 더 나아가 이들은 텍스트와 이미지에 머무르지 않고 음성과 영상도 함께 활용할 수 있기를 기대하면서, 신문과 잡지는 물론 이후 라디오, TV, 영화까지 대체하고자 했다. 이러한 요구가 내재되어 있던 상황에서 2004년부터 본격화한 팟캐스트 방송은 1인 미디어의 역사에서 새로운 전기를 마련하는 것이었다. 한국에서는 2011년경에 와서야 정치적 상황 및 주장과 결합되어 본격적으로 유행했다.[140]

　동영상 기반의 1인 미디어가 주목받기 시작한 것은 2005년이었다. 그해 런던의 폭탄 테러와 미국 남부의 허리케인 재난 때 현장 주변의 시민들이 찍은 동영상이 뉴스 보도에 활용되었다. 같은 해 페이팔 직원들 간에 영상을 이메일로 주고받는 대신 웹상에서 바로 공유하는 서비스를 생각했고, 이 아이디어가 상업화되면서 유튜브 서비스가 시작되었다. 특히 스마트폰의 보급과 컴퓨터 편집 기술의 대중화는 누구나 유튜브를 통해 자신의 영상을 선보일 수 있는 기회를 제공했다. 3~5분 내외의 분량은 출퇴근 시간에 소비되는 스낵 컬처로서 적합했다. 이런 영상들은 애완동물, 아이들의 공연이나 일상 등 소박한 에피소드 위주였지만, 점차 상업적 가능성을 가진 콘텐츠로도 발전했다.[141]

　현재 가장 인기 있는 콘텐츠 플랫폼은 인터넷 개인 생방송이다.

그동안의 동영상 콘텐츠는 사전에 미리 녹화, 편집된 내용을 업로드한 뒤 스트리밍하는 방식이었는데, 이제는 생방송으로 다양한 장르의 콘텐츠를 제공하고 있다. 초기 스포츠나 게임 중계 등의 방송에 한정되어 있었다면, 최근에는 먹방, 쿡방, 요리, 뷰티, 교육(영어강의) 등으로 장르가 넓어지고 있다. 이것의 가장 큰 매력은 시청자들과 채팅창을 통해 실시간으로 쌍방향의 소통이 이루어진다는 점이다.[142] 그동안 거대 미디어로부터 철저히 배제되어온 개인은 이제 1인 미디어, 소셜 크리에이터의 형태로 미디어 시장에 커다란 영향을 미치는 존재가 되었다.

앞서 매클루언의 말을 빌려 '미디어가 메시지'임을 강조한 바 있다. 매체 형식이 바뀌면 전달되는 내용도 변하게 마련이다. 그러나 매체 형식이 디지털 환경으로 바뀌면서, 그리고 1인 미디어의 형태로 진화하면서 이젠 메시지가 그 어느 때보다 중요해졌다. '미디어가 메시지'라고 했던 매클루언의 주장은 현대의 디지털 환경에서 재해석되어야 할 것 같다.

예전처럼 특정 매체가 일반 대중과의 커뮤니케이션을 독점하던 시대엔 매클루언의 지적처럼 미디어가 매우 중요했으며, 미디어의 속성에 따라 메시지가 영향을 받았다. 그러나 현대에 와서 특정 매체가 커뮤니케이션을 독점하던 시대는 막을 내렸다. '미디어의 민주화'라 할 수 있을 만큼 개인이 소비자로서 접할 수 있는 미디어는 확대되었고 다양해졌다. 더불어 이제 개인은 콘텐츠의 일방적 수용자,

소비자에서 벗어나 직접 콘텐츠를 제작하고 전파하는 생산자로서의 힘을 보유하게 되었다.

여기에 인터넷 동영상 시스템 내에서의 새로운 매체 환경의 변화는 콘텐츠의 중요성을 더욱 부각시키고 있다. 이에 대한 사례로 생활용품 회사인 P사는 유튜브에서 2010년 밴쿠버 동계올림픽 당시 선수의 뒷바라지를 하는 어머니의 헌신을 주제로 '땡큐 맘' 캠페인을 벌였었다. 이 캠페인에 대한 반응이 폭발적으로 이어지면서 캠페인은 런던, 소치, 리우 올림픽과 2018 평창올림픽까지도 계속 진행되었다. 새로운 미디어 환경에서 콘텐츠의 중요성을 잘 보여주는 사례였다.

소비자에게 공감을 얻는 과정에서 광고에 대한 공유와 댓글은 무엇보다 중요한 역할을 한다. 광고가 입소문을 타거나 화젯거리가 되면 사람들은 자발적으로 영상을 찾아 시청한다. 요즘같이 광고가 나오면 채널을 돌리고 회피하는 세상에서 스스로 광고 영상을 찾아서 보게 하는 것이다. 이렇게 소비자가 직접 영상을 찾아보고, 댓글로 반응하고, 좋아요를 누르며 공감하는 디지털 시대의 광고는 이제 하나의 콘텐츠 소비문화로 자리잡았다.

끝으로 현대 소비문화의 성격을 규정하며 소비의 욕망을 가장 효과적으로 자극하는 시각 매체가 어디까지 그 형식적 진화를 계속할지 궁금하다. 쉽게 가늠할 수는 없지만 분명한 것은 디지털 매체 환경하에서 광고가 담아내야 할 핵심적 가치가 변했다는 것이다. 필자는 그 핵심적 가치가 창의성과 진정성이 아닐까 생각해본다.

6장

현대판 판옵티콘에
갇힌 몸

———— 육 체

소비 수업

*** CLASS ***

1장. 새로운 것은 언제나 옳다
2장. 헬콜레이스에 재림한 도시산책자
3장. 육망의 탄생과 탈출구
4장. 소비의 세계로 뛰어든 야웃솔
5장. 육망 장조의 연금솔
6장. 현대판 판옵티콘에 갇힌 몸

저자   윤태림

유형
장소
단화
광고
육체

결코 모방할 수 없는 가장 고유한 것으로 이해되던
몸과 외모는 현대사회에 와서 더 이상 차별화의 기제가 아니다.
모방 가능한 사회에서 진행되고 있는 '몸 개조 프로젝트' 때문이다.
'성형 천국 대한민국'에서 같은 병원, 같은 의사에게 개조된
사람들은 모두 비슷한 외모와 체형을 갖는다.
마치 한 부모에게서 태어난 다 같은 형제이고 자매인 얼굴들이다.
각자의 개성은 이미 상실되었다.
아름다움과 개성을 추구하려는 노력으로 몸에 투자하고,
유행을 좇아 만들어진 개성은 아이러니하게도
우리를 몰개성으로 인도한다. 이렇게 모두가 닮은꼴로
개조되다 보면, 사회적 차이화와 구별짓기를 위해
현대인들이 동원할 다음 기제는 무엇이 될지 무척 궁금해진다.

몸의 해방과 현대판 판옵티콘

　종교가 세상을 지배하던 중세시대에 육체는 원죄로 인식되었다. 이 시기 구원은 모두 '영혼의 몫'이었고, 따라서 육체를 인정하는 것 자체가 신성에 대한 도전이자 모독이었다. 따라서 육체에 대한 발견은 종교로부터 인간을 되찾는 투쟁의 과정이었고, 이러한 측면에서 서구의 역사는 인간의 존재와 육체의 복권을 위한 탈신성화 또는 세속화의 역사라고 할 수 있다. 특히 14~16세기에 걸쳐 일어난 르네상스는 그동안 신의 영역이었던 세상의 중심에 인간을 갖다놓았고, 인간을 정신이 아닌 육체의 담지자로서 탐구했다.

　이렇게 신(종교)과 영혼의 굴레에서 벗어나고자 했던 지난한 과정은 수 세기에 걸쳐 진행되었고, 마침내 육체는 기나긴 억압의 굴레에서 벗어나 해방을 맞이했다. 그 결과 몸과 정신의 지위는 역전되었고 몸은 각광받는 주제로 급부상했다. 그동안 욕망 덩어리로 진리 파악의 방해자로만 취급되던 몸은 근대, 탈근대의 시대를 경유하며 구체적이고 근원적인 삶의 토대로 그 지위가 변화되었다.

사회적·도덕적·이데올로기적 굴레에서 벗어나기 위해 지난한 투쟁을 계속해왔던 육체는 현대에 와서 마침내 성적 해방과 몸의 '재발견'을 이루었다. 현대사회에서 육체는 보드리야르가 소비의 가장 아름다운 대상이라고 언명한 것처럼, 광고와 대중문화는 물론 위생, 영양, 의료, 젊음, 남자다움, 여자다움 등 여러 담론의 중심 주제가 되면서 영혼을 대신했다.[143]

한편 몸의 귀환을 가장 반긴 것은 다름 아닌 자본주의의 상품 논리였다. 보드리야르는 "자본주의 사회에서 육체 그 자체와 육체를 이용한 사회적 활동 및 정신적 표상은 사유재산 일반과 똑같은 지위를 부여받고 있다"[144]고 지적한다.

그러나 신에 대항하여 쟁취한 육체는 자본주의에 포섭되면서 그 자체로서 신성화되었다. 이제 몸의 숭배는 영혼의 숭배를 이어받아 그 이데올로기적 기능을 계승[145]했다. 해방된 육체는 결코 자유롭지 못했으며 오히려 엄격한 기호로 둔갑했다. 우리는 끊임없이 섹시해야 하고, 건강해야 하며, 아름다워야 한다는 보이지 않는 자기검열에 시달렸다.[146] 현대판 판옵티콘에 갇힌 것이다.

이러한 측면에서 한 시대를 풍미했던 (지금도 여전히 작동하고 있는) 몸 가꾸기 열풍은 단순히 개인의 심리적 문제가 아니라 현대사회의 이데올로기적 의식의 반영이다.

판옵티콘, 프레디시오 모델로 감옥 내부, 쿠바(2005)

여기서 잠깐 현대사회에서 몸에 대한 우리의 인식을 잘 보여주는 개념 하나를 살펴보기로 하자. 그것은 1996년 맥킨리McKinly와 하이데Hyde가 제안한 '객체화 신체의식'이란 개념이다. 이들의 주장에 따르면 현대사회에서 특히 여성의 몸은 '응시되는to be look at' 대상으로 여겨져 왔다. 이러한 이유로 여성은 마치 외부 관찰자인 것처럼 자신의 몸을 응시하도록 스스로를 훈육한다. 그 결과 여성은 몸에 대한 사회문화적 기준을 스스로 내면화하여 그것이 마치 원래 자신에게서 유래한 것처럼 여기고, 또 그 기준에 자신을 맞추고자 노력한다. 이와 같이 여성은 자신의 몸을 객체로서 경험하면서 이런 경험이 온당하다는 신념을 갖는다. 이것이 바로 '객체화 신체의식'이다. 이렇게 '객체화 신체의식'의 작용 때문에 여성은 자신을 타자의 시

선, 즉 사회문화적 신체 기준으로 바라보고 그것에 맞게 자기 몸을 구성해나간다.[147]

여성이 자신의 몸에 대해 '객체화 신체의식'을 갖는다는 것은 그만큼 자기 몸을 스스로 감시하고 규율하며 훈육하는 데 길들여져 왔음을 의미한다. 이렇게 타인의 시선으로 자기 존재가 규정된다면, 결국 몸은 타인을 고려해 꾸며질 수밖에 없다. 즉 '보이는 몸'이 중요해진다. 여기에 이미지를 중심으로 한 소비 풍조와 매스미디어에 의해 형성되는 루키즘lookism의 가세는 '객체화 신체의식'을 보다 공고히 한다. 아래에 흥미로운 인용글 하나를 살펴보자.

> 거울이 생기면서 자기 얼굴을 평가하기 시작했고, 사진을 접하게 되면서 다양한 사람들의 얼굴을 비교했다. 이후 영화가 우리에게 아름다움의 기준을 제시했을 뿐 아니라 움직임까지 눈여겨보게 하면서 이른바 '세련됨'과 '스타일'을 모방하게 만들었다. 그리고 체중계라는 비교적 '객관적' 평가 도구가 등장하면서 우리는 자학의 길로 들어서게 되었다.[148]

현대사회에서 몸 현상과 관련된 중요한 변화는 이미지가 본질보다 우선시된다는 것이다. 보드리야르는 현대사회는 사물보다는 이미지, 원본보다는 복사본, 존재보다는 겉모습을 더 선호한다고 했다. 실제와 환상이 혼재하는 가운데 이상화된 신체 이미지는 역설적으로 우리가 추구해야 할 정상적인 몸으로 대중들에게 인식된다.

비정상적인 몸의 유포는 우리의 신체를 조작 가능한 것으로 여기게 만들고 정신에 비해 신체의 중요성을 강조하며 나아가 신체 기능보다 체형을 더 강조한다. 몸의 숭배에서 본질적인 문제는 바로 있는 그대로의 몸, 주어진 몸을 부정하고 자신의 몸에 대한 적대감을 일상적인 것으로 만들어버린다는 것이다. 일종의 자기 거부 현상 속에 결국 우리는 우리 몸을 감시하고 억압하고 결국은 학대하게 된다.[149]

오늘날 여성이든 남성이든 피트니스 센터를 찾아 운동을 하는 주된 이유가 건강을 위한 것이라고 말한다면 그건 솔직한 대답이 아닐 수도 있다. 물론 상황에 따라 그러한 목적으로 운동을 하는 경우가 아예 없지는 않을 것이다. 그러나 그보다는 타자의 시선을 의식해 '보이는 몸'을 만들고자 함이 더 솔직한 이유일 것이다. 앞서 '객체화 신체의식'에서 설명했듯 현대인들은 시선의 권력 작용과 자기 검열에 의한 교정을 통해 '보이는 몸'을 만드는 데 여념이 없다. 이제 우리의 신체는 비교의 대상, 나아가 감시의 대상이 되었다. 마치 누가 보든 안 보든 스스로를 검열하고 감시하는 판옵티콘에 갇힌 죄수처럼 말이다.

몸 프로젝트와 새로운 몸의 등장

과거 국가에 의해 간섭받고 획일화되어왔던 우리의 몸은 후기 자본주의 사회에 들어서면서 소비와 향유의 대상이 되었다. 특히 미디어 사회의 도래, 극심한 경쟁사회로의 진입, 여성의 사회 진출 등은 우리의 몸을 자본이 투입되고 조작이 가능한 프로젝트로서 대상화시키고 있다. 사실 많은 사람들이 흠모하는 몸은 정상적이라고 할 수 없는 몸임에도 대중은 그러한 몸을 끊임없이 욕망하고 소비한다.[150]

보드리야르는 현대 소비사회에서 육체는 가장 아름답고도 매혹적인 소비의 대상이 되었다고 주장한다. 현대인들은 자신의 몸을 과거처럼 '주어진 몸'으로 받아들이지 않는다. 이제 그들은 자신의 몸에 순응하고 만족하는 것이 아니라, 적극적으로 개조할 수 있는 '개조의 대상'으로 몸을 인식한다. 이것은 육체가 현대 소비사회의 소비문화로 편입되는 순간 이미 예견된 것이었다. 성형수술과 다이어트를 위시한 몸의 개조는 이제 일종의 '프로젝트'로 간주된다. 자신의 몸을 부위별로 평가하고 사회와 공동체가 원하는 모습으로 이를 고치기 시작한 것이다.

한편 미국 켄터키 대학교의 여성학 협동과정 교수인 수전 보르도Susan Bordo는 매스미디어와 광고가 몸에 대해 행사하는 영향력에 주목했다. 보르도에 따르면 여성의 몸에 대한 통제는 매스미디어 안에서 매우 은밀하게 작동한다. 그 결과 현대 여성은 대중매체가 제시하는 정상적인 몸의 기준(실제 가능하지 않은 몸의 기준인 경우가 압도적으로 많다)을 수용하고, 그 기준에 따라 자발적으로 자신을 감시하고 훈육해가는 과정을 수행한다. 현대사회가 정상적이라고 규정하는 여성의 몸은 유감스럽게도 자본의 이해에 충실한 몸일 뿐이다. 보르도는 현대 여성의 외모 가꾸기가 자발적인 욕망과 선택처럼 보이지만, 사실은 사회 이데올로기의 강요에 순응하고 있는 것이라 했다. 요컨대 현대인들의 몸, 특히 여성의 몸은 권력의 감시와 훈육에 길들여진 문화적 산물에 다름 아니라는 것이 보르도의 주장이다.

이처럼 미디어의 영향력이 그 어느 때보다 강고한 현대 소비사회에서 미디어에 의한 육체의 상품화는 피해갈 수가 없다. 우리 자신이 원하기만 하면 몸도 우리가 원하는 형태로 개조할 수 있음을 미디어는 끊임없이 이야기한다. 이와 함께 미디어는 '주어진 몸'에 대한 순응은 스스로를 관리하지 못하고, 자신에 대해 무책임한 행위로 귀결시킨다. 자본주의의 논리는 자신의 육체는 자기가 책임지고 또 관리해야 함을 강조한다. 결국 현대 소비사회에서 미디어는 개인으로 하여금 사회가 제시하는 미적·신체적 기준에 부합하도록 노력할 것을 독려한다.[151]

그러나 문제는 미디어가 조장하고 사회가 제시하는 몸이 누구나 쉽게 만들 수 있는 몸이 아니라는 것이다. 이들이 제시하는 '바람직한 몸', '이상적인 몸'은 오랜 시간과 돈을 투자해야만 가능한 몸이다. 현대의 도시인들이 일상생활을 포기하고 오로지 몸 만들기에만 매달려야 도달할 수 있는 몸이다. 이를 잘 보여주는 사례가 특정 영화나 드라마를 홍보하기 위해 배우들이 출연하는 토크쇼 프로그램에서 그들이 몸을 관리하는 솔직한 얘기를 들을 수 있는데, 그들의 얘기인즉 '통장에 돈이 입금되는 순간' 영화나 드라마 또는 광고가 원하는 몸(매)을 집중적으로 만든다는 것이다. 이처럼 미디어가 '바람직한 몸', '이상적인 몸'으로 제시하는 몸은 자본에 의해 집중적으로 관리된 상품으로, 일반인으로서는 근접하기 쉽지 않은 몸이다. 그럼에도 일반 대중은 자본에 의해 관리되고 미디어에 의해 조작된 몸을 좇아 오늘도 열광하며 이를 소비하는 데 여념이 없다.

소비의 대상으로 전락한 육체에 대해 현대인들이 갖는 관심은 과도한 수준을 넘어 거의 집착에 가깝다. 이에 따라 개인의 정체성은 물론 몸 이미지에 대해서도 혼란을 겪는다. 미디어를 앞세워 현대사회가 제시하는 몸 기준에 도달하지 못한 육체는 사회에서 배제된다. 앞에서도 얘기되었듯 집단이나 소속에서 배제되는 것이 현대인들이 가장 두려워하는 것 중 하나다. 따라서 이러한 인간의 심리는 소비를 전제로 한 몸(매) 가꾸기의 무한 경쟁에 돌입하게 할 뿐 아니라 몸에 대한 학대를 유발한다. 특히 '바람직한 몸', '이상적인 몸'에 집착할수록, 더 나아가 자신의 정체성을 몸에 의지하면 할수록 자신의 몸에 대한 불만, 혐오, 콤플렉스는 더 높아질 수 있다.[152]

스튜어트 유웬Stuart Ewen이 매스미디어를 "소비자를 효율적으로 창조하는 수단"이라고 얘기한 바와 같이 미디어는 끊임없이 육체를 새롭게 창조하고 그 이미지들을 증식시킴으로써 몸의 상품화에 기여한다. 이를 위해 미디어는 사회가 제시하는 '바람직한 몸'과 그렇지 못할 때의 몸을 지속적으로 대비시킨다. 그럼으로써 '바람직하지

몸 가꾸기는 이제 프로젝트가 되었다.

못한 몸'이 주는 불만족과 유쾌하지 않음을 강조한다. 특히 미디어는 우리 몸을 Before-After의 이분법으로 대비시켜 서열화하고 기호화한다. 안타깝지만 그 의도가 훤히 보임에도 이러한 분류에 자유로울 수 있는 사람들이 많지 않다. 몸이 역으로 우리를 지배하는 시대를 살아가게 된 것이다. 결국 이 정도까지 오면 대부분의 많은 소비자들은 자신의 육체를 개조와 극복의 대상으로 바라볼 수밖에 없게 된다.

투자의 대상, 자본이 된 육체

현대의 생산과 소비의 구조 속에서 이제 사람들은 자신의 육체를 한편에선 자본으로, 다른 한편에서는 페티시fetish —맹목적 숭배물—로 간주한다.[153] 이제 육체는 투자하고 관리해야 할 소비의 대상이 되었다. 외모도 자본이 된 시대를 맞이하게 된 것이다.

육체에 대한 투자는 이제 가장 효과적인 투자가 되었다. 똑같이 전문지식을 갖춘 여성이라도 용모 단정한(?) 여성이 채용될 확률이 더 높고, 같은 커리어의 남성이라도 보다 젊고 수려한 남성이 전문 경영인이 될 가능성이 높다. 여성이든 남성이든 불문하고 사회적 성공을 위해 외모 가꾸기에 피나는 노력을 기울이지 않으면 안 되게 되었다. 이러한 데는 이유가 있다. 오늘날 사회적 분위기는 날씬한 몸은 금욕, 자기 절제, 성공 등과 같은 의미로 해석하는 반면 살찐 몸은 무능과 무책임, 무절제 등으로 연결시킨다. 날씬한 몸과 살찐 몸을 대할 때 갖는 우리의 생각은 유감스럽게도 이러한 프레임에서 자유롭지 못하다. 따라서 육체에 대한 투자를 게을리 할 수 없게 되었다. 더불어 몸 관리에 신경을 쓰고 투자하는 만큼 사회가 원하는 몸으로 바뀌어갈 가능성은 매우 높아졌다. 보드리야르의 말처럼 이제 육체는 "하나의 자산으로서 관리·정비되고, 사회적 지위를 표시하는 여러 기호 형식 가운데 하나"[154]로서 기능한다.

이처럼 육체는 한 개인이 가진 자본으로서 경제적 의미의 생산수단이 되었다. 아름답고 멋있는 이성을 만나기 위해, 그리고 원하는 직장이나 사회적 지위를 얻기 위해 사회가 요구하는 몸을 만들고 가꾸어야 한다는 데 더 이상 이견이 있을 것 같지 않다. 실제로 많은 사람들이 '외모가 뛰어난 여성이 더 좋은 조건의 남성과 결혼할 수 있다'고 생각하고, '취업 시장에서도 유리하다'고 생각한다. 또한 '여성의 외모 가꾸기는 더 나은 미래를 위한 투자'라는 생각 역시 압도적으로 많다. 이처럼 몸을 자본화하는 데 성공한 여성들이 그렇지 못한 여성들보다 더 많은 사회적 보상과 혜택을 향유할 수 있다는 인식은 많은 여성들로 하여금 외모 관리와 몸 가꾸기에 적극 나설 수밖에 없게 한다.[155]

이렇게 외모는 더 이상 타고나는 것이 아니라 스스로 만들어가는 것이 되었다. 현대사회에서 몸은 또 다른 형태의 자본이 되어 그 자체의 서열화는 물론 그 몸을 소유한 이의 사회적 지위를 규정한다. "육체의 자본화가 가능한 사회, 즉 아름다움의 서열이 사회적 지위로 전환될 수 있는 사회의 개인들은 경쟁력 있는 몸을 만들기 위해 자발적으로 몸매 관리에 나서는 게"[156] 너무도 당연해 보인다. 이러한 측면에서 성형수술에 대한 욕구 역시 "단순히 아름다움의 추구라기보다는 아름다운 외모가 갖는 사회적 영향력에 대한 욕구"[157]로 해석될 수 있다.

몸 관리 산업이 급팽창할 수 있었던 데는 끊임없이 확장하고자 하는 산업자본의 이해와 몸을 상징적·물질적 자본으로 삼으려는 현대인들의 욕구가 일치하면서 가능한 것이었다. 이제 우리의 몸은 투자에 따른 손실을 걱정하지 않아도 되는 가장 확실하고 안전한 투자처가 되었는지도 모르겠다.

아름다움 예찬, 몰개성의 향연

아름다움이라는 개념에는 그 자체에 남보다 뛰어나고, 빼어나고, 예외적인 어떤 특별한 가치를 내포하고 있다. 따라서 아름다움은 그것을 지닌 사람과 지니지 못한 사람을 나누는 배타적 기능을 갖는다.[158] 이 말은 만약에 많은 사람들이 아름다움을 규정하는 특별함을 모두가 갖게 된다면 더는 드물고 진기한 것이 되지 못하기 때문에 그 기준 자체가 다시 바뀔 수 있음을 의미한다.

역사적으로도 여성의 아름다움에 대한 기준은 새로운 측면이 더해지기도 하고 버려지기도 하면서 끊임없이 변해왔다. 이를테면 반달 같은 눈썹이 아름답다고 여겨졌던 것에서 곧은 눈썹이 더 아름다운 것으로 바뀐다거나, 곱슬머리가 미의 기준이었던 것이 다시 생머리가 미의 기준으로 바뀌거나, 또한 강조되는 부위가 가슴에서 엉덩이로 다시 각선미로 계속해서 바뀌어왔다.[159] 이렇게 기준이 바뀌면 그 기준에 맞춰 여성의 외모도 바뀐다.

그럼에도 특정의 체형 특히 날씬함이 아름다움의 기준으로 현대인의 삶에 영향을 미치는 이유는 무엇일까? 날씬함이 미의 기준으로 불변하는 이유는 유행의 원리로도 설명되지 않는다. 유행이란 무릇 끊임없이 변하는 것이 본질인데, 날씬한 몸이 아름다운 몸이라는 관념은 자본주의 이래 변하지 않고 있다.

이에 대해선 두 가지 해석이 가능할 것 같다. 하나는 날씬한 것이 아름답다는 생각은 현대 자본주의가 추구하는 속도의 강제와 무관치 않은 것 같다. '빠르게 더 빠르게' 끊임없이 속도 경쟁을 부추기는 자본의 세계에서 그 속도를 제약하는 모든 것은 마땅히 배제의 대상이 될 수밖에 없다. 이런 맥락에서 날씬한 몸은 민첩하고 기민한 것으로, 살찌고 뚱뚱한 몸은 느리고, 답답하고, 속도를 저해하는 것으로 규정된다. 결국 날씬하지 않은 몸은 자본이 선호할 수 없는 몸으로 배제의 대상이 된다.

다른 하나는 보드리야르의 해석이다. 그는 날씬한 몸을 추구하는 이면에 죽음에의 충동이 작용하고 있다고 설명한다. 보드리야르는 역사 속에서 생리적 욕구를 제한하던 집단적인 의식을 소개한다. 고대 사회에서 있었던 종교적인 축제에서는 집단적 금식의 의식이 함께 진행되었다. 대림절 중의 단식이나 사순절 중의 금육禁肉 등이 바로 그것이다.[160] 그리고 지금도 이슬람 국가들에서는 금식을 전제로 하는 라마단 의식을 진행하고 있다.

아무튼 현대사회에서 날씬함은 절대적인 미의 기준으로 작동한다. 여기서 문제는 그 정도가 지나쳐 소위 '작대기 몸매'가 현대사회의 '바람직한 몸매'로 인식되면서 신체는 즐거움과 성취의 근원이 아닌 도구로 전락했다는 것이다. 그리고 몸에 대한 과도한 집착은 결국 신체에 대한 학대로까지 연결된다.

일반적으로 우리는 건강함에서 아름다움을 발견한다. 그러나 현대사회에 와서 이러한 관념은 바뀌었다. '건강한 몸'에 대한 선망은 '섹시한 몸', '훈육된 몸'에 대한 추종으로 바뀌었다. 이러한 변화의 중심에 바로 시각적으로 '보이는 몸'이 있다.

그런데 여기서 또 다른 불행이 잉태된다. 앞서 얘기했던 것처럼 아름다움은 본질적으로 드물고 진기한 가치를 내포하는 것이라고 했다. 따라서 이러한 아름다움의 개념에 비추어보면 아무리 이상화된 기준에 맞춰 만들어진 몸이라 해도 모두 똑같이 비슷하게 표준화된 몸이라면 더는 드물고 진귀한 아름다움 본연의 가치를 유지할 수 없게 된다. 누구나 성취할 수 있는 아름다움은 이제 그 희소가치

마른 몸에 대한 집착 속에 죽음의 그림자를 본다.

가 사라졌기 때문이다. 결국 사람들은 새롭게 등장한 기준에 따라 또 다른 방식을 동원해 몸 가꾸기를 시작해야 한다.

지금까지 결코 모방할 수 없는 가장 고유한 것으로 이해되던 몸과 외모는 현대사회에 와서 더는 차별화의 기제로 기능하지 못했다. 모방 가능한 사회에서 진행되고 있는 '몸 개조 프로젝트'의 결과다. '누구누구의 눈처럼 만들어달라', '누구누구의 턱선을 갖게 해달라', '누구처럼 어디를 어떻게 고쳐달라', 그야말로 '성형 천국 대한민국'이다. 같은 병원에서 같은 의사에게 개조된 사람들은 모두 비슷한 외모와 체형을 갖는다. 마치 한 부모에게서 태어난 다 같은 형제이고 자매인 얼굴들이다. 각자의 개성은 이미 상실되었다. 아름다움과 개성을 추구하려는 노력으로 몸에 투자하고, 유행을 좇아 만들어진 개성은 아이러니하게도 우리를 몰개성으로 인도한다. 이렇게 모두가 닮은꼴로 개조되다 보면, 사회적 차이화와 구별짓기를 위해 현대인들이 동원할 다음 기제는 무엇이 될지 무척 궁금해진다.

현대사회는 모든 면에서 젊음이 더 가치 있는 사회다. 이러한 사회에서 늙음, 늙어가는 몸은 개인의 가치절하를 수반한다.[16] 따라서 노화는 저항의 대상이 되었다. 그러나 노화를 통제한다는 것이 어디 가능한 얘기인가? 앞에서도 지적했듯 우리가 '이상적인 몸'에 집착할수록, 그리고 자신의 정체성을 몸에 의존할수록 필연적으로 우리는 자신의 육체에 대한 강박, 자기비하, 혐오의 소지가 높아진다고 했다. 그 이유는 너무도 자명하다. 인간은 유한한 존재이기 때

(위)엘리자베스 테일러
(아래)오드리 헵번

출처: 게티이미지

문이다. 늙지 않는 사람이 어디 있단 말인가? 이 글을 읽는 독자는 젊음과 아름다움을 평생 유지할 수 있는 비책을 갖고 있는가? 결국 몸에 대한 집착만큼 어리석은 일은 또 없다. 진시황제가 그토록 찾던 불로장생의 신묘한 약초가 나타난다면 모를까?

앞의 사진은 우리가 모두 잘 아는 엘리자베스 테일러와 오드리 헵번의 노년 시절 사진이다. 두 여배우 모두 젊었을 때 만인의 사랑을 받으며 한 시대를 풍미했던 여배우들이다. 필자는 오드리 헵번의 젊었을 때 모습보다 엘리자베스 테일러의 젊었을 때 모습을 더 좋아했다. 그러나 노년 시절의 두 여배우에게서 느껴지는 아름다움은 좀 다른 것 같다. 오드리 헵번은 그녀의 젊었을 때만큼이나 노년 시절이 아름답게 느껴진다. 이는 순전히 개인적인 생각이지만 필자의 생각에 동의하는 사람이 조금은 더 많지 않을까 예상해본다. 뒤에 오드리 헵번이 작고하기 1년 전 자식에게 남겼다는 글 몇 구절을 옮겨본다. 고리타분하게 내면의 아름다움을 얘기하고자 함은 아니지만, 현대인들이 한 번쯤은 그녀가 남긴 말을 생각해보면 좋을 듯싶다.

아름다운 입술을 갖고 싶으면 친절한 말을 하라.

사랑스런 눈을 갖고 싶으면 사람들에게서 좋은 점을 봐라.

날씬한 몸을 갖고 싶으면 당신의 음식을 배고픈 사람과 나누어라.

아름다운 머리카락을 갖고 싶으면 하루에 한 번 어린아이가

손가락으로 너의 머리를 쓰다듬게 하라.

아름다운 자세를 갖고 싶으면 결코 당신 혼자 걷고 있지 않음을 명심하라.

몸 가꾸기, 젠더의 울타리를 넘다

몸은 인간을 남성과 여성으로 구분하는 가장 대표적인 영역이다. 태어날 때 생식기관의 차이만 있었던 남성과 여성의 몸은 성장 과정을 거치면서 여성은 보다 여성답게 그리고 남성은 보다 남성답게 재구성된다.[162] 따라서 젠더적 시각에서 여성성과 남성성이란 "개인의 본질적인 속성이라기보다는 사회적으로 기대되는 여성다움과 남성다움을 몸으로 실천하고 수행하며 행하는 것"[163]이다. 여기서 중요한 것은 여성다움 또는 남성다움이란 것이 개인의 본질적 속성이 아닌 사회적으로 기대되는 것이란 점이다. 이러한 사회적 기대 속에 그동안 자신의 몸을 치장하고 가꾸는 것은 지극히 여성적인 행동으로 간주되어왔다. 따라서 여성이 자신의 몸 가꾸기를 게을리하면 바로 여성답지 못하다는 비난을 받아야 했고, 반대로 남성이 몸 가꾸기에 신경을 쓰면 기생오라비, 제비족 등의 소리를 들어야 했다. 이는 얼마 전까지만 해도 우리 주변에서 심심치 않게 들을 수 있었던 얘기다.

아름다움은 여성의 몫이고 의무였으며, 이를 위해 여성은 끊임없이 스스로를 가꾸고 치장해야 하는 존재로 규정되어왔다. 특히 아름다운 외모와 몸매는 여성이 사회적 권력과 부에 다가갈 수 있는 가장 용이하고 유력한 수단으로 이해되어왔다(뒤에 살펴볼 사치편에서 좀바르트의 '애첩 경제'에 대한 주장을 참조하기 바란다). 따라서 여성들 간의 외모 경쟁에서 자유로울 수 있는 여성은 극소수에 지나지 않았다. 이러한 사회적·역사적 배경은 여성으로 하여금 남성보다 사회적인 감시와 대상화를 더 많이, 더 오랜 기간 경험하게 했고, 그 결과 여성은 스스로 자신을 통제하고 감시하는 데 더 익숙해 있다. 이에 대한 샌드라 바트키Sandra Bartky의 주장을 잠깐 살펴보도록 하자.

> 화장이 잘 되어 있는지, 바람이나 비로 인해 헤어스타일은 망쳐지지 않았는지 하루에도 수도 없이 거울을 들여다보는 여성, 또는 스타킹이 나가지 않았는지, 뚱뚱하다고 느껴서 자신이 먹는 모든 것을 검열하는 여성은 판옵티콘의 수감자처럼 자기 규율의 주체로서 자기감시에 관여하는 자아가 된다. 이 자기감시는 가부장제에 순응하는 형태이다. 그것은 또한 그녀가 감시하에 있다는 사실에 대한 여성 의식의 반영이며 어떤 형태든 많은 여성들에게 유도되는 어떤 것이다.[164]

바트키는 위의 인용문에서 결국 여성의 자기감시가 대중매체가 유포하는 '바람직한 몸' 이미지를 스스로 내면화하는 데 결정적인 영향을 미친다고 강조한다. 누가 시켜서가 아니라 여성들 스스로 젠더화된 응시를 내면화하면서 자기 신체에 대한 감시를 더욱 공고

히 하고 있다는 것이다.[165]

한편 몸 가꾸기에 대한 이러한 시각은 현대 소비사회에서 변하기 시작했다. 현대사회에서 몸 가꾸기는 이제 여성적 행위라기보다는 자아 구성 행위로 더 많이 등장한다. 현대사회의 개인들은 가장 확실하게 자아감을 구성할 수 있는 토대로 자신의 몸에 주목한 것이다. 이제 몸은 개인의 정체성을 드러내는 가장 유력한 상징물이 되었다. 이처럼 몸이 자아를 대변하는 시대가 되면서 몸 가꾸기는 더 이상 여성들만의 행위가 아니었다.

이러한 시대적 흐름의 변화를 몸 관련 산업자본이 그냥 지나칠 리 만무하다. 이미 여성을 대상으로 포화 상태에 이른 관련 산업은 새로운 소비층으로 남성에 주목하기 시작했다. '이제는 남성도 가꾸어야 한다'는 구호와 함께 남성들 역시 보다 매력적인 몸 만들기에 나설 것을 주문하고 있다. 2010년대를 전후해 한동안 유행했던 '메트로 섹슈얼' 등의 트렌드는 이러한 변화의 양상을 그대로 보여준 사례였다. 이제 남성들 역시 몸 가꾸기와 관련된 산업자본의 무차별적 공세에 자유롭지 못하다. 화장품 업계는 말할 것도 없고 패션계, 잡지 등 남성들의 몸 가꾸기를 자극하는 영역들은 지속적으로 확대되고 있다. 특히나 잡지, 광고와 같은 매체는 이 대열의 최선봉에서 노골적으로 남성의 몸 만들기를 권고한다. 이러한 현상은 많은 연구와 통계자료를 통해서도 확인되고 있다. 이를테면 여성고유의 영역으로 간주되었던 화장의 경우 남성의 화장 경험 비율이 지속적으로 높아지고 있음을 보고하는 연구가 쏟아지고, 패션의 영역에서도 여성스러운 문양의 수용이나 실루엣의 채용은 백화점을 한 바퀴만 돌아봐도 금방 확인할 수 있다. 또한 피부 관리는 더 이상 여성의 전유물이 아니며, 외모도 자본이라는 인식하에 성형도 더는 금남禁男의 영역이 아니었다.

이제 남성의 몸 역시 여성의 몸과 마찬가지로 응시의 대상, 탐닉의 대상, 성적 대상으로 상품화되었다. 남성의 몸에 대한 탐닉은 미혼의 젊은 여성은 물론 중년의 여성들까지 가세해 남성의 몸을 상찬하고 있다. 구매력 있는 30~40대 여성의 지갑을 열기 위해 이제 남성의 몸이 동원된다. '입을 때보다 벗을 때가 더 중요하다'거나, '벗을수록 아름다운 남자의 몸매 만들기'란 제목의 보디빌딩 선전 문구가 더는 낯설지 않은 시대다.

또한 이제 남성들도 외모 때문에 사회적 불이익을 받을 수 있다는 불안감이 만연하고, 건강보다는 외모 개선을 위해 체중 조절을 하는 남성들이 늘어나고 있다. 몸 관리 산업자본은 '구직을 위해 남성도 성형을 하는 추세'이고, '자신의 외모를 꾸밀 줄 아는 남성이 감각 있고 세련된 남성'이라고 속삭인다. 이처럼 현대 소비사회에서 남성 역시 응시의 대상에서 자유로울 수 없게 되었다. 이제 남성들도 자신의 몸에 대한 감시와 통제를 게을리 할 수 없게 된 것이다. 바야흐로 남성들에게도 '외모가 경쟁력'인 시대는 이미 오래전에 도래했다.

시의성을 떠나 이 책에서 육체를 대상으로 하는 몸 소비를 간과할 수 없는 이유가 있다. 2020년을 맞는 한국 사회가 비록 이전에 광풍처럼 불어닥쳤던 '몸짱' 열풍에 비켜서 있는 듯하지만, 지금 상황은 오히려 외모에 대한 관심과 투자가 이미 사회 전체적으로 일상화되고 내면화된 것으로 보인다. 먹고 마시는 내용조차 외모에 미치는 영향을 고려하고, 외모를 위해서라면 음식을 끊는 것도 마다하지 않는다. 최근에 이슈가 된 '간헐적 단식'의 경우도 우리는 그 프로그램의 제작 취지가 무색하게 간헐적 단식이 다이어트와 몸 만들기에 미치는 영향에 더 주목한다. 이제 더 이상 대중매체와 산업 자본이 이슈화하지 않더라도 현대인에게 외모 관리와 몸 가꾸기는 당연한 의무로 자리잡았다. 외모를 기준으로 우열을 나누고 이를 바탕으로 사회적 서열이 구분되는 사회가 이미 고착되었기 때문이다. 한마디로 말해 '루키즘'은 이 시대의 절대 이념이 되었다.

그럼에도 우리는 한 가지 희망을 갖게 되었다. 비만하고 뚱뚱해 사회가 제시한 '이상적인 몸'의 기준에 부적합한 신체를 소유한 이들이 보여주는 고양된 자의식이다. 최근에 모 여자 개그우먼이 자신의 신체를 있는 그대로 노출한 수영복 차림으로 TV에 등장한 적이 있었다. 그렇게 하기까지 적잖은 고민을 했을 것이다. 그러나 놀랍게도 이에 대한 사람들의 반응은 매우 고무적이었다. 그녀의 용기 있는 결정에 찬사를 보낸다는 내용이 압도적으로 많았다. 더불어 최근 패션계에 빅 사이즈, 플러스 사이즈 모델들의 당당한 등장 역시 같은 맥락에서 크게 환영할 일이다. 더는 자신의 신체로 인한 강박과 자기 비하에 갇혀 있지 않겠다는 건강한 움직임이 확인된 것이다. 무릇 인간이 구성하는 건강한 사회는 다양성이 확보된 사회일 것이다. 이런 사람이 있으면 저런 사람도 있는 것이니까. 이들의 용기에 무한한 찬사를 보내며 이 장을 마친다.

7장

비합법적 사랑의
합법적 자식

———————— 사치

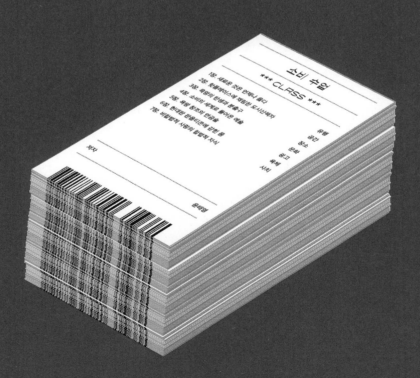

소비 수업
*** CLASS ***

1장. 새로운 것은 언제나 옳다
2장. 윈도쇼핑(스낵 랭랑)은 옳다
3장. 욕망의 탄생과 도시산책자
4장. 소비의 세계와 명승구
5장. 욕망 창조의 연금술
6장. 한대판 민속티모어 단판 종
7장. 비합법적 사랑의 합법적 자식

유행
명견   장소
               문화
              광고
              사치

저자   윤태영

화려한 생활은 모두 궁정에서 나왔으며
모든 사치의 중심에 궁정이 있었다.
그리고 그 궁정의 사치는 대부분 애첩들을 위한 사치였다.
18세기 프랑스 궁정은 완전히 왕의 애첩들에 의해서 지배되었으며,
궁정생활도 그녀들에 의해서 결정되었다.
특히 퐁파두르 부인은 궁정 곳곳을 그녀의 취향대로
바꿀 만큼 실질적인 궁정생활의 지배자나 다름이 없었다.
바야흐로 '애첩 경제'가 시작된 것이다.

선물, 소비의 시원始原

　인류는 언제부터 소비를 시작했을까? 하루에도 무수히 의식조차 하지 못하면서 우리는 무언가를 구입하고 소비한다. 그러면서도 정작 이러한 질문 앞에서는 많이 낯설어한다. 이번 장에서는 소비의 기원을 추적하고, 소비의 시작과 더불어 역사의 부침과 함께했던 사치에 대해 생각해보고자 한다.

　소비consumption란 경제학 용어로 "욕망을 충족시키기 위하여 재화나 용역을 소모하는 일"로 "교환가치를 잃는 것이나 자원을 사용하는 것"으로 정의하고 있다. 또 다른 정의를 보면, "(1) 재화, 노력, 시간 등을 들이거나 써서 없앰, 또는 (2) 욕망의 충족을 위하여 재화를 써서 없애는 행위"라고 되어 있다. 즉, 소비란 사물의 파괴를 의미함과 동시에 재화의 효용을 소멸시키는 것이다. 또한 갖고 있는 것을 모두 소진하거나 소모시키는 행위라고도 할 수 있다.

이러한 소비의 개념에 비추어 소진 또는 소모의 행위적 기원을 추적하다 보면 비축해두었던 물건을 어느 한순간에 광적으로 소모하는 북아메리카 인디언 부족들의 축제 관습인 포틀래치potlatch를 만나게 된다. 포틀래치라는 말은 인디언 부족 중 하나인 치누크족의 말로 '식사를 제공하다' 또는 '소비하다'라는 뜻으로 해마다 겨울이면 인디언 부족들이 모여 자신들이 소장하고 있는 모피나 귀금속 같은 잉여 재산을 이웃에 선물로 나눠주거나 불태우는 의식을 말한다.

이때 선물로 나눠주거나 불태우는 재화가 많을수록 추앙받고, 그에 따라 지위나 계급이 달라졌기 때문에 포틀래치를 통한 소모는

콰콰카와쿠족의 포틀래치

경쟁적으로 진행되었다.

이와 같은 북아메리카 원시부족의 단순한 관습이었던 포틀래치를 인류 문명사에서 사회적 교환의 원형으로 격상시킨 이가 바로 마르셀 모스Marcel Mauss(1872~1950)였다. 그는 《증여론》(1932~1934)에서 선물과 낭비를 통한 부의 순환과 교환이 정서적인 공동체를 형성하고 유지할 수 있게 했다고 강조한다. 그가 본 선물은 결코 단순한 물건 교환을 의미하는 것이 아니었다. 그는 선물을 한 사회의 운영체계로 이해했다.[166]

이렇게 모스는 원시부족사회에서 진행된 선물의 주고받기를 교환 개념에 기초해 분석하고, 그 배경에 호혜성의 원리가 작동하고 있음을 강조했다. 모스가 선물의 주고받기를 이와 같이 이해한 배경에는 당시 원시부족사회에서 그것이 갖고 있었던 성격 때문이었다.

모스에 따르면 원시부족사회에서 있었던 선물의 주고받기는 기본적으로 주어야 할 의무, 받아야 할 의무, 되돌려주어야 할 의무 등 삼중 의무가 있었다. 이렇게 교환 당사자 간의 의무적인 관계는 선물 교환을 제도화했다. 그리고 누가 더 많은 선물을 주느냐에 따라 부족사회 안에서 그 사람의 지위나 명예가 결정되었다. 이들 인디언 부족사회에서는 다른 사람들에게 지위와 명예를 인정받기 위해 선물을 하고, 선물을 하지 않으면 명예나 지위를 상실하는 것으로 생각했다. 특히 받는 것보다 더 성대한 것으로 되돌려주어야 하는 답례는 이 선물 체계의 핵심적인 내용이었다. 이러한 답례는 재화의 교환 및 분배라는 선물의 선순환을 위한 고리로 기능했다. 누군가

받고 답례하지 않으면 이 순환은 멈출 것이고, 받고 더 적게 돌려주게 되면 선순환을 기대할 수 없게 된다.[167]

이러한 포틀래치는 비단 북아메리카 원시부족사회에서만 있었던 건 아니었다. 즉, 특정 지역의 일부 사회에서만 있었던 관습이라면 그것을 가지고 소비의 기원으로 얘기하기는 곤란할 것이다. 모스는 북아메리카 외의 다른 지역에 대한 연구도 진행했는데, 그중 하나가 멜라네시아에서 행해졌던 쿨라kula였다. 모스는 파프아뉴기니 인근에 있는 트로브리안드 제도 섬들에서 행해졌던 선물 교환 체계에 대해서도 소개한다. 모스는 트로브리안드 제도의 각 섬들의 관습과 언어가 비록 많이 다르지만 각 섬들은 거대한 의례적 교환의 원 속에서 서로 결합되어 있다고 보았다. 각 섬들 사이의 교환에서 가장 중요한 대상은 바이구아vaygua라는 일종의 화폐였다. 이것에는 두 가지 종류가 있다. 이 두 가지는 섬들의 원을 따라 서로 다른 방향으로 교환된다. 그 가운데 하나인 술라바soulava는 숙련된 세공인이 붉은 국화 조개의 자개에 가공한 기다란 목걸이로 이것은 시계 방향으로 움직인다. 다른 하나인 음왈리mwali는 예쁘게 세공하고 연마한 하얀색 조개 팔찌로 시계 반대 방향으로 돌아간다. 따라서 트로브리안드 제도의 어느 곳에서든 붉은 조개 목걸이는 남서쪽의 쿨라 파트너에게서 받고, 흰 조개 팔찌는 북동쪽의 상대에게서 받는다.[168] 모스는 이러한 쿨라 역시 거대한 포틀래치라고 보았다.

모스에 따르면 쿨라의 규모는 상황에 따라 다르지만, 그 양상은 동일하게 나타난다고 했다. 북서 아메리카의 포틀래치와 마찬가지로 쿨라에서도 교역 당사자들은 후한 인심과 자율성, 담대함을 보여주려고 했다. 따라서 선물의 양과 질은 그만큼의 지위와 권위 그리고 명성을 나타내는 것이었다. 필요한 물품을 서로 교환하는 경우라 할지라도, 직접적 이득만을 추구하거나 후하지 않게 답례하는 것은 경멸의 대상이 되었다. 후하게 분배되는 부는 후한 재분배로 진행되어야 한다. 그렇지 못한 교역이나 선물 교환은 곧 명예를 실추하는 행위이자 부의 순환을 막는 행위이며 사회적 유대와 결속을 저해하는 행위로 여겨졌다.[169]

선물은 시장과 화폐가 없던 사회에서 재화를 교환하고 분배하는 기능을 수행했고, 잉여 재화를 소모하고 소비함으로써 필요 이상의 재화가 축적되지 않도록 기능했다. 선물은 사물의 주고받음을 넘어 당사자들 간의 인간적 관계 맺음으로 발전했다. 따라서 선물을 통해 형성된 인간관계는 경제적 관계는 물론 정치적·사회적 관계로까

트로브리안드 주민들과 함께 있는 말리노프스키(1918)

쿨라에 사용된 장신구. 음왈리

쿨라에 사용된 장신구. 술라바

지 발전해 사회를 유지하고 결속하는 하나의 제도이자 고대 사회의
운영 원리가 되었다.

　모스는 이러한 선물의 동기가 결코 사리 사욕 없이 이루어진 것
은 아님을 강조한다. 준다는 것은 자신이 보다 우월하다는 것, 자신
이 더 위대하고 더 높은 주인이라는 것을 강조하는 것이고, 그것을
받는다는 것은 주는 사람의 지위를 인정하는 것으로 이해했다. 따
라서 모스가 주목했던 포틀래치는 위계 서열을 확립하기 위한 공적
인 의례 행사였다. 주인은 손님들을 초대하여 음식을 대접하고, 그
들이 돌아갈 때 위계 서열에 따라 남은 음식과 선물을 나눠준다. 많
은 손님이 참석하고 많은 음식과 예물을 나눠줄수록 주인의 위세는

커진다. 준다는 것은 자신의 우월성을 나타내기 때문이다.

결국 포틀래치는 위세威勢의 수단이다. 이런 점에서 포틀래치는 현대사회에서 소비(소진, 소모)를 통해 자신의 부와 지위를 과시하고 자 하는 것과 별반 다르지 않다. 이것이 우리가 소비의 시원始原을 찾아가는 과정에서 포틀래치에 주목하는 이유이며, 모스의《증여론》이 소비사에서 갖는 역사적 의미다.

저주의 몫, 비생산적 소비의 필요

여기서 잠깐 소비의 기원과 발전 과정에서 매우 독특한 견해를 밝히고 있는 학자 한 사람을 더 소개해야겠다. 그는 다름 아닌 조르주 바타유Georges Bataille(1897~1962)다. 생산력의 발전을 인간 활동의 목표이자 인류 발전의 역사로 이해하고 있는 오늘의 우리에게 바타유는 '비생산적 소비', '낭비', '소모'를 인류의 본원적 가치라고 말한다. 그는 소비를 생산적 소비와 비생산적 소비 두 가지로 나누어 구분했는데, 먼저 생산적 소비란 사회의 개인들이 생명을 보존하고 생산활동을 지속하는 데 필요한 최소한의 비용으로 생산활동에 필요한 기본적 조건으로서의 소비다. 한편 비생산적 소비는 그 자체를 목적으로 삼는 활동들로서 궁극적인 생산 목적과는 상관없는 사치, 장례, 전쟁, 종교예식, 기념물, 스포츠, 도박, 공연, 예술, 축제 등에 바쳐지는 소비를 말한다. 이러한 소비는 생산을 위한 소비와는 다르게 순수한 비생산적 소비의 형태를 띤다. 바타유는 이 비생산적 소비를 '소모'라고 정의하고 있다.[170] 특히 그가 주목했던 것은 넘치는 과잉 에너지에 대한 비생산적 소모였다. 아래 그의 주장을 먼저 들어보자.

> 지표면의 에너지 작용과 그것이 결정짓는 상황 속에서 사는 살아 있는 유기체는 원칙적으로 삶을 유지하는 데 필요한 에너지보다 더 많은 에너지를 받아들인다. 그때 초과 에너지(부)는 체계(예를 들면 조직체)의 성장에 사용될 수 있다. 그런데 만약 그 체계가 더 이상 성장할 수 없다면 또는 그 초과분이 그 체계의 성장에 완전히 흡수될 수 없다면 초과 에너지는 기꺼이든 마지 못해서든 또는 영광스럽게든 재앙을 부르면서든, 반드시 대가 없이 상실되고 소모되어야만 한다.[171]

바타유는 체계의 성장에 더는 쓰일 수 없는 과잉 에너지는 무조건적인 소모가 필요하다고 했다. 바타유는 그 이유를 《저주의 몫》에서 밝히고 있다. 그에 따르면 지구라는 유한한 공간에서 인간을 비롯한 모든 생명체들이 탄생과 성장 이후 사멸하지 않으면, 지구에 그 모든 생명체들을 수용할 수 있는 물리적 공간은 더 이상 존재할 수 없게 된다는 것이다. 따라서 생명체들의 소진(결국 죽음)이 없으면 지구는 물리적으로 유한한 공간 속에서 유지될 수 없다. 즉 '죽음만이 삶을 보장한다'는 역설적 얘기가 가능하게 된다. 바타유의 이러한 주장이 조금은 황당하게 들리기도 하지만 그의 얘기가 틀렸다고 할 수도 없다. 그저 이러한 상황을 마주해본 적도 없고 또한 상상해본 적도 없을 뿐이다. 어쨌든 바타유는 자연에 존재하는 과잉의 에너지는 어떠한 형태로든 소모되어야 하는데, 그렇지 않으면 전쟁과 같은 폭력적이고 극단적인 방식이 동원된다고 보았다. 따라서 그는 폭력적 방식이 아닌 보다 평화적이고 유쾌한 소모가 필요하다고 보았다. 앞서 보았던 비생산적 소비들 중 전쟁을 제외한 사치, 장례, 종교예식, 기념물, 도박, 축제, 스포츠, 공연, 예술 등에 대한 소비가 필요하다는 의미다. 그는 이러한 주장이 오늘날 얼마나 황당하게 들릴지에 대해서도 얘기한다. 그의 얘기를 조금 더 들어보자.

우리는 넘치는 에너지를 아낌없이(아무런 대가 없이) 소모해야만 하고, 때로는 이익을 다른 목적이나 효과가 없는 헛된 낭비에 사용해야 하는데, 사실 그 일은 생산력의 발전을 인간 활동의 이상적인 목표로 보는 데 익숙한 사람들에겐 적성에 맞지 않는 일이다. 생산 에너지의 막대한 부분을 공허하게 낭비하는 것이 필요하다는 말은 합리적인 경제의 사고방식과는 너무 대립적이다. 우리는 부가 파괴되어야만 하는 경우(바다에 쏟아버린 커피)를 잘 알고 있다. 그러나 이런 행동은 정신이 나가지 않고는 따라야 할 본보기로 제시될 수 없다. 그것은 무능력을 고백하는 일이며, 누구도 거기에서 부의 이미지나 본질을 발견할 수는 없을 것이다. 진실을 말하자면 무의지적인 파괴(바닷물에 젖은 커피)는 실패의 의미를 갖는다. 무의지적인 파괴는 어쩔 수 없이 당하는 불행이다. 사람들은 어떤 경우에도 그것을 바람직한 것으로 보지 않는다. 그럼에도 불구하고 무의지적인 파괴가 배출구 작용의 한 유형일 수 있다.[172]

이렇게 바타유는 체계의 (그것이 사람이든 사회든) 성장에 쓰일 수 없는 과잉 에너지는 무조건적인 소모가 필요하다는 독특한 시각을 제시했다. 이러한 맥락에서 바타유는 모든 문명사의 변화 원인을 잉여의 소비 방식에서 찾았다. 사회는 잉여를 소모하는 방식의 선택에 의해 결정된다고 보았으며, 일례로 전쟁이란 과잉 에너지의 소모 방식 중 가장 파국적인 형태라고 주장했다. 특히 1차, 2차 세계대전을 일으킨 근본 원인이 바로 과잉에 있었다고 지적한다. 그 과잉을 소모시킬 배출구를 찾지 못한 체계가 매우 극단적이고 격렬한 형태인 전쟁의 힘을 빌렸다는 것이다. 반면, 고대 사회는 포틀래치를 통해서, 또는 몇 날 며칠을 먹고 마시고 탕진하는 희생 제의의 축제를 통해서, 아니면 아무런 실용성도 없는 거대한 기념 건조물을 세우는 것 등으로 과잉 에너지를 소모시켰다고 주장한다.

바타유는 우리가 생산과정에서 다 흡수하지 못하고 남아 있는 나머지의 부분, 이것을 '저주받은 몫'이라고 부른 것이다. 그것은 마치 우리 몸에 쌓여 있는 노폐물처럼 매우 위험하다. 이 과잉의 에너지와 잉여 자원들을 써버리지 않으면 마치 팽창한 공기가 풍선을 터지게 하듯 인류에게 전쟁 같은 화를 가져다준다는 것이 바타유의 생각이다.

넘치는 에너지를 소모하는 것과 그것을 이용하는 것은 다른 일이다. 완벽하고 순수한 상실, 사혈은 필연적으로 발생하며 애초에 성장에 사용될 수 없는 초과 에너지는 파멸될 수밖에 없다. 이 피할 수 없는 파멸은 어떤 명목으로든 유용한 것이 될 수 없다. 따라서 이제 불유쾌한 파멸보다는 바람직한 파멸, 유쾌한 파멸이 중요해질 것이다.[173]

바타유는 대가 없는 상실, 비생산적이고 무조건적 소비는 세계가 유지되는 데 반드시 필요한 조건이라고 했다. 에너지를 축적하는 것은 더없이 어리석은 일이며, 잉여의 에너지는 우리를 위해 사라져야 한다는 것이 그가 강조하는 것이다. 그는 앞서 살펴본 인디언 부족사회의 선물 증여 및 교환체계 역시 고대 사회에서 이루어졌던 평화적이고 유쾌한 비생산적 소비의 한 형태로 이해했다. 이러한 예는 원시부족사회뿐 아니라 다른 사회에서도 목격되고 있다. 우리가 잘 아는 티베트의 라마승의 경우도 이러한 예라고 할 수 있다. 티베트는 세 명의 성인 중 한 명은 라마교 성직자이고, 수도원마다 7,000~8,000명을 헤아리는 승려들이 있으며, 전체적으로 티베트 인구 300만~400만 명 중에서 승려의 숫자는 25만~50만 명에 이른다. 1917년 1년 동안 라마교 사원이 쓴 예산은 국가 예산의 두 배, 군사비의 아홉 배에 이르렀다.[174] 이러한 맥락에서 티베트의 라마교는 바타유가 보기에 가장 완전한 형태의 소모 시스템이었다. 이러한 승려 집단(이처럼 소비만 하고 아이도 갖지 않는 비생산적 집단)이 아니었다면 티베트의 균형은 곧 위협 받았을 것이라는 주장이다. 바타유의 관점에서 보았을 때, 폐쇄된 사회의 성장을 정지시키는 데는 수도원 제도보다 더 좋은 것은 없었다.[175]

더불어 바타유는 《저주의 몫》에서 근대 산업사회까지 그의 사유를 확장한다. 여기서 그는 '비생산적 소비'의 필요성을 견지한 채 종교개혁과 자본주의의 탄생 및 발전 과정을 들여다보았다.

바타유가 보기에 종교개혁 이전의 기독교는 경제적 유용성이라는 강박에서 벗어나 잉여를 소비하는 종교 특유의 역할에 충실했었다. 중세 기독교의 장엄한 예배나 봉헌, 화려한 장식 등은 사회의 잉여를 소비하는 효율적 수단이었다. 그런데 산업의 발전과 성장을 최고의 가치로 설정한 근대 자본주의는 '비생산적 소비'를 악덕으로 간주하기 시작했다. 이를 주도한 이는 앞서 이미 보았던 막스 베버였다. 그는 소비가 금욕적 프로테스탄트 윤리를 심각하게 위협한다고 생각했다(베버로 하여금 이러한 생각을 갖게 한 사람은 초기 종교개혁을 이끌었던 루터가 아니라 상업지역의 중산층을 주로 대변했던 칼뱅이었다. 칼뱅은 루터보다 더 엄격하게 자본주의적 종교 이념―칼뱅주의―을 제시했으며, 루터와 달리 자본의 이자 수입과 상거래의 도덕성을 인정한 사람이었다). 이러한 점 때문에 바타유는 자본주의 사회를 매우 부정적으로 바라보았다. 이유는 자본주의는 끝없는 성장과 축적에 몰두하는 사회였고, 잉여의 절대적인 부분을 소비하지 않고 산업 발전을 위해 재투자할 것을 주문하는 사회였기 때문이다.

지금까지 잉여에 대한 '비생산적 소비'의 필요성을 역설한 바타유의 주장을 살펴보았다. 그는 잉여를 '저주의 몫'으로 간주했다. 체계의 평화적 유지를 위해 이 '저주의 몫'은 반드시 소모되어야 한다는 그의 주장은 매우 독특하다. 앞서 마르셀 모스를 통해 원시부족 사회의 포틀래치 관습에서 소비의 기원과 원형을 보았다면, 바타유가 주장한 잉여에 대한 '비생산적 소비'를 통해 소비의 기능과 그 필요성을 확인할 수 있다. 바타유의 주장에 기초하면 인류 문명사에 빛나는 문화유산은 바로 '비생산적 소비'의 과정에서 태어날 수 있었고, 따라서 소비가 갖고 있는 생산적·비생산적 기능 모두가 인류 문명의 발전 과정에 꼭 필요한 것이었다고 할 수 있다. 이러한 바타유의 주장은 우리로 하여금 소비를 넘어 사치에 대한 보다 자유로운 사유를 가능하게 했다. 그럼 이제 사치에 대해 얘기해보자.

사랑과 사치의 자본주의

자본주의가 어떻게 탄생하고 발전해왔는지에 대한 학자들의 연구는 오래전부터 계속되어왔다. 이 중에서 아주 특이한 견해를 피력하고 있는 한 사람을 소개하면서 사치에 대한 논의를 시작해보려 한다. 그는 그동안 우리에게 잘 알려져 있지 않았던 독일의 경제학자이자 사회학자인 베르너 좀바르트다. 좀바르트는 앞서 자주 언급되었던 막스 베버와 함께 독일 사회학회를 이끌었던 주요 인물이다. 그는 베버가 청교도적인 금욕과 절제가 자본주의의 탄생 및 발전의 원동력이라고 한 주장을 정면으로 반박했다. 좀바르트는 베버의 주장을 반박하면서 자본주의의 탄생과 발전의 동력을 소비, 그 중에서도 '사치'에서 찾았다. 그는 성性과 사랑의 세속화라는 독특한 관점에서 사치의 불가피한 발전을 주장했다. 특히 십자군 전쟁 이후 변화된 남녀관계가 지배계급의 생활양식 전체에 영향을 미쳤고, 이로 말미암아 사치 풍조가 자본주의를 탄생시켰다는 매우 독창적인 견해를 밝히고 있다.

먼저 좀바르트는《사치와 자본주의》에서 중세 유럽 사회의 중심이었던 궁정의 모습을 보여주기 위해 쉴리와 메르시에 두 사람의 글을 인용하고 있다.

> 궁정과 도시에 우글거리는 저 수많은 잡종 귀족들을 한 번 보기만 하면 된다. 그들에게는 더 이상 그들의 선조가 지녔던 순박함, 남자다움, 힘찬 기운의 미덕이 보이지 않는다. 그들에게는 감수성도 정신력도 없고, 단지 경솔하고 경박한 모습밖에는 보이지 않으며, 놀이와 낭비에 정신이 팔려 있다. 그들은 몸치장하는 데 정신이 팔려 있는데, 특히 향수와 그 밖의 모든 사치품에 대해서는 지나치게 신경을 쓰고 있다. 그들이 이러한 면에서는 여성을 능가하려고 한다고 생각해도 좋을 것이다(쉴리,《회상록》4, 1639, 16쪽).[176]

귀족들은 궁정을 둘러싼 화려함에 매료되었다. 그들에게 만족을 주기 위한 축제도 열렸다. 고독과 집안일 속에 살아온 부인들도 사람들의 시선을 받는 것을 기뻐했다. 그녀들의 교태와 타고난 야심도 충족되었다. 매력 있는 여성들은 왕좌 근처에서 강한 빛을 발했다. 그녀들의 노예는 당연히 그 권력의 자리를 결코 떠나지 않았다. 그녀들은 사교계의 여왕이 되었음은 물론 취향과 오락의 지배자도 되었다. (······) 그녀들은 하찮은 일들을 중대한 사건으로 변화시켰으며, 의상, 예절, 유행, 장식, 취향, 유치한 관습 등을 만들어냈다(······)(메르시에, 《파리의 풍경》1, 1783, 21쪽 이하).[177]

이렇게 좀바르트는 당시 궁정의 두 집단, 즉 유희와 낭비에 여념이 없던 귀족과 그들을 상대했던 여인들의 모습을 인용함으로써 당시 궁정을 중심으로 이루어졌던 사치를 있는 그대로 보여주려 했다. 또한 그는 몰락한 귀족과 중세 이후 수 세기에 걸쳐 부를 축적한 신흥 부자들 사이의 계약결혼도 함께 보여준다. 아래의 인용 역시 당시의 세태가 어떠했는지를 이해하는 데 도움을 준다.

재계는 오늘날 귀족과 인척관계를 맺고 있는데, 바로 이것이 귀족의 실질적인 힘의 기초가 되고 있다. 귀족들의 거의 모든 배우자의 지참금은 농가의 금고에서 나오고 있다. 훌륭한 가문의 이름밖에 없는 백작이나 자작이 부유한 자본가의 딸을 쫓아다니고, 돈이 넘쳐흐르는 자본가가 빈털터리지만 고귀한 집안 출신의 지체 높은 여성에게 청혼하러 다니는 것을 보면 실로 꼴불견이다.[178]

윌리엄 호가스의 〈결혼계약〉(1743년 판화)
18세기 부유한 신흥 금융업자들은 그들의 딸에게 상당한 지참금을 주어
결혼시킴으로써 명문 귀족과의 결혼을 새로운 신분 상승의 발판으로 삼았다.

　한편, 좀바르트는 사치의 발전에 커다란 영향을 미친 또 다른 이유로 대도시의 형성과 번영을 얘기했다. 그에 따르면 16세기 이후 일련의 도시를 중심으로 거주자의 수가 급격하게 증가했다. 그 결과 수십만 명의 거주자를 지닌 도시의 새로운 유형, 즉 '대도시'가 생겨났다. 당시 런던, 파리와 같은 대도시는 18세기 말경 현대의 100만 도시에 가까웠다.[179]

　좀바르트는 초기 자본주의 시기에 대도시들이 갖는 성격은 기본적으로 소비도시였다고 보았다. 도시의 확대는 본질적으로 도시에 소비가 집중되는 것에 기인한다. 대도시는 당시 소비 능력을 갖춘 군주, 성직자, 고관대작 등 가장 많은 소비자들이 거주하던 곳이었기 때문에 커질 수 있었다. 실제로 소비의 집중이 최초의 대도시들을 발생시켰으며, 이러한 현상은 각 나라의 특성과는 상관없이 어디에서나 비슷하게 나타났다. 좀바르트는 17~18세기 유럽의 주요 대도시들(베를린, 암스테르담, 베니스, 로마, 마드리드, 나폴리, 파리, 런던)이 모두 소비 집중에 기인하고 있음을 보여준다. 아래의 인용은 당시 도시 발생의 과정을 이해하는 데 도움을 준다.

어떤 제후나 귀족이 (……) 어느 쾌적한 곳에 거주지를 정하면, 그리고 그 밖의 몇몇 귀족들이 서로 종종 만나서 즐거운 사교를 즐길 수 있는 거리 안에 있기 위해서 그곳에 살러 온다면, 그곳은 도시가 될 것이다. 그곳에 문제의 귀족들을 위해서 큰 집이 지어질 것이며, 그리고 그들이 그곳에 거주하기 때문에 몰려드는 상인, 수공업자를 비롯한 갖가지 종류의 직업의 사람들을 위해서도 무수한 집들이 세워질 것이다. 그 귀족들에게 봉사하는 데 필요한 것은 빵장수, 정육점 주인, 맥주 양조업자, 술 상인, 갖가지 종류의 제조업자일 것이다. 이들은 문제의 장소에 집을 짓거나 다른 사람들이 지은 집에 세들어 살 것이다. (……) 여기서 기술한 바와 같이 이 도시의 모든 작은 집들은 큰 집의 지출에 의존해서 살아간다. (……) 문제의 도시는 만일 왕이나 정부가 그곳에 재판소를 설치한다면 더 커질 것이다. (……) 수도도 지방도시와 똑같은 방식으로 형성된다(……)(캉티용,《상업의 성격에 대한 소론》, 1755, 17쪽 이하).[180]

한편, 사치의 발전에서 대도시가 중요하게 된 것은 대도시가
새로운 형태의 사치를 만들어냈기 때문이다. 종래에는 왕후의
궁전 안에서 일하는 사람들만이 즐겼던 축제를 대도시는 일반
의 대중도 함께 누릴 수 있게 해주었다. 이에 대해 좀바르트는
도시 사치를 위한 시설들을 소개하는데, 그것은 극장(궁정 극장
은 처음에는 궁정의 귀족들 이외에는 초대받은 손님들에게만 개방되었지
만, 점차 입장료를 내는 사람이면 누구에게나 개방되었다)과 음악당, 무
도장, 고급 레스토랑, 선술집, 호텔, 상점 등이었다.

애첩 경제의 시대, 사랑의 경쟁과 세속화

좀바르트는 중세부터 18세기에 이르기까지 나타난 남녀 관계의
변화에 주목했다. 그리고 근대 자본주의의 발생 과정에서 남녀 관
계의 변화만큼 자본주의의 탄생에 결정적 영향을 미친 요인은 없었
다고 주장한다. 특히 그는 유럽 국가들에서 매춘이 중세 이후 양적
으로 늘어나고, 특히 대도시가 매춘의 주무대가 된 것에 주목했다.
또한 궁정생활이 이러한 자유연애에 적지 않은 영향을 미쳤음을 강
조했다. 그에 따르면 아비뇽(근대적인 고급 창녀는 아마도 여기에서 발생했
을 것이다)에서는 많은 미녀들이 교황과 고위 귀족들의 궁정에서 함
께 살았다. 궁정 귀족의 주변에 있던 여성들은 언제든 귀족들의 애
첩이 될 수 있었으며, 실제로 궁녀들은 하나둘씩 군주를 비롯한 궁

정인의 애첩이 되었다.[181]

화려한 생활은 모두 궁정에서 나왔으며 모든 사치의 중심에 궁정이 있었다. 그리고 그 궁정의 사치는 대부분 애첩들을 위한 사치였다. 좀바르트는 18세기 프랑스 궁정이 완전히 왕의 애첩들에 의해서 지배되었으며, 궁정생활도 그녀들에 의해서 결정되었다고 지적한다. 특히 우리가 잘 아는 퐁파두르 부인은 궁정 곳곳을 그녀의 취향대로 바꿀 만큼 실질적인 궁정생활의 지배자나 다름이 없었다.[182] 이에 대해 좀바르트는 이 시기를 이른바 '애첩 경제'의 시대라고 했다.

이렇게 왕의 정부情婦들은 막대한 영향력을 행사했으며, 이는 곧 사회의 모든 계급에 영향을 미쳤다. 마담 퐁파두르를 필두로 하는 왕의 정부들은 이 시기 모든 여인들의 롤 모델이었다. 이러한 분위기는 이른바 우아한 고급 창녀들의 사회적 등장을 가능하게 했을 뿐 아니라, 신분이 높은 여성들의 취향에도 영향을 미쳤다. 결국 상류사회의 품위 있는 여성들도 소외되지 않으려면 어쩔 수 없이 애첩들과 경쟁하지 않으면 안 되었다. 이렇게 정부들이 사회 전반에 미친 영향은 매우 컸으며 그에 따른 '사랑의 경쟁과 세속화'는 점점 더 확대되어갔다.

한편 사치의 발전 과정에서 루이 14세가 미친 영향도 매우 컸다. 루이 14세는 당시 파리는 물론 유럽 전역의 취향을 지배한 절대적 권위의 태양왕이었다. 그는 그 자신이 화려함과 사치의 대명사이기도 했지만, 귀족들의 사치를 조장함으로써 이를 정치에 이용하기도 했다. 다음의 인용글은 이를 잘 보여준다.

왕은 무엇보다도 화려함, 호화찬란함, 낭비를 좋아했다. 그는 그러
한 것들을 정치의 원칙으로 삼아 궁정 전체에 고취시켰다. 음식, 의
복, 말과 마차, 건물, 도박 등등에 아낌없이 돈을 쓰는 것이 그의 총애
를 얻는 길이었다.[183]

왕의 총애를 얻기 위한 귀족들의 사치 경쟁은 가속화되었고, 이
는 새롭게 부상한 신흥 부자들에게도 예외는 아니었다. 이것은 바

프랑수아 부셰의 〈퐁파두르 부인의 초상〉(1756)

로 뒤이어 살펴볼 사치 수요에 대한 양적 확대를 불러왔다.

사치, 비합법적 사랑의 합법적 자식

　궁정에서 시작된 사치는 이제 사회 모든 분야로 확대되었다. 이에 따라 사치에 대한 수요 역시 크게 늘어났으며, 사치의 경향 또한 변화를 가져왔다. 우선 이 시기를 경유하며 사치는 '실내화室内化' 되었다. 좀바르트는 "중세의 사치는 대부분 공공적인 것이었던 데 비해 17세기 이후의 사치는 사적이었다"라고 지적한다. 중세시대의 사치가 주로 마상 창 시합이나 화려한 구경거리, 행렬, 야외의 향연 등이었다면, 17세기 이후 사치는 여성들에 의해 집 안으로 이동했다.[184] 이렇게 사치가 집 안으로, 실내의 것으로 변화되면서 사치는 영속성을 얻게 되었다. 이러한 변화가 사치 수요의 증대를 가져왔음은 두말할 필요도 없다. 두 번째는 사치의 '물화物化 경향'이다. 중세시대 대표적인 사치의 모습 중 하나는 많은 하인을 두는 것이었다. 그러나 이러한 사치는 중세 이래 지속적으로 약화되었다. 그 이유 중 하나가 바로 애첩들의 존재였다. 보다 화려한 의상, 안락한 집, 비싼 장식과는 달리, 수많은 하인들을 고용하고 부리는 일은 그녀에게 별로 이익이 되지 않았다. 좀바르트는 이것이 경제적으로 매우 중요한 변화임을 강조했다. 이를 두고 좀바르트는 애덤 스미스의 입을 통해 '비생산적인 사치'에서 '생산적인 사치'로 이행하게 되었다고 주장했다. 그 이유는 많은 인원과 관련된 사치는 '비생산적인' 손을 바쁘게 했지만, 그에 반해 물화된 사치는 '생산적인' 손(자본주의적인 의미에서의 임금노동자)을 바쁘게 했기 때문이다.[185] 세 번째로 좀바르트가 언급하는 사치의 경향은 '감각화와 섬세화 경향'이다. 이것은 사치가 보다 두드러지게 여성적인 스타일로 전환되었고, 모든 예술 작품과 공예품에서 여성(특히 애첩)의 영향이 커졌음을 의미한다. 또한 사치의 섬세화, 세련화 경향은 물적 재화를 만들 때 살아 있는 노동을 더 많이 소모하는 것, 즉 더 많은 노동이 재료에 투입되었음을 의미했다.[186]

한편 좀바르트는 사치가 실내화되는 과정에서 나타난 음식의 사치 풍조에 대해서도 주목했다. 그에 따르면 음식 사치는 15~16세기 '요리법'이 발생한 이탈리아에서 시작되었는데, 그전까지는 단지 많이 먹는 사치밖에 없었다면, 이제는 음식의 맛에 대한 즐거움으로 세련화되었다. 여기서 흥미로운 것은 단것의 소비와 여성 지배의 관련성에 대한 부분이다. 초기 자본주의 시대에 설탕은 여성들에게 애용되는 기호품으로 매우 빠르게 자리잡았고, 설탕이 있었기 때문에 코코아, 커피, 차 등이 유럽에서 매우 신속하게 널리 애용될 수 있었다. 좀바르트는 유럽의 여러 식민지에서 코코아, 커피, 설탕의 생산과 이에 대한 무역, 그리고 유럽 안에서 코코아의 가공이나 원당의 정제가 자본주의 발전에 매우 큰 영향을 미쳤음을 강조하고 있다.[187]

17세기 초부터 설탕 덕분에 코코아, 커피, 차가 유럽에 널리 퍼졌다. 그것들은 모두 최고 상류층 사회에서, 특히 궁정에서 애용되었다. 예를 들면 커피는 루이 14세가 술탄 모하메드 4세의 사절을 접견할 때(1670년) 맛을 먼저 보고서 그것을 궁정 안으로 도입한 이후에야 비로소 프랑스에 받아들여졌다. 그 후 공중公衆의 커피하우스에서는 이 기호품을 중심으로 해서 새로운 대도시적인 사치가 생겨났다.[188]

다시 사랑으로 돌아와 하던 얘기를 계속해보자. 우리가 아는 중세 사회는 특히 남녀 관계에 매우 엄격했던 시대였다. 그런데 어떻게 해서 남녀 관계를 중심으로 사치와 향락이 만연하게 된 것일까? 좀바르트는 이러한 변화가 바로 십자군 전쟁에서부터 시작되었다고 설명한다. 유럽 사회는 십자군 전쟁(1096~1270) 이후 급격한 변화를 맞게 되는데, 특히 남녀 관계의 변화는 매우 혁명적이었다. 십자군 전쟁은 교황 우르바노 2세Urbanus II (1043~1099)가 유럽 여러 나라의 왕과 제후들에게 성지 탈환을 위한 출병을 호소하면서 시작되었다. 십자군의 원정은 총 8차에 걸쳐 일어났지만, 제1차 원정에서 예루살렘을 탈환한 것을 제외하면 나머지 원정은 모두 실패했다. 제2차 원정부터는 이미 종교적 목적은 사라지고, 상업상의 이익이 보다 중요한 전쟁의 동기가 되었기 때문이다.[189]

그 당시의 유럽은 몇몇 도시들을 제외하면 외부 세계와 거의 아무런 교류도 없는 폐쇄적인 사회였다. 그런 유럽인들에게 십자군 전쟁을 통해 마주한 동방 세계와의 만남은 거대한 문화적 충격이었다. 십자군 전쟁은 유럽인들의 가치관과 윤리적 태도에 커다란 영향을 미쳤다. 특히 가장 크게 영향을 미친 것이 바로 남녀 간의 사랑이었다. 십자군 전쟁 이전의 사랑은 대개 남녀 간 정신적 차원의 교류를 의미했다. 육체를 드러내거나, 정욕을 표현하는 일, 쾌락을 얻고자 유혹하는 일은 모두 사랑이 아니라 도덕적 타락으로 여겼다. 그러나 십자군 전쟁 이후 유럽인들은 사랑을 육체의 문제로, 그리고 쾌락의 추구로 세속화시켰다.[190] 르네상스 시대의 화가들은 거의 대부분 벌거벗은 여인의 육체를 그렸고, 여체의 아름다움을 찬양했다. 이러한 찬양은 곧 여체를 차지하기 위한 경쟁으로 변했고, 신사들은 여성의 사랑을 얻기 위해 여성에게 값비싼 보석과 귀한 재화들을 경쟁적으로 바쳤다.[191]

부인을 둔 신사들과 남편을 둔 숙녀들은 경쟁적으로 혼외 정사를 벌였다. 이렇게 사랑이 사치를 부르고, 사치는 돈과 상품의 풍요를 가져왔고 그렇게 자본주의라는 새로운 사회는 점점 무르익어갔다. 르네상스에서 산업혁명에 이르는 16~18세기는 사랑과 사치의 시대였으며 욕정과 타락의 시대였다.[192]

이에 대한 좀바르트의 마지막 주장이 매우 인상적이다.
"비합법적인 사랑의 합법적인 자식인 사치가 자본주의를 낳은 것이다."

8장

가치소비의 견인:
된장녀(?)를 위한 변명

———————— 젠더

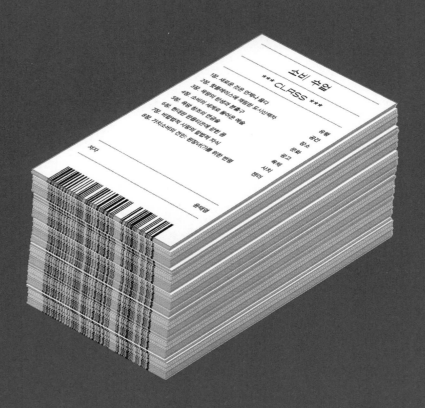

근대 소비문화가 형성되던 1920~1930년대 등장했던
'모던걸' 논쟁이 있다. 당시 '모던보이'와 '모던걸'은 동일하게
근대 소비를 표상하는 소비의 주체로 등장했지만,
양자에 대한 평가는 매우 다르게 나타났다.
즉 '모던보이'는 근대성을 표상하는 존재로 설정된 데 반해,
'모던걸'은 조선의 풍속을 어지럽히는 사치와 무절제의
상징으로 비난의 대상이 되었다.
이것은 현대에도 계속되고 있다.
남성이 피규어나 드론을 구입하는 것은
'키덜트'적 소비가 되고, 여성의 가방 구입은
'된장녀'의 허영심으로 폄훼하는 구조는
이제 개선되어야 한다.

사치, 남성의 전유물

이 장에서는 앞 장의 사치 논의를 바탕으로 젠더적 시각에서 소비에 관한 문제를 좀 더 얘기해보려 한다. 기호와 상징을 소비하는 현대 소비사회에서 소비를 통해 궁극적으로 표현하고자 하는 것은 결국 '차이'다. 다시 말해 나와 타자 사이의 구별짓기다. 구별짓는다는 말은 서로 다른 계급을 확인하고 확정하는 것이다. 소비가 사치로 확장되면 사치를 통한 계급 간의 구별짓기는 더 확대된다. 그러나 사치가 오로지 계급성만을 기초로 발전해온 것은 아니다. 사실 사치에 대한 많은 분석이 사치를 과소평가하고 있고, 또한 논의하는 것 자체를 불편하게 생각해왔다. 그러나 인류 역사에서 사치만큼 젠더성이 명확하고 또한 그 주체의 변화가 극적이었던 영역도 없다.

사치의 역사를 살펴보면 꽤 오랜 기간 동안 사치가 여성보다는 남성 중심으로 발전해왔음을 알 수 있다. 원시사회에서 그랬듯이 지도자들은 모두 남성들이었다. 이들은 명예로움에 감사를 표시하기 위해 경쟁적으로 너그러움을 보였다. 앞서 포틀래치에서 살펴보았듯, 전쟁과 마찬가지로 후한 인심은 남성의 권력을 제도화하는 중요한 요인들 중 하나였다. 이런 특징을 보여주는 사회에서 관용 경쟁과 명예는 남성의 특권이었다.

이러한 남성 우위는 그리스 로마 시대에 와서도 동일하게 나타난다. 이 시기에 사치는 기본적으로 공공적 성격을 강하게 띠었다. 따라서 그리스 로마 시대의 사람들에게 개인적인 사치, 그중에서도 특히 여성의 사치는 심한 반감과 비난의 대상이었다. 당시 여성의 사치는 주로 화장대에 집중되었는데 화장대는 대부분 보석으로 장식되었다. 따라서 '아름다워지기' 위한 수단으로서 여성의 사치는 도처에서 비방의 대상이 되었고, 화장은 '속임수' 또는 은폐술로 처벌을 받았다.[193]

남성 중심의 사치 풍조는 14세기의 의복 혁명에서도 그대로 나타난다. 복식 질서 역시 남성의 주도권을 반영했다. 특별한 변화 없이 반복되던 여성복에 비해 남성들의 치장 및 의복의 변화는 과히 혁신적이고 참신한 것이었다. 참고로 아래의 인용은 14세기 당시 의복 혁명의 내용이 어떠했는지를 이해하는 데 도움을 준다.

14세기에 의복 혁명이 일어나면서 남성과 여성 모두의 일반적인 외관에서 가벼움이 읽혔다. 남성과 여성 모두가 끈으로 졸라매지 않고 입고 다닌 '통' 드레스에 이어 성에 따라 분명하게 구별된 옷차림이 등장했다. 남자들은 짧고 몸에 딱 맞는 옷을 입고, 여자들은 길고 몸에 꼭 맞는 옷을 입었다. 양성 모두에게 이 의복 혁명은 그들의 외양을 길게 늘이는 것으로 표현되었다. 맵시 있는 남자들은 옷이 허리를 꽉 조이게 입고, 긴 다리에 끝이 매우 뾰족하고 좁은 구두를 신음으로써 가벼워졌다. 높이 들어 올려진 머리쓰개와 그것을 장식하는 깃털, 하이넥은 남성의 몸매를 위쪽으로 끌어올림으로써 전체적으로 생동감을 불어넣었다. 짧고 몸에 딱 맞는 옷은 가늘고 섬세함과 가벼움을 동시에 암시한다. (……) 이러한 가벼움은 허리를 꽉 졸라매고, 때로는 매우 강렬한 스타킹에 싸인 두 다리를 노출시키는 남성용 궁정복에서 나타난다. 그러나 스타킹은 가벼워지는 반면 듬직한 어깨와 낙낙한 소매, 모피는 체격을 더 커 보이게 함으로써 남성다움과 여성에 대한 남성의 우월함을 표현했다.[194]

14세기 이후 의상에서도 남성들의 지배적인 지위는 계속되었다. 르네상스 시대 로마의 의상 목록은 급격한 패션의 변화에서 남성의 지위가 어떠했는지를 잘 보여준다. 이러한 현상은 17세기에도 마찬가지였다. 이 시기 역시 여성들의 옷차림은 남성들의 옷차림보다 훨씬 간결했고, 남성들의 복장보다도 변화를 덜 겪었다.[195] 이러한 남성 중심의 사치와 그들의 화려한 의상은 프랑스 대혁명이 있기 전까지 계속되었다.

역전, 사치의 여성화

오랜 시간 남성의 전유물이었던 사치는 마침내 여성 중심의 것으로 재편되기에 이른다. 지금부터는 남성 중심으로 전개되어온 사치가 어떻게 여성의 영역으로 진입해 발전해왔는지를 살펴볼 것이다.

사치가 여성의 영역으로 들어온 지는 겨우 300여 년 전의 일이었다. 17세기까지 계속되어온 남성 중심의 사치는 18세기에 이르러 비로소 변화를 맞게 된다. 사치의 여성화가 시작된 것이다. 이 시기부터 패션의 변화와 화려한 꾸밈은 여성의 영역으로 자리잡았다. 이는 1700년을 전후로 여성용 의상의 가격이 남성용 의복 가격의 두 배에 달했다는 자료에서도 확인된다.[196]

이렇게 18세기부터 시작된 여성의 사치는 19세기에 이르러 외양과 패션에서 모두 여성 중심으로 전환되었다. 이 과정에서 오트쿠튀르의 탄생과 발전은 사치의 여성화에 결정적인 역할을 했다. 이때부터 여성 패션은 패션의 대명사로 찬사의 대상이 되었다.

당시 남성들이 주로 착용했던 검은색의 간결한 복장은 평등과 노동, 검약이라는 새로운 가치를 상징했다. 또한 귀족과는 차별화되는 규율과 실력, 엄정성을 상징하기도 했다. 이는 당시 프로테스탄티즘이라는 청교도 정신에 그 뿌리를 두고 있었다. 따라서 남성들이 보여준 외양의 사치는 새롭게 등장한 부르주아 중심의 근대 민주주의가 탄생한 시기에 이르러 중단되었다. 또한 이 시기는 어느 때보다도 여성들을 돋보이게 하는 상징들을 용인했다. 그 이유는 남성들이 검약과 노동이라는 새로운 가치의 실천을 위해 사치의 전면에서 물러섰던 것과 관련되어 있다. 당시 신흥 부르주아들은 새로운 사회질서의 담지자로서 귀족을 대체하기 시작했다. 금권과 권력을 장악한 이들은 그동안 사치의 상징이었던 귀족들과의 차별화가 필요했다. 이러한 이유로 신흥 부르주아의 아내는 남성의 '진열창'으로서 소비와 사치의 영역에서 남편의 금권과 사회적 위상을 대신 드러내야 하는 의무를 갖게 되었다.[197] 자신의 금권과 사회적 지위를 드러내고자 했던 부르주아들의 욕망은 자신을 대리하는 아내의 사치를 통해 표현되었다.

> 과시적 유한이 명성의 수단으로 크게 존중되는 경제적 진화 단계에서 그 이상은 우아하고 조그만 손발과 날씬한 허리를 요구한다. 이러한 특징은 대체로 유용한 노동을 할 수 없으며, 주인에 의해 부양되지 않으면 안 된다는 것을 의미한다. (……) 그러한 여자는 무익하고 비용이 많이 드는 까닭에 금력의 증거로서 가치가 있는 것이다. 그 결과 이러한 문화 단계에서 여자는 그 시대의 정해진 취미에 대한 필요조건을 좀 더 잘 따를 수 있도록 몸을 변형시키려 한다.[198]

위의 인용문에서처럼 사치의 여성화에는 무익하고 능력 없는 '부차적인 여성'을 재생산하고, 남성에게 여성을 종속시키는 것은 물론, 여성을 여러 장식 중 하나로서 남성의 눈길을 끌기 위한 존재로 규정한다. 이로부터 여성의 아름다움을 이용한 사치의 근원적인 역할이 등장한다. 즉 여성의 아름다움에 대한 숭배는 여성을 이용한 사치를—사치의 근대적 전복을—위해 반드시 필요했다. 이제 여성은 아름다움과 사치를 표현하는 최상의 징표가 되었다.[199]

사치의 여성화를 중심으로 한 논의에서 한 걸음 더 들어가 현대 소비문화에 내재된 젠더(남성성, 여성성)의 문제를 좀 더 살펴보자.

19세기 중반 이후 근대 자본주의에서 생산과 소비의 이원적 관계는 매우 극명하게 젠더화되었다. 즉 생산은 남성, 소비는 여성의 몫이었다. 생산은 적극적이며 공적인 영역으로서 마땅히 남성의 영역으로 인식되었던 반면, 소비는 소극적이고 사적인 영역으로 여성에게 맡겨졌다. 이러한 영역 분리 이데올로기는 근대 시기에 한편에서는 양육과 소비를, 또 다른 한편에서는 생산과 전쟁 수행이라는 젠더 구분을 낳았다.[200] 특히 소비문화가 형성되는 오랜 과정 속에서 유형화된 젠더의 개념은 남성뿐만 아니라 여성에게도, 그리고 상품을 판매하는 기업뿐 아니라 소비자에게도 왜곡된 여성성을 고착화시켰다. 이에 대한 설혜심 교수의 글을 잠깐 살펴보자.

사치와 여성과의 상관관계는 베블런의 《유한계급론》에서 계급 구별적인 색채를 얻게 된다. 베블런은 고대 사회에서 여성이 힘있는 자들에게 소유되면서 트로피처럼 간주되었다고 전제한 뒤 근대 세계에서는 그처럼 명백하게 남성의 노예로 비치지는 않지만 아직도 여성의 신분이란 결혼으로 인해 획득되는 것이라고 지적한다. 근대 소비사회는 여성을 남성이 생산하는 물건에 대한 '의례적 소비자ceremonial consumer'로 만들어버렸는데, 이제 여성은 자신의 직업이나 이익을 추구하기보다 부유한 남성의 부인으로서 '과시적'으로 소비해야만 하고, 그 자체가 계급을 구별짓는 행위가 되어버렸다. 고대 노예와는 다르게 근대 여성에게는 '소비하는 일' 자체가 허락되었는데, 여전히 그 소비는 언제나 대리적일 뿐, 여성의 본질이 될 수는 없었다. 상품, 소비자, 과시적 소비 모두를 냉소적으로 바라보는 그의 시선은 그 핵심적 연결고리에 놓인 여성에게 더욱 강한 부정적 이미지를 덧씌우고 말았다.[201]

베블런은 위의 글에서처럼 여성을 부유한 남성 유한계급의 '대리 소비자'로 존재하며 과시적 소비의 부정적 이미지를 투영시켰다. 이렇게 소비는 여성의 영역으로 여전히 생산과 비교하여 저급한 행위로 규정되었다.

소비하는 여성에 대한 왜곡의 절정은 19세기에 등장한 도벽광이다. 당시 의학은 도벽을 히스테리와 함께 여성적 정신질환의 일종으로 규정했다. 상점에서 물건을 훔치다 붙잡힌 이들은 대부분 부르주아 또는 귀족 여성들로 훔친 물건의 값이 비싸거나 그들에게 꼭 필요한 것도 아니었다. 따라서 이들에게 절도의 죄를 물은 것이 아니라 도벽광이라는 정신적 질환의 낙인을 부여했다. 이렇게 19세기 자본주의가 본격적으로 발전하던 시기에 소비하는 여성은 도벽광이라는 정신질환의 잠재적 보유자로, 비정상적이고 위험한 존재

로 비쳐졌다.[202]

　이에 더하여 소비와 여성 간의 또 다른 왜곡은 성의 상품화에서 나타났다. 여성의 성적 상품화는 앞서 베블런의 사적 소유와 유한계급의 탄생에서 보았듯이 여성이 남성의 전리품으로서 소유의 대상이었다는 데 이미 내재되어 있었다. 이러한 여성의 성적 상품화는 모든 것이 소비의 대상이 되는 자본주의 시대가 되면서 더욱 확대되었다.

　근대 초기 자본주의가 등장하고 발전하는 과정에서 상점의 판매 여성과 상품은 동일시되었고, 남성노동자가 건강한 노동의 상징으로 등장한 반면, 여성노동자의 경우 '아름다운 볼거리'로 표상되었다. 또한 과시적 소비의 문화적 특징으로 여성은 소비의 주체이자 객체로 대상화되면서 '상품의 성性화' 즉, '에로틱한 대상화'의 주인공이 되었다.[203]

우머노믹스의 시작, 여성 소비자의 탄생과 진화

　19세기에 이르러 본격화되기 시작한 사치의 여성화는 사치의 대중화를 계기로 보다 많은 여성들이 참여하는 소비의 여성화, 더 나아가 여성 소비자의 탄생으로 이어졌다. 이제부터 그 과정에 대해 살펴보자.

　19세기 초 파리의 중심가에는 기존의 상점을 대체하는 당대 소비문화의 중심지로서 아케이드가 생겨나기 시작했다. 유리와 강철을 이용해 지어진 아케이드는 실외 공간이면서도 기능상으로는 실내 공간으로서의 연출이 가능한 구조를 띠고 있었다. 회랑 양쪽으로 화려한 상점들이 들어서 있고, 머리 위로는 유리 지붕이 덮여 있어 비가 오든 눈이 오든 날씨와 상관없이 쇼핑을 즐길 수 있는 곳이었다.[204]

당시 파리에는 최신 유행하는 의복을 차려입고 아케이드를 유유히 걸어 다니는 남성들이 자주 눈에 띄었다. 그들은 다름 아닌 도시산책자(플라뇌르)로 불리는 사람들이었다. 그들의 걸음은 어디 한군데를 목적으로 하지 않았으며, 그들의 시선은 주변과 쇼윈도를 분주히 탐색했다. 발터 벤야민의 표현대로 도시산책자는 근대적 시선의 초기 형태를 보여준다. 어슬렁거리듯이 걷는 느린 발걸음과는 달리, 그들의 시선은 이국적인 것을 찾아 헤매는 근대성의 시선으로, 막 형성되기 시작한 당대의 소비문화를 주목했다. 당시 거리를 산책하던 사람들은 대부분 남성이었는데, 그 이유는 아래 인용에서 확인할 수 있다.

도시(파리)가 발달하면서 볼거리와 레저, 그리고 소비가 있는 공적인 공간—국제적 규모의 전시관, 화랑, 박물관, 유원지 등—은 남성화된 도시 경험을 구성했다. 당시에 여성 도보산책자는 매춘부로 전락하게 되는데, 그녀의 시선이 아무리 냉소적이고 초연하다 할지라도 스스로 소비자일 뿐만 아니라 상품임을 드러냈다.[205]

위 인용글에서도 알 수 있듯 이 시기 도시를 산책하는 여성은 소비자이면서 동시에 상품으로 대상화되었다. 여성은 남성 도시산책자들에 의해 응시의 대상으로 취급되었다. 아케이드에 진열된 상품이나 거리를 배회하는 여성을 바라보는 남성들의 시선은 동일한 것이었다. 이처럼 거리를 걷는 남녀 도시산책자에 대한 서로 다른 시선은 19세기 중반 이후 서구 유럽 사회에 깊게 영향을 미친 '영역 분리 이데올로기' 때문이었다. 이 '영역 분리 이데올로기'는 가정적이고 사적인 공간은 여성의 영역으로, 반면 공적인 일과 생산의 세계는 남성의 영역으로 이분화했다. 여성들은 공적 영역으로 간주되는 생산의 현장에서 배제되어 사적 영역인 가정에만 머무를 수 있었으며, 교회나 성당을 제외하고는 남성의 에스코트 없이 어떠한 공적 영역에도 나설 수가 없었다.[206]

그러나 이러한 아케이드 중심의 소비 공간은 백화점의 등장으로 변화를 맞는다. 1852년 파리의 봉 마르셰 백화점을 시작으로 대도시에 속속 백화점이 등장하면서 19세기 이후 서구 소비문화의 중심은 자연스럽게 백화점으로 이동했다. 또한 이 시기를 경과하면서 유럽의 경제는 생산 중심에서 소비 중심의 경제로 점차 변화되어갔으며, 백화점은 이러한 변화를 더욱 가속화시키는 역할을 담당했다.

19세기 후반 유럽 경제는 산업혁명에 따른 생산력의 증대로 다양한 상품들이 대량으로 생산되었다. 이렇게 생산된 상품들은 이제 소비자들에게 어떻게 판매할 것인가의 문제에 봉착했다. 이때 백화점의 등장은 상품의 수요층을 상류층에서 중류층으로까지 소비시장을 넓히는 데 이바지했다. 이러한 현상은 백화점이 처음으로 탄생한 프랑스에서는 물론 뒤이어 백화점이 등장했던 영국과 미국 등에서도 유사하게 나타났다. 앞서 설명했듯이 19세기에 등장한 백화점은 '소비의 대궁전', '상업의 대가람' 등으로 불리며 근대 소비를 견인했다.

'소비의 성전'으로 등장한 백화점은 '대리소비자'로서의 여성이 교회나 성당을 제외하고 남성의 동행 없이도 방문할 수 있는 최초의 공적 장소가 되었다. 아래의 인용은 여성과 소비의 관계, 더 나아가 여성의 공적 공간으로의 진출에 백화점의 등장이 갖는 의의를 잘 설명해주고 있다.

> 부르주아지 숙녀들이 실제로 이곳을 방문할 수 있었다는 사실은 과거와의 중요한 단절을 나타낸다. 백화점은 교회나 성당을 제외하고 숙녀가 남성을 동반하지 않은 채 방문해도 부끄럽지 않은 최초의 공적 장소가 되었다. 그러나 이것은 다른 차원에서 본다면 가정이라는 경계 바깥으로의 내딛음이기도 했다.[207]

이는 근본적으로 여성들에게 허용된 공적 공간의 확장을 의미했다. 그러나 당시의 백화점이 여성들에게 완벽한 공적 장소로 기능했다고 보기에는 어려운 측면이 존재했다. 여성들은 여전히 남자들의 동행 없이 집 바깥으로 다니는 것에 대해 도덕적인 부담—매춘부로 오인될 수 있다는 부담—을 갖고 있었다.

초창기 여성 소비자들의 이런 의식은 백화점들로 하여금 점점 더 '집'과 같은 분위기를 내도록 했다. 초기에 상품 판매에만 신경을 썼던 백화점들은 이제 여성들로 하여금 백화점을 '집 바깥의 또 다른 집'으로 느낄 수 있도록 변했다. 그들은 여성 소비자들이 마치 집에서 차를 마시는 것과 같은 느낌을 주기 위해 백화점 내에 찻집을 만들었고, 편리하고 안락한 화장실을 제공했으며, 또한 점원들을 교육시켜 가정의 하인들처럼 여성 고객들에게 잘 봉사하도록 했다. 여성들은 이렇게 크고 잘 정비된 '가정과 같은 상점'에서 하루의 많은 시간을 보냈다.[208] 백화점의 이러한 노력은 공적 영역에서 소비를 여성적 활동으로 더욱 공고히 하는 데 이바지했다.

이와 함께 여성과 소비의 관계를 보다 긴밀히 발전시킨 또 다른 계기는 19세기 들어 대량생산 체제로 접어든 의류산업의 발전이다. 그 이전까지 의복은 대부분 가정에서 여성들이 직접 만들어 입었다. 그러나 재봉틀이 발명되고 그로 말미암아 의복의 대량생산이 진행됨에 따라 의복은 이제 소비의 주요 품목이 되었다. 19세기 의류산업이 발전하기 전부터 지금까지 의복 소비의 주체는 당연히 여성이었다.

이렇게 소비와 여성의 관계는 점점 더 구조화되고 공고해졌다. 초기 자본주의사회의 공적 영역이었던 생산에서 배제된 여성들은 자녀의 양육과 가사를 책임지며, 동시에 유일하게 허용된 공적 영역의 행위로서 소비를 담당하게 되었다.

근대 시대는 그 어느 때도 경험하지 못한 여성과 소비의 밀접한 관계를 가능하게 했다. 이 관계는 19세기부터 소비를 이끌었고, 구매의 즐거움을 탐닉하게 만들었으며, '윈도쇼핑'을 하면서 시간을 보내도록 했고, 신상품 정보를 알아보도록 했으며, 백화점에서 소비하고 싶은 억제할 수 없는 욕구에 사로잡히도록 만들었다. 소비 행위는 여성의 기분 전환 거리, 점유-보상, 사회적·감정적인 생활에서 기인하는 여러 가지 욕구 불만들의 대체물이 되었다. 이렇게 부르주아의 모더니티는 여성을 사적 영역에 가두면서 소비적인 여성을 탄생시켰다. 소비는 여성의 영향력 아래서 이루어졌으며, 사치스런 소비의 전체적인 부분은 여성에게 우선권이 주어진 영역이 되었다.[209]

한편, 지금까지의 소비문화사에서 소비 주체로서 여성에 대한 폄훼는 그 사례가 차고 넘친다. 에밀 졸라의 소설 《여성들의 천국The Ladies Paradise: Au Bonheur des Dames》(1883) 역시 소비하는 여성에 대한 부정적 시선이 소설 전반에 깔려 있다. 이 소설은 백화점이 생겨나던 시기의 파리를 배경으로 하는데 당대 소비문화에서 남성 판매자와 여성 소비자의 모습을 잘 묘사하고 있다. 이 소설에 등장하는 남자 주인공의 눈에 비쳐진 여성 소비자는 상품을 구매하는 대상에 지나지 않으며, 남성 판매원의 회유에 쉽게 넘어가고 물질적 욕망 앞에 무릎 꿇는 나약하고 부정적인 존재로 묘사된다. 이렇게 오랜 시간 동안 여러 영역에서 여성 소비자는 비합리적이고 즉흥적이며 수동적인 존재로 규정받아왔다.

그러나 영원히 지속될 것만 같던 이러한 흐름은 조금씩 사회, 경제적 변화에 의해 균열이 일어나기 시작했다. 1851년 런던에서 개최되었던 만국박람회에 싱거에서 개발한 재봉틀이 전시되었다. 재봉틀의 발명은 사회, 경제, 문화 등 여러 측면에서 변화를 야기했다. 재봉틀의 등장은 여성으로 하여금 그동안 금녀의 영역으로 여겨지던 생산 영역에 진입할 수 있는 계기를 마련해주었다. 앞서 계속 설명했듯 여성은 생산 영역에서 철저하게 배제되었으며, 특히 여성이 '기계'를 사용하는 일은 엄격히 금지되어 있었다. 이러한 분위기 때문에 싱거에서도 정교한 공장용 재봉틀은 남성 구매자를 대상으로 삼은 반면, 범용 또는 가정용 모델은 광고에 여성을 적극적으로 동원했다. 싱거사는 여성 고객을 끌어들이기 위해 '싱거 걸Singer girl'의 이미지를 전면에 배치했다. 이제 여성들은 비록 가정용이지만 재봉틀이라는 근대 문명의 이기를 사용할 수 있게 되었고, 당시 벨 에포크belle époque 예술의 영향으로 유행하던 매춘부 스타일의 여성상과는 대별되는 '신여성new woman'의 이미지를 획득해가기 시작했다.[210]

이와 함께 여성 소비자들의 소비 활동 역시 과거보다 더욱 활발해졌으며, 구매하는 상품의 종류 또한 다양해졌다. 특히 1920년대가 되면 개별 가정은 산업 생산품의 소비재 시장으로 확실하게 자리잡는다. 제1차 세계대전 전까지 가정에 필요한 생필품들을 직접 만들어 썼다면, 전후 시기에 들어와 세제, 비누, 세탁기, 옷, 식품 등

1920년대 싱거 미싱 광고

이 상품으로서 적극적으로 소비되었다. 그 결과 1920년대 미국의 경우 전체 가정에서 사용되는 물품의 80퍼센트 이상을 여성들이 구매하고 소비했다.[211] 이 시기 여성들의 소비 활동을 부추기고 또 그들의 선택에 지대한 영향을 미친 것은 여성 잡지에 실린 광고였다. 특히 미국에서 여성 잡지는 여성 소비자에게 다가가는 가장 중요한 수단으로, 시중에서 판매되는 상품의 거의 90퍼센트 이상을 다루었다. 1910~1920년대 미국 제조업체들이나 광고 회사들이 홍보의 주 대상으로 삼았던 대상은 잡지 구독률이 가장 높았던 중산층의 백인 여성이었다.[212] 이렇게 여성은 물건을 구매하고 소비하는 과정에서 중심적인 역할을 담당했다. 여성은 상품 판매자들에게 줄곧 판매를 위한 대상으로 여겨졌으며, 판매자들은 여성 소비자를 공략하기 위하여 여성성을 교묘히 이용해왔다. 왜곡된 여성성의 개념은 오랜 기간의 반복을 통해 전형적인 여성성으로 고착화됐으며, 이러한 과정에 여성 잡지나 TV 등의 매체 및 광고가 미친 영향은 매우 컸다.

　20세기 초중반을 경유하며 미국을 중심으로 하는 서구 세계는 생산과 소비 두 측면에서 모두 커다란 변화를 맞았다. 먼저 생산방식의 변화를 확인할 수 있다. 이를테면 포디즘Fordism이 등장하면서 사회 전반에 대량생산 체제가 갖추어졌다. 생산 체제의 변화와 함께 당시 포드가 제안한 또 다른 혁신의 내용은 바로 생산된 자동차를 소비할 수 있는 구매력의 확대였다. 포드는 당시로서는 매우 파격적인 최저임금의 대폭적 인상과 근무시간의 단축을 시행했다. 헨리 포드는 포드 근로자의 시간당 임금을 당시 자동차업계 평균의 두 배로 올렸고, 근무시간 역시 9시간에서 8시간으로 단축했다. 그 이유는 근무시간을 줄임으로써 노동자로 하여금 끊임없이 돌아가는 컨베이어 벨트의 반복 작업을 견딜 수 있게 하여 양질의 자동차를 대량으로 생산할 수 있도록 하기 위함이었고, 노동자의 소득을 증대시켜 그들도 소비자로 성장하게 함으로써 자동차 판매를 확대하고자 했다. 당시 포드의 최저임금 인상은 적중하여 포드의 T모델 자동차의 판매는 경제 대공항이 발생하기 전까지 지속적으로 증가했다. 이러한 사회적 분위기는 소비 개념에 대한 의식의 변화를 촉진시켰다. 즉 소비가 생산만큼이나 중요한 경제 요소임을 인정하면서 이제는 사회 전반에서 적극적으로 장려되었다.

한편, 이렇게 소비에 대한 사회적 의식의 변화 속에 또 한 가지 주목해야 하는 변화가 나타났다. 그것은 바로 남성 소비자의 등장이다. 지금까지 여성적인 행위로 인식되어온 소비에 대한 의식의 변화는 소비 영역이 남성에까지 확대되는 결과를 낳았다. 특히 정보·통신의 발달과 스포츠 분야의 성장은 남성을 소비의 주체로 전면에 나서게 했다. 이는 다음 장에서 좀 더 다루기로 하겠다.

20세기 후반이 되면서 여성에 대한 사회적 인식과 역할에 변화가 나타났다. 그 이전까지 여성은 가사와 육아 등을 책임지는 가정주부로서, 어머니로서 그리고 아내로서 위치가 정해져 있었다. 그러나 1980년대에 접어들면서부터 이제 여성은 자기 자신 그 자체로 조명되기 시작했다. 가정의 틀에서 벗어나 자신의 일을 갖고 있는 전문적이고 독립적인 여성이면서 동시에 아름다운 외모를 잃지 않는 소위 '신여성'이 등장한 것이다. 20세기 후반에 들어와서 상품 광고에 등장한 여성의 이미지는 이전의 전통적인 여성 이미지와는 매우 다른 독립적이고 자주적인 모습이었다. 그동안 생산 영역에서 사회적으로 우월적 존재로 인식되어온 남성이 소비 영역의 새로운 주체로 편입되었던 것과 마찬가지로, 그 반대에선 전통적으로 소비자의 이미지와 틀에서 벗어나지 못했던 여성에게 '일하는 여성'이라는 생산의 시각이 투영되었다. 이렇게 등장한 '신여성'은 자신을 위해 투자했고, 일과 아름다움을 함께 추구함으로써 전통적인 여성상을 거부했다.

남성 소비자의 소환

앞 장에서 우린 근대 소비문화의 형성과 그 과정에서 여성이 어떻게 소비의 주체로 등장하고 성장했는지를 살펴보았다. 이제는 소비의 영역이 여성에 국한되지 않고 남성으로 확대된 과정에 대해 짧게 살펴볼 것이다.

그동안 여성적 행위로 인식되어온 소비의 영역에 마침내 남성 소비자가 등장했다. 이러한 변화는 20세기 후반 포스트모더니즘의 등장으로 더욱 가속화되었다. 아래 남성이 소비의 주체로 등장할 수 있었던 사회적 배경에 대한 로버트 보콕의 주장을 살펴보자.

> 도시에서 백화점이 여성을 위한 장소로 발전했던 시기는 20세기 두 번의 세계대전의 서막을 알리는 기간이기도 했다. 여성들이 집에서 아이를 양육하고 쇼핑을 다녔을 때, 남성들은 임금노동을 위해 집 바깥으로 나갔으며 그다음 전쟁터로 나갔다. (……) 이와 대조적으로 포스트모던은 서유럽, 북아메리카, 일본에서 평화의 시기였다. 이것은 남성의 젠더 역할에 변화를 가져왔다. 군인과 특히 젊은 남성들이 1950년대 이후 소비자가 됨에 따라 더 이상 예전과 같은 역할은 필요하지 않았다.[213]

이 과정에서 종래의 남성성은 당연히 변화를 맞게 되었다. 기존의 남성성은 위의 인용에서처럼 전쟁을 수행하거나 육체적·감정적으로 강하고, 위험을 감수하며, 포식적인 이성애자이며, 한 집안의 기둥이 되는 남성성이었다. 그러나 이러한 남성성은 애초에 생물학적으로 타고난 '본질'이 아니라 인간의 사회, 역사, 문화적 환경에서 기인한 것이라는 인식의 공감대가 확산되었다. 즉 여성성과 마찬가지로 남성성 역시 사회문화적으로 '가변적'이라는 것이다.[214]

특히 20세기 중반 이후 전 세계적 차원의 전쟁 종식은 남성을 전사가 아닌 소비자로 그 역할을 대체했으며, 남성성 개념에 실질적인 변화를 불러왔다. 그 결과 광고는 점점 더 많은 남성을 '소비자'로 호명하며 소비시장에서 이들의 역할에 주목했다.

이들은 남성성에 부합하는 스포츠의 소비자로 시작해 1960년대 사회·문화적 격변의 시기를 맞아 다양한 소비 영역으로 진출했다. 특히 1960년대는 패션 영역에서 피코크 레볼루션이라 불리는 남성복에서의 커다란 변화가 진행되었다. 근대 자본주의의 탄생 이래 1960년대 이전까지의 남성복은 검은색 위주의 절제되고 간결한 복장이었다. 이것이 1960년대에 이르러 남성복에서도 형형색색의 컬러가 의복에 등장하기 시작했다. 또한 젊은 남성들 사이에서 의상은 물론 머리 모양, 신체 장식 등 개성의 표현은 갈수록 증가했다. 당시 남성 잡지들의 특집 기사에 실린 사진들은 1950년대까지는 불가능했던 남성 신체의 '성애화'를 보여주고 있다. 1980년대까지 넘어오면 이러한 현상은 더욱 심해진다. 이 시기 젊은 남성들의 소비 태도를 보여주는 글 하나를 소개한다.

젊은 남성을 목표로 한 광고와 마케팅의 엄청난 증가는 현재 서비스 분야와 미디어 산업에서 나타난 벼락 경기의 일부다. 그러나 그 안에서 벌어지는 일들은 과장 광고와 이윤 추구라는 동기보다 좀 더 미묘하다. 젊은 남성들이 남성성의 전통적인 도상을 파괴하는 이미지들에 열중하고 있는 것이다. 그들은 자신과 타인을 쳐다보도록 부추김 당하고 있다. 그들은 이전 같았으면 낙인 찍힌 금기였을 여성적인 것에서 쾌락을 얻고 있다. 남성성의 새로운 브리콜라주는 고급 의상실, 시장, 거리에서 들려오는 소음이다.[215]

이렇게 남성은 이제 여성만큼이나 근대 소비주의의 한 부분이 되었다. 남성들 역시 자신의 존재 의식을 여성의 경우처럼 스타일, 의상, 신체 이미지, 잘생긴 외모 등을 통해 형성했다. 이런 유의 소비는 일상의 사소한 소비행위에 그치지 않고 정체성을 구현하는 수단으로 발전했다. 또한 과거와는 달리 노동보다는 소비를 통해 스스로의 정체성을 규정하고자 하는 남성이 점점 늘어났다. 이제 노동은 소비재를 구입하기 위한 수단일 뿐이다. 소비는 많은 남성에게 내가 누구인가에 대한 의식에 직접적인 영향을 미쳤다.[216] 특히 젊은 남성들은 더욱 그렇다. 이들에게 소비의 역할은 그 중요성에서 노동의 역할보다 결코 가볍지 않다. 현대사회에서 이제 소비는 여성적 행위를 넘어 인간의 정체성은 물론 자아를 구성하는 행위가 된 것이다.

키덜트 vs 된장녀, 된장녀를 위한 변명

근대가 시작된 이래 여성과 소비의 관계는 매우 밀접하게 발전해왔다. 여성은 근대 이후 남성의 '대리소비자'로 소비의 무대에 등장했지만 시간이 지날수록 보다 적극적인 소비의 주체로 성장했다.

근대 소비문화가 발전하는 과정에서 소비의 주체로서 기능했던 여성은 소비(문화)의 발전 양태에 따라 사회적 지위에 영향을 받아왔다. 특히 소비가 현대 자본주의를 떠받치는 핵심 기제로 등장한 이후 소비 주체에 대한 사회적 인식과 시각이 변하기 시작했다.

그동안 여성은 남성들 중심의 자본주의 경제에서 남성 구매자의 시선을 끌기 위해 가능한 한 자기 자신을 유혹적인 존재로 만들도록 강요당해왔다. 그렇지만 한편에서 여성이 소비의 대상으로 위치 지어지는 동안 다른 한편에서 또 다른 여성들은 소비의 강력한 주체로 성장하고 있었다. 앞서 계속 강조했듯이 19세기 중엽 백화점의 등장은 여성들이 소비의 주체로 자리매김하는 데 결정적인 역할을 한다. 소비주의의 발흥은 분명 19세기 후반 중산계급 여성의 사회적 지위의 신장과 관련되어 있다. 백화점이 가정의 벽을 넘어 소비의 궁전으로 여성을 위한 새로운 공적 영역을 제공했을 때, 여성은 더 이상 가부장적 구조에 얽매이지 않고 자신의 욕구와 욕망을 표현할 수 있었다. 앞서 보았듯이 백화점은 여성을 위한 '소비의 성전'이자 '욕망의 분출구'였다.

한편 여성은 생산 영역에서 배제되어온 만큼이나 소비 영역에서의 왜곡도 지속되어왔다. 한국 사회에서 얼마 전까지 왜곡된 여성성을 전제로 진행되었던 된장녀 논란은 이를 잘 보여주는 사례였다. 비단 이러한 사례는 된장녀 논쟁이 처음은 아니었다. 한국 사회가 근대화되는 시점에 나타난 '모던걸' 논쟁도 비슷한 맥락에서 살펴볼 수 있고, 한국전쟁 이후 등장했던 '아프레걸' 논쟁도 마찬가지다. '모던걸', '아프레걸', '된장녀'로 이어지는 소비하는 여성에 대한 폄훼와 사회의 부정적 시각은 남성 중심의 가부장적 사회문화와 근대 소비가 결합되면서 고착화되어왔다.

2000년대 이후 한국 사회는 20~30대 젊은 여성들을 중심으로 경제활동의 증가, 미혼 및 만혼, 저출산 등의 문제가 이슈화되기 시작했다. 젊은 여성들이 경제적·사회문화적 주체로서 부상하는 것과 관련해 이들의 소비 패턴 역시 사회적으로 큰 관심을 받았다. 특히 20~30대 여성 싱글 직장인 집단의 움직임은 패션, 미디어, 도서, 외식, 공연, 여행, 금융, 주거 등 시장 전반에 적지 않은 영향을 미치고 있다. 이들을 핵심 고객으로 하는 방송과 카페, 레스토랑들이 확산되는가 하면, 여성 싱글 직장인을 주인공으로 하는 소설과 영화, 그리고 이들의 소소한 일상을 담은 자전적 에세이 등이 꾸준히 인기를 얻고 있다. 이를 반영하듯 여성 스스로 자신의 삶을 자유롭게 결정하고자 하는 노력들이 조명받기 시작했다. 그것은 영화나 드라마와 같은 문화적 콘텐츠의 형태로 나타났다. 특히 미국 드라마인 〈섹스 앤 더 시티〉의 소개는 다양한 유행과 논쟁들을 불러일으키며 한

국 사회에 '화려한 싱글 여성'에 대한 이미지를 본격적으로 확산시켰다.[217]

아무튼 이 시기 이후 20~30대 여성들은 다양한 영역에서 생산과 소비 그리고 문화의 주체로 부상해왔다. 그리고 이들을 주목한 1인 싱글 시장은 지속적으로 성장하고 있다. 이들은 과거와 전통에 얽매이지 않고 그들만의 새로운 생활 패턴을 추구했으며, 경제력을 기반으로 적극적인 소비의 주체로 등장했다. 이러한 현상이 기성의 제도와 이념, 특히 남성들에게 긍정적으로 받아들여지지 않았을 것임은 분명해 보인다.

결국 '된장녀'에 대한 논쟁은 이런 배경과 맥락에서 봐야 한다. 즉 '된장녀' 논쟁은 초기 일부 여성들의 소비 행위에 한정해 진행되던 것에서 벗어나, 새로운 정체성을 찾아 자신을 위해 소비하는 여성 전반을 대상으로 확대되었다.

한국 사회는 1997년 외환위기 이후 글로벌화와 신자유주의의 흐름 속에 소비 자본주의의 새로운 체제에 본격적으로 편입되었다. 이러한 상황에서 한국 사회의 대중 담론은 1990년대 초반의 '오렌지족' 담론에서 보듯 전통적인 이미지에서 벗어난 이들에 대한 박해였다. 특히 2006년 하반기의 '된장녀' 논쟁에서 젊은 여성들이 보여준 새로운 주체성의 차원들은 주로 과잉 소비와 서구 지향적이라는 명목 아래 사회적 비난의 대상이 되었다.[218] (그러나 돌이켜보면 오늘날 너무도 당연하게 여겨지는 '가치소비'의 원형도 비록 라면으로 점심을 먹더라도 스타벅스 커피를 후식으로 마시는 '된장녀(?)'에게서 찾을 수 있다. 가치소비의 의미가 다른 데는 돈을 아껴도 자신이 가치를 부여하는 제품에 대해서는 과감하게 소비하는 것을 말하지 않는가? 그녀에겐 한 끼의 식사보다 자신의 이미지를 높여줄 스타벅스의 커피가 더 가치 있는 것이었으리라).

  이러한 양상은 앞서도 잠깐 언급했듯이 근대 소비문화가 형성되던 1920~1930년대 등장했던 '모던걸' 논쟁과도 유사한 측면이 있다. 당시 '모던보이'와 '모던걸'은 동일하게 근대 소비를 표상하는 소비의 주체로 등장했지만, 양자에 대한 평가는 매우 다르게 나타났다. 즉 '모던보이'는 근대성을 표상하는 존재로 설정된 데 반해, '모던걸'은 조선의 풍속을 어지럽히는 사치와 무절제의 상징으로 비난의 대상이 되었다.

여성의 소비는 사치와 낭비로 규정되며 사회적 비난을 받는다.

'키덜트, 동심을 품은 어른아이'에게는 젠더적 의미가 없다.

　'모던걸'이나 '된장녀'에 대한 남성들의 폄훼는 과도한 소비가 문제인 것처럼 이해되지만, 실상은 그녀들의 소비가 가정을 위하거나 사회의 테두리 안에서 용인되는 것이 아니라는 데 문제가 있다. 즉 여성 자신의 욕망을 충족시키는 소비를 문제시한 것이다. 전통적인 젠더 규범을 일탈하고 자본주의적 소비 욕망을 적극적으로 드러내는 순간 여성들의 소비는 사치와 낭비로 규정되며 부정적인 여성상이 등장하게 된다. '모던걸', '된장녀'는 모두 이와 같은 맥락에서 탄생한 이데올로기적 담론의 희생 제물이었다. 이러한 이데올로기적 담론에 따른 젠더적 불평등의 문제는 현재도 여전히 계속되고 있다. 남성들의 '여가를 위한 소비'는 젠더화되어 사회적으로 이슈화된 적이 없다. 취미나 레저, 뷰티 등을 위해 상품을 구매하는 성인 남성들을 지칭할 때 우리는 '된장남', '김치남'이라고 얘기하지 않는다. 우리 사회는 이들을 '키덜트', '얼리어답터', '그루밍족'과 같이 성별(젠더적) 표현이 등장하지 않는 명칭으로 호명한다. 여성의 소비가 부정적인 의미의 젠더화된 언어로 상징화되어온 것과는 뚜렷히 대비된다. 남성이 피규어나 드론을 구입하는 것은 '키덜트'적 소비가 되고, 여성의 백 구입은 '된장녀'의 허영심으로 폄훼하는 구조는 이제 개선되어야 한다.

9장

패션 민주화의 덫

—————— 패션

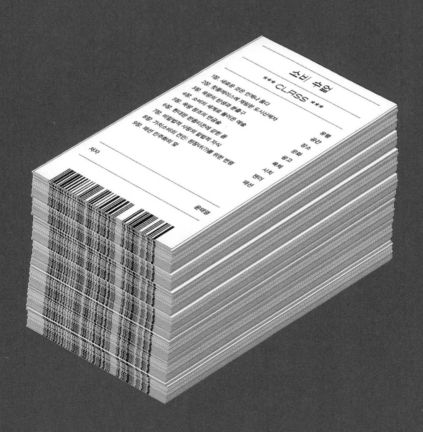

소비 수업

*** CLASS ***

1장. 새로운 것은 언제나 옳다
2장. 럭셔리에이스에 탑승한 호모소비쿠스
3장. 욕망의 탄생과 호모소비쿠스
4장. 소비의 세계로 뛰어든 도시산책자
5장. 욕망 창조의 연금술
6장. 현대판 판옵티콘의 감옥
7장. 비물질적 소비의 물질적 지식
8장. 가치소비의 경산: 원정(內)가들 위한 변양
9장. 패션 민주화의 덫

유행
광고
장소
문화
육체
사회
엔터
패션

저자   윤태영

패션 민주화의 과실은 달콤했지만,
그 과실은 인류의 미래를 담보로 한 것이었으며,
동시대를 살아가는 자의 무거운 도덕적 책임을
요구하는 것이었다.

현대사회에서 패션을 얘기할 때 자주 겪게 되는 혼란 중 하나는 바로 유행과 패션의 혼용에서 비롯된다. 우리는 쉽게 패션과 유행을 동의어로 이해한다. 꼭 틀렸다고 얘기할 수 없다. 앞서 우리가 살펴본 유행의 개념, 즉 "한 사회 내에서 일정 기간 동안 유사한 문화 양식과 행동 양식이 일정 수의 사람들에게 공유되는 사회현상"이 주로 의복 또는 복식품에 한정되어 나타나는 것을 패션이라고 이해하면 될 듯하다. 즉 의복에 초점을 맞춘 협의의 유행 개념을 패션이라고 할 수 있다. 그렇게 보면 앞서 보았던 유행의 본질과 속성, 존재 양식 역시 패션에도 동일하게 적용되어 나타난다.

우리는 이 장에서 소비사회의 대표적 풍광 중 하나인 패션에 대해 살펴볼 것이다. 패션과 소비는 여러 면에서 닮아 있다. 특히 현대인들이 타자와의 구별짓기 욕망을 실현하는 데 이 두 가지 기제는 매우 유용하게 활용된다. 소비를 통해 그리고 패션을 통해 현대인들은 구별짓기의 욕망을 충족시킨다. 우리는 앞의 장에서 백화점의 탄생과 패션산업의 발전이 서로 무관하지 않음을 살펴보았다. 최초의 백화점이 등장했던 파리에서 소비는 발전했고, 그 소비를 추동하고 뒷받침한 것이 바로 패션이었다. 소비와 패션은 그 궤를 같이하며 발전해왔다.

　자본주의가 태동하던 시기에 노동, 검약, 절제 등 청교도 정신으로 무장한 신흥 부르주아들은 사치와 낭비의 상징이었던 귀족들과의 차별화를 시대적 요구로 받아들였다. 그러나 그들 역시 자신이 소유한 금력과 사회적 지위를 과시하고자 하는 욕구를 억제하기는 어려웠다. 이들은 다양한 형태로 자신의 사회적 지위와 권력을 드러내고자 했다. 이때 부르주아들을 대신하여 그들의 사회적 부와 지위를 과시하는 역할을 수행한 것이 바로 그들의 아내였다. 아내는 부르주아 남편의 '대리 소비자'로서 소비의 전면에 등장했고, 사치를 통해 남편의 사회적 지위를 밖으로 드러내는 역할을 담당했다. 여성이 이러한 역할을 수행하는 데 가장 적합한 품목이 바로 의복(이 장에서 패션과 의복은 같은 의미로 사용됨을 미리 밝힌다. 둘의 엄밀한 구별은 잠시 미루고자 하니 양해를 바란다)이었다. 여기엔 의복이 갖는 속성도 크게 작용했다. 계절마다 새로운 옷들이 등장했고, 또한 새로운 변형이 그 어느 품목보다 용이했으며, 사치하고자 마음만 먹으면 그 어느 것보다 비싸고 화려하게 만들어낼 수 있었기 때문이다. 이처럼 의복은 사치를 위한 중요한 소비품목이었으며, 소비가 확산되고 대중화되어가는 과정에서 중요한 매개 역할을 했다. 이는 소스타인 베블런의 《유한계급론》에서도 여실히 드러난다. 베블런은 의복(특히 여성의 의복)이 금전을 낭비하는 데 최고의 품목이며, 착용자가 생산적 직업을 면제받고 있음을 과시하는 데 가장 효과적인 품목이었다고 강조했다. 이렇듯 소비와 패션은 그 시작부터 불가분의 관계를 맺으며 발전해온 것이다.

우리가 패션에 주목하는 또 다른 이유는 오래전부터 의복이 담당해왔던 기능 때문이다. 의복은 소비 이전부터 가장 직접적인 방식으로 각 개인의 신분과 정체성을 표현하는 수단으로 기능했다. 주지하다시피 신분사회가 유지되던 시대 각 개인은 그들의 의사와는 무관하게 입어야 할 의복이 처음부터 정해져 있었다. 의복을 통해 자신의 신분을 드러냈고, 옷을 통해 나타난 신분은 그가 누구인지를 설명해주었다.

프랑스 혁명 이후 명시적인 신분사회가 폐지되고 새로운 직업들이 등장하면서 의복은 더 이상 각 개인의 타고난 신분이 아닌 획득한 직업적 정체성을 나타내는 것으로 그 기능이 대체됐다. 그러나 신분적 정체성이 직업적 정체성으로 바뀌었을 뿐 여기서도 의복은 그것을 착장하고 있는 사람이 어떤 사람인지를 보여준다. 이처럼 의복은 시대를 막론하고 자신을 연출하고 표현하는 가장 훌륭한 도구로 기능해왔다. 현대사회에서 소비와 패션이 닮았다고 하는 것은 바로 이러한 이유(소비와 패션 모두 행위자의 정체성을 표현하는 가장 유용한 수단이라는 것) 때문이다. 이제 패션에 대한 이야기를 시작해보자.

제2의 피부, 강보에서 수의까지

'요람에서 무덤까지.'

한 나라의 복지수준을 얘기할 때 종종 듣게 되는 말이다. 태어날 때부터 생을 마감할 때까지 국가가 책임지겠다는 복지 시스템을 의미한다.

이에 빗대어 '강보에서 수의까지'란 말을 생각해보게 된다. 강보는 어린 아기를 감싸는 이불 같은 천을 말하는데, 갓 태어난 아기는 강보라고 하는 부드러운 천에 싸여 보호를 받는다.

기독교인들은 강보에 대해 조금 더 각별한 의미를 가질 것이다. 성경에 아기 예수의 탄생과 관련해서 언급되는 것 중 하나가 바로 강보다. 목자들에게 아기 예수를 찾는 단서로 베들레헴, 구유, 강보세 단어를 알려주었기 때문이다.

유대인들이 아기를 강보로 싼 이유는 추위와 사고로부터 아기를 보호하고 나쁜 세균의 감염을 막기 위한 것이었다. 그러나 진짜 이유는 사탄의 침입을 막기 위한 영적인 목적에 있었다고 한다. 새로운 아기는 사탄이 탐내는 새집이 될 수 있으므로 부모는 그걸 막아내고자 했다는 것이다.[219]

갓 태어난 아기를 강보로 감싸 보호하는 것이 비단 유대인들에게서만 볼 수 있었던 건 아니다. 강보는 비슷한 이유와 목적으로 동·서양을 막론하고 많은 지역과 민족에게서 볼 수 있다. 어찌 됐든 강보는 인간이 세상에 태어나 처음으로 접촉하는 외부 세계이자 매개

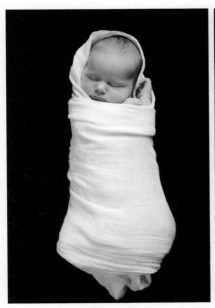

강보는 아기가 태어나 처음으로
접촉하는 외부 세계다.

수의는 생을 마감한 순간까지
현실 세계와의 인연을 매개한다.

물이었다. 그리고 그 매개물이 의복의 재료가 되는 직물(천)이었다는 점은 인간과 의복의 관계가 다른 어떤 사물과의 관계보다 더 직접적이고 밀접한 것이었음을 말해준다.

강보와 마찬가지로 죽은 사람에게 입히는 옷인 수의는 또 어떤가? 인간이 한평생을 살다 죽음에 이르러 자연으로 돌아갈 때 역시 직물로 짠 의복을 입는다. 나라마다 부르는 용어는 다르겠으나 어느 나라를 막론하고 사자死者를 알몸으로 보내진 않는다. 몇 해 전 예수 그리스도가 십자가에 못 박혀 숨지고 부활하기 전까지 시신을 감쌌던 것으로 알려진 수의(토리노 성의)가 일반에 공개된 적이 있었다. 아기 예수를 감쌌던 강보와 십자가에 못 박혀 숨지신 예수를 감쌌던 수의는 기독교인들에게 성물로 받아들여진다.

우리가 의복을 제2의 피부라고 부르는 데는 이유가 있다. 인간에게 의복 또는 의복의 기초 재료가 되는 천(직물)은 탄생과 죽음의 순간은 말할 것도 없고 인간의 삶 전 과정에 영향을 미친다. 다음의 인용글을 함께 읽어보자.

우리는 하루에 몇 번이나 옷을 갈아입을까? 대개 아침에 일어나서는 잠옷을 벗고, 낮의 일과 환경에 맞는 복장을 하게 될 테고, 일과를 마친 후에는 집으로 돌아와 편안한 평상복으로 갈아입고 여유로운 저녁 시간을 보낸다. 그리고 씻은 다음에 잠옷으로 갈아입고 잠자리에 든다. 그 외에 참가하게 될 특별 행사가 있을 경우는 평상시보다 더 옷차림에 신경을 쓸 것이다. 이것이 지극히 평범한 일상인들의 복장 습관일 테고, 때로는 직업에 따라 더 자주 갈아입는 사람도 있을 것이다. 주요 고객을 대상으로 영업을 하는 사람들은 고객을 만날 때마다 그 고객의 특성에 맞춰 옷을 갈아입기도 한다. 굳이 그런 특이한 경우를 예로 들지 않더라도 옷을 착용한 것을 의식하든 의식하지 않든 옷을 입는 행위는 일상의 틀 안에서 늘 이루어지므로 우리는 옷에서 자유로울 수 없다. 그런 의미에서 패션에 관심이 없는 사람조차 어떤 식으로든 패션의 영향에서 벗어날 수는 없다.[220]

이렇게 패션은 우리가 관심을 갖든 안 갖든 우리의 삶과 일상에 어떠한 형태로든 영향을 미친다.

프레드릭 워스에서 카를 라거펠트까지, 패션의 발전과 민주화

패션의 민주화란 무엇을 의미하는가? 민주화란 의미 자체가 일부 계급이나 세력에 독점 또는 전유되어오던 것들이(일반적으로 정치권력을 의미한다) 보다 많은 대중에 의해 자유롭고 평등하게 향유됨을 의미한다면, 패션의 민주화 역시 상층계급 또는 남성만의 전유물이었던 복식이 여성에게는 물론 일반 대중에게까지 보급, 확대되어 나타나는 현상을 의미한다고 할 수 있다.

패션 민주화의 개념이 본격적으로 회자되기 시작한 지는 대략

15년 전쯤으로 생각된다. ZARA와 H&M을 필두로 하는 패스트 패션이 급격히 성장하면서부터 패션 민주화에 대한 담론이 형성되기 시작했다. 그러나 패션의 민주화 과정은 그 훨씬 오래전부터 지속적으로 진행되어왔다. 산업혁명 이후 19세기에 이미 패션의 민주화가 이루어졌다고 보는 학자들의 주장이 있듯이, 패션의 민주화는 현대에 이르러 어느 날 갑자기 이루어진 것이 아니다.

지금부터는 프랑스 혁명과 산업혁명 이후 패션이 민주화되어왔던 과정을 살펴볼 것이다. 대학에서 의류학이나 패션을 전공한 분들은 복식사를 통해 이미 익숙한 얘기일 수 있다. 그런 분들은 패션 민주화란 관점에서 복식의 역사를 다시 살펴보는 계기라 생각하고 읽는다면 도움이 될 것이다. 그럼 지금부터 패션의 민주화 과정을 살펴보도록 하자.

의복은 사회적 신분과 성별의 가장 뚜렷한 지표로서 상징적인 경계를 유지하거나 허무는 데 유용한 지표로 여겨진다. 주지하다시피 과거에 의복은 공적인 공간에서 자신을 표현하기 위한 주된 수단이었다. 어느 국가나 지역을 막론하고 의복에는 직업, 종교, 사회계급을 비롯해 시대에 따른 다양한 정체성의 모습들이 표현되어왔다. 일례로 대부분의 사람들이 착용하는 모자 같은 품목은 한 개인이 속한 사회계급 또는 동경하는 사회계급을 그대로 나타냈기 때문에 특히 중요했다.[221] 이처럼 수 세기 동안 의복을 중심으로 한 복식품은 사람들의 신분과 지위를 상징했다. 각 계급의 사람들은 다른 선택의 여지 없이 신분에 따라 정해진 옷을 입어야만 했다. 그러나 18세기 이후 프랑스 혁명과 산업혁명을 거치면서 기존의 귀족들이 몰락하고 검약, 성실, 노동이라는 청교도적 가치로 무장한 부르주아가 사회의 전면에 등장하면서 사회, 문화적 영역은 물론 의복 착용에도 커다란 변화가 일어났다. 특히 의복 소비의 새로운 주체로 떠오른 부르주아는 그동안 사회적 신분을 상징하던 의복의 위계질서를 무너뜨렸다. 값비싼 원단의 화려한 의상을 구입하는 것은 이제 더 이상 왕족이나 귀족만의 전유물이 아니게 되었다. 돈 있는 사람이면 누구나 입을 수 있는 선택의 대상으로 바뀐 것이다. 이처럼 의복에 대한 소비는 새로운 소비 주체의 탄생과 소비문화의 서막을 알리는 상징적인 변화였다.

산업혁명이 일어나고 기계로 만든 의복이 나올 때까지 의복은 대체로 개인의 가장 귀중한 재산이었다. 지금으로서는 쉽게 상상이 되지 않지만, 당시까지만 해도 일반 평민들의 경우 대개 한 벌의 옷만을 갖고 있었다. 의복은 매우 비싸고 귀해서 그 자체로 일종의 통화 구실을 하기도 했고, 돈이 부족할 때는 보석이나 다른 귀중품과 함께 저당을 잡히기도 했다. 또한 상당히 많은 의복을 소유할 정도로 부유했던 사람들은 옷을 친척이나 하인들에게 유산으로 물려줄 정도로 귀중한 재산으로 여겼다. 심지어 19세기에도 의복은 평민 가정의 재산에서 꽤 중요한 부분을 차지했다. 프랑스 노동자계급 남성의 경우 결혼할 때 구입했던 슈트 한 벌을 일생 동안 간직하며 일요

일 예배나 결혼식, 장례식 등 다양한 상황에서 착용했다.[222]

이러한 상황은 19세기 말에 와서야 개선되기 시작했다. 산업혁명의 결과로 면직물의 공급이 늘어났고 의복이 점차 저렴해졌다. 그 결과 하층계급에서도 예전보다는 쉽게 의복을 구입할 수 있게 됐다. 의복이 누구나 쉽게 살 수 있는 첫 번째 소비품목이 되면서 때때로 빈부를 가리지 않고 사치와 탐닉의 대상이 되기도 했다. 특히 유럽과 달리 미국에서는 많은 이민자들로 말미암아 의복의 역할이 더욱 중요했다. 이민자들은 미국에 도착하자마자 전통 의상을 벗어던졌고, 자신들의 이전 정체성을 버린 후 새로운 정체성을 확립하는 수단으로 의복을 이용했다. 그러나 상대적으로 전통의 굴레에서 손쉽게 벗어날 수 있었던 미국의 흐름은 패션의 발달사 논의에서는 중심적 위치를 차지하지 못했다. 의복 및 착장의 전통과 패션의 발달은 유럽, 그중에서도 프랑스 파리를 중심으로 진행되어왔음을 부정하기 어렵다.

패션의 발전과 민주화 과정에서 처음으로 얘기되는 것은 근대 패션에서 서로 공통점이 없을 것 같은 두 개의 새로운 산업이 결합되어 나타났다는 것이다. 그중 하나는 쿠튀르라고 알려진 고급 의상실(오트쿠튀르Haute Coutre)의 등장이고, 다른 하나는 기성복 제조산업이었다.

기성복 제조산업의 발전은 면직물 공업 자체가 산업혁명을 상징하는 것에서도 알 수 있듯, 당시 방적기와 방직기를 통한 실과 직물(천)의 대량생산을 그 기반으로 했다. 이에 더해 새롭게 발명된 재봉틀의 등장은 손바느질을 대체함으로써 봉제의 생산성을 획기적으로 개선시켜 옷의 가격을 낮추는 데 크게 이바지했다.

기성복 제조산업의 발전이 일반 대중의 옷에 대한 수요를 충족시키며 패션 민주화의 시작을 알린 것이었다면, 전통적인 귀족과 상층 부르주아 중심의 패션을 대중화하고 민주화시킨 또 다른 측면이 있었다. 그것은 바로 오트쿠튀르였다. 그렇다면 사치 패션의 대명사인 오트쿠튀르의 등장이 어떻게 패션 민주화에 기여하는 계기가 되었을까?

오트쿠튀르가 등장하기 전인 19세기까지의 복식은 주로 왕족과 귀족을 중심으로 진행됐으며 사치스럽고 화려함을 극단적으로 추구했다. 이들은 주로 주문에 의해 의복을 만들어 입었으며, 그것을 패션으로 인식했다. 이 시기 이러한 흐름을 바꾸어놓은 인물이 있는데 그가 바로 우리가 최초의 디자이너라고 부르는 찰스 프레드릭 워스Charles Frederic Worth(1825~1895)다. 그는 기존의 의복 제작 시스템과는 다르게 주문받은 것을 그대로 제작하는 것에 머무르지 않았고, 그 자신이 만들고자 하는 옷을 직접 디자인하고 생산했다. 그는 1851년 런던 대박람회, 1855년 파리 국제박람회에 자신의 옷을 전시하면서 세상에 그의 존재를 알렸다. 1858년에는 나폴레옹 3세의 궁정에서 자신의 옷을 선보였다. 여기서 바로 유제니 황후에게 자신의 드레스를 입혔고 유제니 황후는 워스를 궁정 '쿠튀리에'로 임명했다. 이것이 그가 '최초의 쿠튀리에'라고 불리게 된 이유다. 이때부터 워스는 파리의 화려한 취향을 이끌어가는 '최초의 디자이너'가

됐다. 이후 그는 러시아, 오스트리아 황후 등의 드레스도 제작했고 귀족계급 여성들을 중요한 고객층으로 만들어냈다. 그가 창조한 드레스는 소위 '크리놀린 스타일', '버슬 스타일' 등으로 불리며 복식사의 한 페이지를 장식하고 있다.

이후 워스의 사업은 지속적으로 번창했으며, 늘어나는 고객의 수요를 감당하기 위해 새로운 시스템을 도입했다. 첫번째로 고객의 요구에 맞는 드레스를 빠른 시간 안에 제작할 수 있도록 표준 패턴과 드레스 모델을 개발했다. 그리고 앞서도 얘기했듯이 당시 주문을 받아 제작하는 것과 다르게, 시즌별로 컬렉션을 열어 패션쇼를 하고 고객들이 컬렉션 안에서 고를 수 있게 했다. 이것은 현대 패션 산업에서 패션쇼를 통해 자신의 컬렉션을 소개하는 시스템의 원형이 됐다.

결국 워스는 과거 황후와 왕족, 귀족에 한해 주문 제작되었던 드레스를 사전에 대량생산이 가능하게 표준화하고 브랜드화함으로써 그동안 황후나 왕족이 입던 주문 제작 드레스를 이제는 구매력이 있는 여성이라면 누구라도 입을 수 있게 했다. 사치 산업을 상징하는 오트쿠튀르가 아이러니하게도 패션 민주화의 기초를 제공한 것이다.

찰스 프레드릭 워스의 뒤를 이어 패션 민주화의 과정에 기여한 또 다른 인물은 바로 폴 푸아레Paul Poiret(1879~1944)였다. 그는 패션을 응용미술 또는 현대 예술의 한 부분으로 주창하며, 자신의 작품이 프랑스 응용미술의 수준을 한 단계 격상시키는 데 이바지했다고

크리놀린 드레스

버슬 스타일 드레스

자부한 디자이너였다.

패션의 발전과 민주화 과정에서 폴 푸아레의 가장 큰 기여는 누가 뭐래도 코르셋corset에서 여성의 육체를 해방시킨 것이다. 19세기 말부터 계속되어온 여성의 신체, 특히 허리를 비정상적으로 가늘게 조였던 코르셋을 제거함으로써 과거와는 완전히 다른 새로운 여성복 패션의 기초를 제공했다. 바로 직선적인 스타일의 근대적인 여성(복)의 외양이 형성된 것이다.

그러나 폴 푸아레는 코르셋을 폐기해 여성의 신체를 자유롭게는 했으나, 여전히 복잡하고 화려한 장식과 사치스러움을 유지했다. 그는 이러한 바탕 위에 이슬람과 동양에서 받은 영감을 기초로 하렘팬츠나 램프셰이드 드레스, 미나렛 스커트를 포함한 여러 디자인을 선보였다.

근대적인 여성(복)의 외양이 형성된 제1차 혁명이 1910년대 폴 푸아레에 의한 코르셋의 제거였다면, 제2차의 더 급진적인 혁명은 1920년대 가브리엘 샤넬Gabrielle Chanel(1883~1971)에 의해 진행됐다. 폴 푸아레는 코르셋을 폐기하고 새로운 유연성을 여성적인 매력으로 삼았다. 그러나 그는 여전히 복잡한 장식, 전통적이고 화려하고 사치스러운 요소들을 포기하지 않았다. 이와 달리 샤넬은 화려하고 요란한 장식과 사치를 철저히 배제했다. 샤넬은 여성의 옷에서 값비싼 장신구와 지나치게 멋을 부린 요소들을 제거했다. 그녀는 복잡하고 화려한 장식을 배제하고 옷을 최대한 단순화시킴으로써 마침내 패션을 누구나 쉽게 접근하고 또 모방할 수 있는 것으로 만들

폴 푸아레의 하렘팬츠　　　　　　폴 푸아레의 호블 스커트

었다. 샤넬의 옷을 기점으로 화려한 장식과 사치는 축소되고 단순하고 간소화된 지금과 같은 의복 형태의 원형이 만들어졌다.[223]

　폴 푸아레와 샤넬 이전의 여성복은 치렁치렁한 레이스와 심하게 강조된 소매, 길고 풍성한 치마로 구성되어 있었다. 잘룩한 허리와 풍성한 치마 라인을 강조하기 위해 코르셋으로 허리를 옥죄고 치마 속에 고래뼈 등으로 만든 단단한 속치마(크리놀린, 페티코트 등)도 입어야 했다. 이 옷들은 무겁고 활동하기 매우 불편했으며, 코르셋은 갈비뼈에 변형을 줄 정도로 입기에 고통스러웠다. 이 불편하고 끔

찍한 복식에서 여성들을 벗어나게 해준 패션의 혁명가가 바로 샤넬이었다.

샤넬의 디자인은 당시로서는 매우 파격적이었고 과감한 것이었다. 먼저 샤넬은 긴 드레스 치마를 발목 위까지 짧게 잘라버렸다. 당시로서는 상상하기 쉽지 않은 매우 파격적인 시도였다(혹자는 뒤에 살펴볼 미니스커트의 등장보다 의복에서 더 혁명적 사건은 여성의 발목이 드러난 것이라 주장한다). 또한 남성용 속옷으로 사용되던 값싼 저지를 활용해 실용적이고 활동성이 강조된 드레스를 만들어 발표했다.

또한 샤넬은 남성용 슈트에서 착안해 여성들을 위한 슈트를 개발했다. 이것이 바로 그 유명한 샤넬의 시그니처 아이템인 투피스 슈트다. 남성용 슈트의 형식에서 칼라를 없앤 가디건 스타일의 재킷과 슬림하게 무릎 길이까지 떨어지는 스커트에 심플한 메탈 장식을 더했다. 이는 당시 남성 중심적이었던 권력 구조에서 새롭게 커리어를 쌓아나가려 하는 여성들의 욕구를 완벽히 충족하는 디자인이었다.[224]

샤넬은 단순하고 심플한 라인을 살린 디자인으로 세련된 동시에 편안한 디자인을 선호했다. 그녀는 불편하고 수동적인 상태를 강요했던 기존 여성복에서 탈피하고 여성들에게 활동의 자유를 부여하고자 했다. 그리고 남성복에서만 점유하던 바지, 슈트 스타일을 여성복으로 완벽하게 탈바꿈시켰다.[225] 이렇게 샤넬은 패션을 통해 여성 해방에 앞장섰다.

베블런의《유한계급론》에서 과시를 목적으로 하는 여성들의 의복은 최대한 불편하고 거추장스러워 어떠한 생산활동에도 참여할 수 없는 형태로 묘사된 바 있다. 샤넬은 이렇게 여성을 가두었던 패션을 거부하고 자유롭고 활동적인 여성을 위한 의복을 제시했다.

또한 샤넬은 최초로 핸드백에 줄을 달아 숄더백을 선보였다. 당시 여성용 핸드백에는 끈이 없어서 외출할 때면 여성의 한쪽 손은 늘 핸드백에 얽매여 활동성이 떨어질 수밖에 없었다. 핸드백에 끈을 달면서 여성의 두 손은 훨씬 더 자유로워졌다.

샤넬 패션의 절정은 그녀의 상징과도 같은 리틀 블랙 드레스다. 당시 검은색 옷은 상복이나 여성 점원의 의상으로 인식됐다. 샤넬은 산업혁명 이후 남성복에서 주로 사용되던 블랙 컬러를 여성 패션에 도입함으로써 성과 계급과 관습에 묶여 있던 고정관념을 일거에 전복시켰다.[226]

샤넬의 저지 슈트

샤넬의 리틀 블랙 드레스

60년대 스트리트 패션의
혁신가, 메리 퀀트

결국 지금까지 소개한 샤넬의 패션은 과거와는 완전히 결별하는 단순미와 기능성의 극치를 보여주었다. 그만큼 샤넬의 옷은 대중적이었으며 복제가 쉬워 다양한 소재로 만들어졌다.

비록 지금 샤넬은 현대 패션의 최정점에 있어 일반 대중들은 접근조차 어려운 초고가의 하이엔드 럭셔리 브랜드로 자리잡았지만, 그녀가 선보인 디자인들은 현대 패션의 원형으로 누구나 쉽게 접근하고 수용 가능한 것이었다. 스타일과 색상, 소재의 측면에서 패션의 민주화는 샤넬에 의해 완성되었다고 해도 과언이 아닐 것이다.

샤넬 다음으로 패션의 민주화 과정에 기여한 인물로 소개하고자 하는 이는 바로 메리 퀀트Mary Quant(1934~)와 앙드레 쿠레주André Courrèges(1923~2016)다. 두 사람이 주로 활동했던 시기는 1960년대였다.

메리 퀀트는 '미니스커트의 어머니'로, 앙드레 쿠레주는 '미니스커트의 아버지'로 불린다.

전후 1950년대는 제2차 세계대전 이후 크리스티앙 디오르Christian Dior(1905~1957)에 의해 '뉴룩new look'이 발표된 시기였다. '뉴룩'은 전후 전쟁으로 획일화됐던 패션 시장에 새로운 바람과 활력을 불어넣으며 엄청난 대중의 지지를 받았다. 전쟁 기간 동안 억제되었던 사치와 풍요에 대한 욕구는 패션에도 그대로 나타났다. 여성의 곡선미가 다시 부활했다. 개미 허리처럼 여성의 허리가 잘록해졌고, 그와 대조적으로 풍성한 치마를 입혀 여성성을 극단적으로 강조했다. 1950년대는 뉴룩을 중심으로 사라졌던 코르셋 기구들이 재등장하기도 했으며 여성의 몸은 제한되었고 불편해졌으나, 우아하고 사치스러운 패션에 대한 욕망이 그 불편함을 압도하던 시기였다.

그렇게 전후 1950년대가 지나고 새롭게 1960년대에 접어들면서 전쟁의 내핍에서 벗어남은 물론 호화롭고 사치스러움을 배제한 새로운 패션이 그때까지 패션의 변방이었던 런던에서 태어났다.

1960년대는 처음으로 젊은이들의 하위문화가 주류로 등장한 시기로 비틀스로 대표되는 모즈룩과 사이키델리, 히피패션 등이 등장한 시기였다. 전 세계적으로 반전 평화운동이 일어났고, 기존 권위에 저항하는 학생운동이 확산되면서 다양한 저항의 표현들이 젊은이들을 중심으로 나타났다. 1960년대 특히 유럽의 이 시기는 정치, 경제, 사회, 문화 전반에서 근본적 문제 제기와 변화에 대한 욕망이 들불처럼 타올랐던 시기였다. 패션의 영역 역시 예외는 아니었다.

이러한 1960년대의 시대적 상황에서 당대를 상징하는 패션으로 우리가 주목하는 것이 바로 미니스커트의 등장이다. 1960년대는 그야말로 패션의 혁명이 몰아쳤던 시기였다. 미니스커트는 가냘픈 몸매의 인기 모델이었던 트위기Twiggy가 자주 입고 등장하면서 확산되기 시작했고, 서구 여성들뿐만 아니라 아시아 등 세계 여러 나라의 여성들에게도 인기를 끌며 유행했다. 우리나라 역시 1960년대 가수 윤복희가 처음으로 미니스커트를 소개한 이후 미니스커트가 유행했다.

당시 영국의 일간지 《인디펜던트》는 "청년들은 비틀스를 들었고, 여성들은 메리 퀀트의 짧디짧은 미니스커트로 자기를 드러내기 시작했다"고 기술하고 있다.[227]

메리 퀀트와 함께 1960년대 런던의 새로운 패션은 기존의 화려하고 사치스럽고 형식과 관습에 얽매인 패션과 결별하고, 젊은이들을 중심으로 일반 대중도 쉽게 구입할 수 있는 옷을 만들어냈다. 미니스커트는 이러한 과정에서 태어났으며 자연스럽게 기성 문화와 전통을 거부하고 자유와 평등을 상징하는 시대의 산물로 이해됐다. 이렇게 패션은 시대의 담론을 반영하며 또한 그 정신을 실천하는 과정에서 한 걸음 더 대중화되고 민주화되어갔다.

한편, 1960년대의 미니스커트와 함께 이 시기 패션의 민주화 과정을 이해하는 데 꼭 짚고 가야 할 것이 두 가지 더 있다. 그중 하나가 바로 '피코크 레볼루션peacock revolution'이라고 불리는 남성복의 2차 혁명이다. 남성복의 1차 혁명은 이미 잘 알려진 바와 같이 단순, 절제의 가치가 투영되어 현대적 복식의 원형이 만들어졌던 산업혁명 전후의 변화였다. 1960년대 들어 나타난 2차 혁명의 핵심은 남성복에도 장식적 요소가 가미되기 시작했다는 것과 기존의 블랙과 네이비, 그레이에서 벗어난 컬러의 과감한 사용이었다. 이때부터 남성복도 장식적인 면이나 색상 면에서 화려해지기 시작했다. 이를 숫

1960년대 남성복에도 과감한 컬러와 패턴이 도입되었다.
남성복에서의 혁명, 이를 피코크 레볼루션이라 한다.
화려한 컬러와 패턴으로 된 옷을 입은 비틀즈.

출처: 게티이미지

공작의 화려함을 빗대어 '피코크 레볼루션'이라 칭하게 된 것이다.

1960년대 또 다른 변화는 이브 생로랑Yves Saint Laurent(1936~2008)에 의해 소개된 여성 정장 바지 슈트의 등장이다. 이브 생로랑은 창의적이고 아름다운 작품을 보여주었을 뿐 아니라 스트리트 패션을 사랑한 디자이너였다. 1966년 그는 턱시도 정장을 여성에게 입힌 '르 스모킹Le Smoking(턱시도)' 컬렉션 의상을 발표하는데, 당시로서는 학교나 직장과 같은 공공장소에서 여성들이 바지를 입는 것이 일반적이지 않은 때였다. 이브 생로랑은 1960년대 사회에 새롭게 등장한 당당하게 일하는 여성에 주목하기 시작했고, 그 결과물로 '르 스모킹' 컬렉션을 발표했다. 당시 공적인 이브닝 행사에서 남자는 턱시도를 입고, 여자는 화려하고 사치스러운 이브닝 드레스를 입는 것이 관례였다. 그러나 이브 생로랑은 여성의 몸에 잘 맞는 재킷과 스트레이트 팬츠 등으로 오래된 이브닝 관습을 타파했다.

패션의 민주화 과정에 기여한 디자이너 중 마지막으로 소개할 사람은 가장 최근까지도 왕성하게 활동하다 얼마 전에 생을 마감한 카를 라거펠트Karl Lagerfeld(1933~2019)다. 그는 소수를 위한 사치의 상징으로 발전해왔던 하이엔드 패션을 대중 패션으로 탈바꿈시킨 인물이었다. 그는 패션을 소수를 위한 과시나 사치의 상징이 아닌 대중을 위한 자기표현과 소통의 수단으로 이해했다.[228]

지난 2004년 세계에서 가장 비싼 브랜드 샤넬의 크리에이티브 디렉터인 카를 라거펠트는 샤넬의 디자인을 노골적으로 카피하는 대

이브 생로랑이 발표한 '르 스모킹' 라인

출처: 게티이미지

표적인 패스트 패션 브랜드 H&M을 용서(?)하고 대신 그들과 손잡고 콜라보레이션으로 H&M × 카를 라거펠트 리미티드 컬렉션을 출시해 1시간 만에 전 세계 매장에서 솔드 아웃되는 대기록을 세우기도 했다. 특히 샤넬의 시그니처 아이템인 블랙 미니 드레스를 99.99달러라는 상징적인 가격에 판매함으로써 전 세계 대다수 보통 여성들에게 하이엔드 패션과의 조우를 선물했다.[229]

최고가 브랜드의 크리에이티브 디렉터로서 초저가를 지향하는 패스트 패션과 손잡고 일반 대중을 위한 옷을 만들어낼 수 있다는 것 자체가 혁명적 발상이었다. 그는 누구보다도 여성을 사랑하고 여성의 자유를 추구했던 샤넬의 기본 정신을 그만의 방식대로 계승하고 실천했던 것이다. 그는 백화점의 값비싼 트위드 재킷과 저렴한 탱크톱 한 벌을 동시에 즐길 수 있는 세상을 만듦으로써 진정한 패션의 민주주의를 완성하고자 했다.[230]

패션의 민주화 과정을 촉진한 요소들은 패션 외부에서도 작동했다. 바로 스포츠와 근대 예술 그리고 대중매체의 발달이다. 스포츠는 육체적 활동을 방해하지 않는 간결한 옷이 필요했다. 의복의 화려한 장식이나 레이스, 기타 장신구는 스포츠 활동에 방해가 되었다. 골프, 테니스, 사이클, 등산, 하이킹, 사냥 같은 활동은 제1차 세계대전 이후 급속하게 여성 의복의 형태를 바꾸는 데 일조했다. 가디건 스웨터는 골프와 더불어 나타났고, 자전거 때문에 무릎 밑까지 내려오는 헐렁헐렁한 판탈롱이 등장했다. 세기의 전환기에 수영 때문에 깃을 둥글게 판 소매 없는 수영복이 혁신적으로 변형되어 나왔고 1920년대에는 두 다리와 두 팔을 내놓은 원피스 수영복이 등장했다. 1930년대에는 등을 완전히 드러낸 투피스 수영복이 나왔다. 하키, 스케이팅, 테니스를 위해서는 1920년대 초 스커트 길이가 더 짧아졌다.[231]

스포츠는 전문화된 옷의 발전을 촉진시켰을 뿐만 아니라 여성성의 새로운 미학적인 이상을 창조함으로써 여성복 일반이 변화하는 흐름에 중요한 기여를 했다. 1920년대 나타난 단순해진 옷, 검소하고 말끔한 형태를 위해 주름과 장신구들을 제거한 옷은 스포츠에서 빌려온 에너지와 가벼움이라는 이상을 구현한 것이었다.[232]

스포츠와 함께 근대 예술의 흐름이 1차 세계대전 이후 패션의 민주적인 변형에 미친 영향 역시 매우 컸다. 특히 큐비즘의 근대 예술은 회화, 조각, 건축뿐 아니라 패션과 디자인에도 커다란 영향을 주었다. 피카소, 브라크, 마티스가 도입한 스타일상의 간결성에서 많은 영향을 받은 당시 쿠튀르 패션은 형태를 단순화하고 장식적인 것을 거부하는 쪽으로 나아갔다. 그들은 큐비즘의 영향 아래 근대의 미학적 가치들에 맞춰 의복 스타일을 민주화했다.

패션의 외부에서 패션의 민주화에 영향을 미친 또 다른 요소는 영화와 미디어와 같은 대중매체의 발전이었다. 이러한 대중매체는 우선 패션에 대한 대중의 취향과 욕구를 균질화시키는 데 이바지했다. 외양의 민주화에 발맞춰 이전 같으면 사회의 특권층에 한정되어 있던 패션에 대한 욕망이 대중매체의 발전에 힘입어 일반 대중에까지 확장되고 보편화되었다. 욕망의 대중화, 일반화는 패션 민주화 과정에서 엄청난 에너지로 작용했다. 구매 여력과는 무관하게 패션에 대한 욕망은 이제 계급과는 상관없이 동일하게 나타나기 시작한 것이다.

한 세기에 걸쳐 패션은 '민주적인 외양의 시대'로 발전해왔다. 현대 패션의 미적 기호들은 더 이상 특권층을 위해 폐쇄적으로 존재하는 것이 아니라, 궁궐 밖 광장으로 나와 수많은 대중 생활에 영향을 주고 또 받으며 함께 발전해왔다.

지금까지 살펴본 패션의 민주화 과정은 현대 소비사회에 이르러 그 절정을 맞는다. 도시로의 인구 집중이 가속화되고 사람들 간의 커뮤니케이션이 내밀해질수록 사회는 더욱 균질화되고 민주화된다. 모두가 비슷해진 상황에서 개인의 차이에 대한 욕구는 더욱 커졌고, 이러한 현대인의 차이화 욕구를 충족시키며 패션의 민주화 과정에 마침표를 찍은 것이 바로 패스트 패션이다. 패스트 패션은 상상도 할 수 없는 저렴한 가격에 하이엔드 럭셔리 브랜드에서 느낄 수 있는 고감도의 세련된 옷들을 일주일, 하루가 멀다 할 정도로 쏟아내고 있다. 이제 그들은 단순히 럭셔리 브랜드를 카피하는 것에 머물지 않으며, 앞에서도 보았듯 럭셔리 브랜드들과의 적극적인 콜라보레이션을 통해 자신의 지위를 더욱 공고히 해나가고 있다. 이것이 우리가 패스트 패션을 패션 민주화의 정점이라고 규정하는

패스트 패션 브랜드를 입고 한 토크쇼에 출연한 미셸 오바마.
패션 민주화는 이 한 컷의 사진으로 마침표를 찍었다.

© 연합뉴스

이유다.

한편, 질 리포베츠키Gilles Lipovetsky는 패션이 민주화되었다고 해서 외양이 단일해졌다든지 평등해진 것은 아니라고 주장한다. 현대의 소비 행위가 사용가치 앞에서는 모두 평등해 보이지만, 기호가치와 상징가치 앞에서는 그 어느 때보다 불평등해진 것처럼 패션 역시 마찬가지라는 지적이다. 특히 상표(브랜드), 재단법, 옷감이 더 정교해지고 더 풍부한 뉘앙스의 새로운 기호들이 나타나면서 패션은 계속해서 사회적 구별과 차이를 만들어내고 있다. 그토록 염원했던 패션의 민주화는 날씬함, 젊음, 섹스어필, 편안함과 같은 새로운 기준들과 나란히 그저 한자리를 점하게 된 것뿐[233]이라는 게 리포베츠키의 주장이다.

　그러나 한 세기를 지속한 패션의 발전과 민주화는 차이와 사회적 등급의 기호들을 제거하는 데 이바지해왔음을 부정할 수는 없다. 다만 리포베츠키의 지적처럼 패션의 민주화 과정을 통해 이제 패션은 계급 패션에서 소비자 패션으로 새로운 진화가 시작됐다고 해야 할 것이다.

향유의 대가, 패션 민주화의 덫

　패스트 패션에 의한 패션 민주화의 완성은 그동안 일부 상류계급에게만 전유되어왔던 고감도의 세련된 제품들이 이제 보다 많은 대중에 의해 향유되기 시작했음을 의미한다.

　그러나 패션 민주화의 과실은 결코 공짜로 주어진 것이 아니었다. 패션 민주화의 마침표를 찍었다는 패스트 패션은 빛과 그림자라는 양면의 모습을 갖고 있다. 그림자에 해당한 문제들은 우리 모두가 심각하게 고민해야 할 숙제를 던져주었다. 특히 지난 2013년 방글라데시에서 있었던 라나 플라자Rana Plaza 건물의 붕괴는 지금이 21세기 4차 산업혁명을 얘기하는 시대가 맞는지를 의심하게 만들었다. 당시 사고로 1,000여 명 이상이 사망했고, 수천 명이 부상을 당했다. 라나 플라자의 비극은 패스트 패션 브랜드들의 생산과정에 심각한 문제가 있음을 알려주었다. 우리가 저렴한 가격에 옷을 구입할 수 있었던 것은 제3세계 노동자들에 대한 살인적인 저임금을 기반으로 했기 때문이다. 사고가 났던 방글라데시의 경우 의류 노동자들이 한 달 내내 일하고 받는 월급은 우리나라 돈으로 10만 7,000원이다. 이것도 2018년 연말 기준 51퍼센트가 인상된 금액이다. 라나 플라자 빌딩 붕괴 이전인 2013년까지는 4만 원이 채 안 되었고, 사고 후 77퍼센트를 인상해 6만 7,000원이었다. 1,000여 명 이상의 목숨을 앗아간 라나 플라자 봉제공장 건물 붕괴의 대형 참사는 패션 민주화의 대가치고는 너무나 가혹한 것이었다. 패션 민주화의 과실은 달콤했지만, 그 과실은 인류의 미래를 담보로 한 것

2013년 4월 24일 방글라데시의 수도 다카 인근에 있는 라나 플라자 건물이 붕괴했다. 당시 1,129명이 사망하는 대형 사고였다.

이었으며, 동시대를 살아가는 자의 무거운 도덕적 책임을 요구하는 것이었다.

패스트 패션의 어두운 그림자는 비단 여기서 그치지 않는다. 독자 여러분은 섬유-의류산업이 석유산업에 이어 두 번째로 환경을 악화시키는 환경오염 유발산업이란 사실을 알고 있는가? 의류 소재로 많이 사용되고 가장 친숙한 면cotton은 목화 재배를 통해서 얻어진다. 문제는 목화 재배를 위해 사용되는 농약과 살충제가 전 세계 소모량의 25~35퍼센트에 이른다는 사실이다. 이뿐만이 아니다. 제초제, 화학비료, 고엽제 등의 화학물질이 목화밭에서 사용되고 이것은 당연히 땅을 오염시키고 물을 오염시킨다.

이와는 별개로 섬유산업은 물 소비와 수질 오염에도 막대한 영향을 미치고 있다. 청바지 한 벌을 만드는 데 소모되는 물의 전체 양은 1만 1,000리터에 가깝고, 티셔츠 한 장을 만드는 데는 2,700리터의 물이 필요하다. 물론 목화를 재배하고, 그걸 실로 만들고, 옷감을 짜고, 염색하고, 가공하는 데 들어가는 물을 다 합친 것이다. 물이 부족한 지구는 몸살을 앓고 있다. 더구나 이렇게 사용한 후 버려지는 폐수는 전 세계 배출량의 20퍼센트에 해당한다.[234] 섬유 염색이 물을 오염시키는 두 번째 요인이라는 사실은 이미 보고된 지 오래다. 이러한 이유로 섬유의 염색, 가공산업은 환경오염 유발산업으로 분류되어 선진국에서는 이미 사라진 지 오래되었다. 참고로 이러한 산업은 현재 중국에서도 인허가가 나지 않으며, 베트남에서조차도 허가 과정이 매우 까다로운 산업이 되었다. 그만큼 환경에 유해한

산업이란 의미다.

대기오염 문제도 무시할 수 없다. 섬유산업의 탄소 배출량은 연간 120억 톤에 이른다. 이는 전 세계 탄소 배출량의 10퍼센트에 육박하는 것으로 국제선 비행기나 선박이 뿜는 탄소를 모두 합한 것보다 많은 수치다.[235]

문제는 또 있다. 패스트 패션의 제품들은 한 시즌 내지 길어야 1년 정도를 입으면 대부분이 버려진다. 저렴한 가격에 만들어지다 보니 내구성 있는 원단을 사용하지 못할뿐더러, 민감하게 유행을 반영하는 까닭에 한 시즌이 지나면 유행에 맞지 않아 폐기 처분될 수밖에 없는 구조를 갖고 있다. 이렇게 한 시즌 입고 버리는 일이 반복되면서 패스트 패션은 '일회용 패션'이 되었다. 그만큼 의류 폐기 물량도 증가한다는 얘기다. 여기에 더욱 문제는 의류 폐기물의 재활용률은 1퍼센트도 되지 않는다는 유엔환경계획PNUE의 보고다. PNUE는 패스트 패션으로 말미암아 대부분의 멀쩡한 옷이 지금처럼 버려지는 상황이 계속되면 2050년에는 세계 탄소의 4분의 1이 패션산업에서 소비될 것[236]이라 경고했다.

이처럼 패션의 민주화를 가져다준 것으로 이해되었던 패스트 패션은 그에 상응하는 심각한 문제를 우리에게 던져주었다.

패스트 패션으로 인한 패션 민주화의 부작용은 다른 곳에서도 나타났다. 패스트 패션의 본성 역시 자본이다. 자본의 탐욕성은 끝없이 발현되고 확장된다. 전 세계를 대상으로 하는 그들의 무한한 확장 뒤에는 패스트 패션으로 말미암아 사라져가는 토착의 군소 패션 브랜드들이 있다. 요즘 한국 패션업계에서는 시쳇말로 유니클로나 자라가 매장 하나를 오픈하면 국내 브랜드 하나가 통째로 사라진다는 말이 있다. 패스트 패션 브랜드들이 매장 하나를 오픈해 1년 동안 올리는 매출은 규모에 따라 대략 50억에서 300억 원 내외로 추정된다. 문제는 그만큼의 매출을 올리던 국내의 중소 패션 브랜드들이 이들과의 가격 경쟁을 이기지 못하고 고사된다는 것이다. 몇 해 전 유니클로의 야나이 회장이 한국을 방문했을 때 한 말이 무섭게 떠오른다. 대한민국 전역에 군 단위 이상을 기준으로 유니클로 매장을 하나씩 내겠다는 것이었다. 이제는 시골 할아버지, 할머니들도 유니클로를 입는다는 사실에 한껏 고무되어 나온 말이었다. 이들이 한국 시장에서 밝힌 매출 목표는 3조 원이었다. 이들의 목표가 그대로 실현된다면 한국에서는 연간 300억 원의 매출을 올리는 중소 패션 기업 100개가 문을 닫게 된다. 100개의 기업에 종사하는 직원과 가족들, 그리고 이들과 협력관계에 있는 더 많은 기업과 그 가족들의 숫자를 헤아리면 순간 눈앞이 캄캄해진다(이 글을 마지막으로 손보는 지금 유니클로는 한국에서 불매운동이라는 뜻밖의 복병을 만났다. 한국과 일본 관계의 특수성을 볼 때 유니클로의 고전은 한동안 계속될 것 같다).

패스트 패션은 옷에 대한 우리의 인식 역시 바꾸어놓았다. 제3세계 노동자들에 대한 저임금을 바탕으로 말도 안 되는 가격을 앞세워 등장한 패스트 패션은 옷을 저관여 상품으로 전락시켰다. 옷이 저관여 상품이 되었다는 것은 패션에 종사하는 사람들에게는 매우 심각한 상황을 야기했다. 그것은 오랜 기간 의복이 갖고 있었던 '나를 표현하는 수단'으로서의 기능이 상실되었음을 의미한다. 그동안 나의 정체성을 표현하는 데 의복이 수행한 역할이 이제 더는 유효하지 않게 된 것이다.

현대사회는 옷 말고도 아니 옷보다 더 효과적으로 내가 누구인지를 드러낼 수 있는 기제들이 차고 넘치는 시대다. 이제 현대인들은 나의 정체성을 표현하기 위해, 아니면 스스로 원하는 정체성에 다가가기 위해 더는 옷에 의존하지 않는다. 가뜩이나 이러한 상황에서 패스트 패션은 옷의 가치 추락이라는 시대적 변화와 흐름을 가속화시켰다. 불난 집에 기름을 부었다고 해야 할까?

이것이 오늘날 패션산업이 마주한 가장 근원적인 문제다. 현대의 소비자들은 과거와 달리 의복 구매에 많은 돈을 지출하지 않는다. 그리고 옷을 구입한다 해도 패스트 패션과 같은 브랜드에서 값싸고 손쉽게 구매하는 것으로 의복 소비를 마친다. 대신 그들은 여행을 가거나 취미나 동호회 활동을 통한 경험소비에 더 많은 지출을 하고 있다.

상황이 이렇다 보니 1퍼센트의 하이엔드 브랜드와 99퍼센트의 초저가 SPA 브랜드로 시장이 재편되어가지 않을까 하는 걱정이 앞선다. 더욱이 우려되는 것은 하이엔드 시장에서도, SPA 시장에서도 대한민국의 패션 브랜드가 차지할 자리는 매우 적어 보인다는 것이다.

이러한 정황들이 기저에 깔려 한국의 패션산업은 앞이 보이지 않는 터널에서 길을 잃었다. 칠흑 같은 어둠이 언제 끝날지 예측조차

할 수 없는 상황에서 힘들고 어려운 시기를 버텨내고 있다. 패션 민주화의 덫은 우리가 생각한 것 이상으로 깊고 날카롭게 한국 패션 산업의 숨통을 옥죄고 있다. 탈출이 쉽지 않아 보인다.

그렇다고 손놓고 절망만 하자는 얘기는 아니다. 전통의 브랜드들이 힘들어 하는 동안 온라인 시장을 중심으로 현대 소비자의 취향을 정확히 이해하며 새롭게 등장한 많은 젊은 브랜드들이 선전하고 있다는 소식도 들린다. 길이 없지 않음을 보여주는 것이라 더 반가운 일이다.

패션, 인공지능과의 만남

4차 산업혁명의 광풍이 거세다. 어느 산업을 막론하고 빅데이터와 인공지능AI의 영향에서 벗어나기가 쉽지 않다. 패션(산업) 역시 예외가 아니다. 그러나 패션은 4차 산업혁명이 그들과는 무관한 것으로 생각해왔다. 그 이유는 패션이 다른 어떤 산업보다 인간의 감성이 중요한 산업으로 이해되어왔고, 이를 컴퓨터가 대신할 수는 없다고 보았기 때문이다. 그러나 인공지능의 발전은 패션은 물론 음악 작곡이나 글쓰기까지 모두 컴퓨터가 대행할 수 있는 시대를 열었다. 이제 패션도 4차 산업혁명의 이기利器들을 과감하게 수용해야 할 때가 된 것이다.

한국 패션이 새롭게 도약하기 위해 4차 산업혁명 시대에 맞는 의제가 설정되어야 한다.

필자가 생각하는 어젠다는 다음의 두 가지 키워드와 그것의 융합이다. 바로 '지속가능한 패션과 정보통신기술ICT'이다. 이것은 이미 모두가 잘 아는 의제들이다. 새로울 것이 없다. 그러나 문제는 이 주제들을 어떻게 융합해 고민하고 실천적 대안을 세우는가다. 4차 산업혁명에 따른 이기利器—빅데이터, AI, AR, VR, 3D Printing 등—를 적극적으로 수용하고, 패션의 본질과 현대사회에서 패션이 소비되는 근본적인 이유에 대해 새로운 이해와 성찰이 절실히 필요하다. 그리고 이것은 지속가능성을 담보로 진행되어야 한다.

앞에서 우리는 현재의 의류-패션 산업구조가 지속가능한 발전을 얼마나 저해하고 있는지를 확인했다. 의류-패션산업은 석유산업 다음으로 환경에 위해危害한 영향을 미친다. 산업의 특성이 이러한데 패스트 패션을 중심으로 한 의류의 과잉생산은 경쟁적으로 계속되고 있다. 이것이 지구환경과 지속가능한 발전에 얼마나 해로운 것인지는 두말할 필요도 없다.

그렇다면 과잉생산이 아닌 최적의 상품을 필요한 만큼만 생산하는 것은 불가능한 것인가? 지금까지 대부분의 패션기업들에서는 다음 시즌의 상품을 준비할 때 머천다이저와 디자이너의 감에 절대적으로 의존해왔다. 물론 그것도 5~6개월 전에 말이다. 이럴 수밖에 없는 이유는 의류-패션산업이 타 산업과 비교해 매우 긴 공급사슬SC, Supply Chain을 갖고 있기 때문이다. 아무튼 이렇게 6개월 뒤에 어떤 상품이 잘 팔릴지, 그리고 얼마나 팔릴지는 전적으로 디자이너와 머천다이저의 직관적 판단에 의지해 준비되어왔다. 물론 전년도의 판매 실적이나 각종 트렌드 정보를 참고하기는 하지만, 오늘날과 같이 소비자의 영향력이 확대되고 변화무쌍한 소비환경에서 이러한 상품기획은 분명 한계를 가질 수밖에 없다. 그 결과 잘 팔리는 상품은 없어서 못 팔아 판매 기회의 손실로 이어지고, 잘 안 팔리거나 너무 많이 생산한 상품은 고스란히 재고로 쌓여 회사의 재무구조를 어렵게 한다. 의류-패션산업은 재고와의 싸움이라는 말이 있다. 시즌이 끝나 결산을 해보면 서류상에는 분명 이익이 난 것으로 나타난다. 그러나 그 이익은 통장의 현금이 아닌 모두 재고로 창고에 쌓여 있는 경우가 허다하다. 그리고 옷은 생선과 닮아서 시간이 지날수록 상품의 가치(신선도)는 지속적으로 떨어진다. 앞에서도 얘기했듯이 오늘 팔리지 못한 상품은 내일의 새로운 유행에 떠밀려 더는 소비자의 눈길을 받지 못한다.

그러나 빅데이터나 인공지능과 같은 4차 산업혁명의 이기들이 속속 등장하면서 의류-패션산업에 새로운 기회와 가능성이 제시되고 있다. 과거와는 달리 소비자와 시장에 대한 다양하고 방대한 데이터 수집이 가능해졌다. 예전엔 데이터로 생각하지 못했던 것들(검색기록, 이미지, 동영상, 음성, 기타)이 센싱sensing 기술의 발전으로 데이터화된 것이다. 그리고 데이터 속에 감추어진 소비자들의 숨은 속마음과 구매 패턴이 인공지능에 의해 분석되었다. 지금 소비자는 어떤 제품에 관심을 갖고 있는지, 그들이 검색하는 옷의 스타일은 무엇인지, 결국 어떤 스타일의 옷을 구매하는지…… 이러한 모든 것이 이제는 실시간으로 분석된다. 여기서 한 걸음 더 들어가 빅데이터에 기초한 인공지능은 향후 소비자들의 선호를 예측하고 수량화하는 데도 눈부신 성과를 내고 있다. 이세돌을 쓰러뜨린 알파고의 예에서 확인했듯 인공지능은 수백, 수천 가지의 변수와 이들의 영향관계를 학습한다. 그리고 최적의 알고리즘을 만들어낸다. 이처럼 스스로 학습하는 인공지능 기술의 발전은 인간을 도와 어떤 옷을 얼마만큼 생산해야 하는지에 대한 유의미한 자료를 지원해줄 수 있다. 이를 통해 패션기업들은 최적의 상품을 최적의 수량만큼만 생산함으로써 판매 기회의 손실 방지와 재고 부담에서 좀 더 자유로울 수 있다. 그 결과 회사의 재무구조는 개선될 것이고, 지구 생태계는 과잉생산에 따른 여러 후유증에서 벗어나게 될 것이다. 누이 좋고 매부 좋은 일이다.

위의 내용은 한 가지 예에 지나지 않는다. 4차 산업혁명과 관련된 기술들은 이미 패션산업의 각 부문에 광범위한 영향을 미치기 시작했다. 상품기획의 머천다이징 측면뿐 아니라, 빅데이터에 기초한 인공지능이 직접 디자인을 하고, 불특정 다수의 소비자가 아닌 특정의 소비자를 대상으로 보다 커스터마이징customizing 된 서비스와 상품 생산도 점점 증가할 것이다. 또한 스마트 팩토리smart factory를 중심으로 생산 분야에서 진행되고 있는 변화와, 이미 소비 영역에서 활발하게 진행되고 있는 제품 추천서비스(여러분도 익히 잘 아는 아마존과 NEFLIX가 대표적이다. 패션의 아마존이라 할 수 있는 회사로 STITCH FIX가 있다)도 빠르게 확산되고 있다.

4차 산업혁명의 기저에는 '최대'가 아닌 '최적'의 철학이 작동한다. 이것은 4차 산업혁명을 통해 그동안 무분별하게 진행되어온 자원의 개발과 남용, 그에 따른 과잉생산과 과잉소비의 문제가 어느 정도 해소될 수 있음을 암시한다. 이렇게 4차 산업혁명은 이미 전지구적 테제가 된 지속가능성, 공유경제 등과 맞물려 시대정신이 되었다.

앞으로 4차 산업혁명은 패션(산업)은 물론 소비 전반에 더 크고 광범위한 영향을 미칠 것이다. 그리고 커다란 변화와 함께 새로운 기회와 위기가 동시에 주어질 것이다. 이 과정에서 패션(산업)이 주어진 기회를 놓치지 않고 소비자 곁에 새로운 지위와 역할로 자리매김할 수 있기를 기대한다.

10장

소비의 계급적 진화

──────── 취향

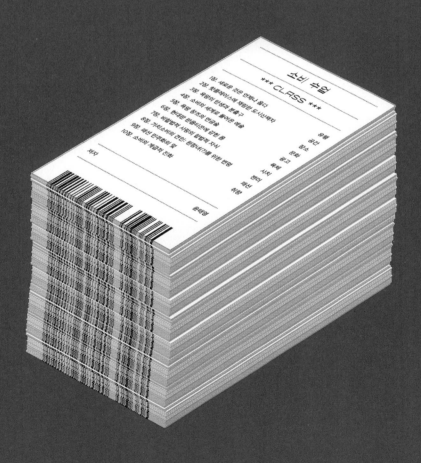

해외여행을 가서 하루 종일 호텔에 머물며
뒹굴뒹굴하기라도 하면 뭔가 불안하고 편치 않은 마음을 갖게 된다.
진정한 여가란 베블런이 얘기한 비생산적인 시간의
소비는 아니더라도 최소한 아무것도 안 하고
게으름을 피울 수 있는 것이어야 하는데,
중간계급에게는 이것이 허용되지 않는다.
어떻게 준비해서 떠난 해외여행인데 호텔에서
빈둥거릴 수 있단 말인가?

소비의 문제는 계급의 문제

현대사회에서 소비는 단순히 사물이나 서비스를 소비하는 것이 아니라 그것이 상징하는 의미와 기호를 소비하는 것이라고 했다. 소비되는 모든 것들은 예외 없이 특정의 기호와 상징을 표현한다. 여기서 가장 대표적인 상징은 바로 계급이다. 대형차가 상징하는 것과 소형차가 상징하는 것에는 비단 크기나 외관, 브랜드의 차이만 있는 것이 아니다. 여기에는 더 본질적인 계급―계급의 차이가 깔려 있다. 이러한 면에서 소비의 문제는 결국 계급의 문제에 맞닿아 있다. 형식적으로 계급이 없어진 현대사회에서 소비는 새로운 계급적 차이와 질서를 형성한다. 그리고 그렇게 형성된 계급적 차이는 소비를 통해 더 은밀하고 내밀한 방식으로 강화된다.

피에르 브루디외가 그의 저서《구별짓기》에서 사람들의 소비 취향이 계급성을 기반으로 하고 있다고 주장한 이래 소비는 상류층을 지향하는 중류층과 중류층과의 거리를 계속 유지하려는 상류층 사이의 '쫓고 쫓기는chase & flight' 계급 충돌의 장이 되었다. 중류층은 상류층을 쫓아가기 위해 상류층을 모방하는 모방 소비에 여념이 없는 반면, 그렇게 쫓아오는 중류층과 새로운 차이를 만들어내기 위해 상류층은 또다시 새로운 소비의 대상과 방식을 찾아 나선다.

특히 부르디외의 주장에 따르면 극히 개인적인 문제로 얘기될 수 있는 취향이 사실은 계급적 기반을 전제로 하고 있고, 계급성이 반영된 취향은 소비에 영향을 미치며, 따라서 우리가 인식하든 인식하지 못 하든 소비는 결국 계급성을 표현한다는 것이다.

그러나 현대사회에 들어와서 이에 대한 반론 역시 점차 확대되고 있다. 생활수준이 향상되면서 대중들은 유사한 소비수준과 라이프스타일을 가지게 되고, 서로 비슷한 라이프스타일은 계급 간의 차이를 오히려 줄인다는 것이다. 또한 계급과 같은 집단적인 정체성은 점차 다양한 개인들의 개인적인 정체성으로 분화되어, 사회계급과 소비 형태 사이의 일치성은 사라지고, 생활양식의 다양화가 진행되기도 한다. 특히 현대사회에서 소비만 놓고 보면 사실 해당 소비 주체의 사회적 지위와 계급을 판별하기가 쉽지 않다. 그 이유는 알뜰한 소비를 하다가도 자신의 취미나 스스로 가치 있다고 판단하는 품목에 대해서는 어느 부유층 못지않게 소비하기 때문이다. 이러한 소비는 최근 '가치소비'로 불리며 현대 소비의 주요 트렌드로 자리잡았다.

현대사회가 점차 고도화될수록 이러한 주장은 힘을 얻는다. 전반적인 생활수준이 향상되고 계급 간의 소비수준이 비슷해지면서 소비의 민주화는 분명 진전되는 측면이 나타난다.

그러나 여기에서 중요한 것은 소비의 절대적 수준이 아니라 상대적 소비수준이다. "소비의 의미란 언제나 다른 계급과의 상대적인 관계 속에서만 파악되기 때문에 아무리 소비수준이 상승된다고 해도 계급 간의 분화와 경쟁은 여전히 사라지지 않고 남아 제로섬적인 상황이 지속되기 때문"[237]이다. 사회 전체의 전반적인 소비수준이 올라가는 것과는 별개로 사회 구성원 간의 상대적 소비수준의 차이는 어찌 되었든 소비에 따른 계급적 차이를 유발한다. 똑같은 명품 핸드백을 들고 있지만, 몇 달을 허리띠 졸라매 어렵게 명품백을 구입한 사람과 명품백도 브랜드별로 바꿔가며 들고 다니는 사람과의 소비가 같을 수는 없다. 소비가 형식적인 민주화는 구현했지만, 그것이 계급적 측면에서 구별짓기를 위한 기제로 여전히 작동하고 있음을 부정하기는 어려울 것 같다.

소비에 계급성이 내재되어 있음을 명시적으로 주장하지는 않았지만 대도시, 유행, 화폐(돈) 등에 대한 연구를 통해 처음으로 소비와 계급 간의 관계를 보여준 학자는 게오르그 짐멜이었다. 그에 따르면 소비는 사회적 평등을 만들어냄과 동시에 신분적 위계를 만들어낸다. 그리고 이 과정에서 상류계급은 경쟁적 소비에 몰두하고, 중-하층계급은 모방적 소비에 집중한다고 했다. 앞서 논의했듯 짐

멜은 인간의 가장 본질적인 욕구가 사회적으로 '같음에 대한 욕구'
와 다른 한편으로 타인과 구별지으려는 '다름에 대한 욕구'라고 규
정하면서, 이 모순적이고 이중적인 욕구들이 대립과 통합의 과정을
거쳐 유행이라는 현상을 만들어낸다고 했다.

이러한 유행은 자연스럽게 계급을 구분하고 구별짓는 기능을 한
다. 시기마다 새롭게 유행하는 것을 받아들이려면 일단 경제적으로
여유가 있어야 한다. 특히 과거와 비교할 수 없을 만큼 유행의 속도
가 빨라지고, 그 수명이 짧아진 상황에서는 더욱 그렇다. 새로운 유
행을 빠르게 수용함으로써 집단이나 계급에 대한 소속감을 유지하
고, 유행을 쫓아오지 못하는 계급과는 차별성을 유지함으로써 서로
를 구별짓고 구분할 수 있게 된다.

한편, 베블런도 소비와 계급의 문제에 대해 비슷한 주장을 했다.
그는 《유한계급론》에서 당시 미국 사회에서 유한계급을 중심으로
팽배했던 과시소비가 제품의 기능적·물리적 사용가치나 경제적 효
용을 추구한 것이 아니었다고 설명한다. 대신 유한계급은 자신의
사회적 지위나 경제적 능력, 고급의 취향을 드러냄으로써 그렇지
못한 계급과 차별화하기 위해 과시적인 소비에 열중했다는 것이다.
베블런 역시 계급 간의 구별짓기를 위한 수단으로서 (과시)소비의
기능을 강조했다.

이처럼 소비는 단순히 사물을 구매하는 행위에 그치지 않는다.
소비는 필요와 욕구를 충족시키기 위한 행위를 넘어 그 안에 계급
이라는 커다란 상징과 의미를 내포하고 있다.

과시 소비의 동기, 계급적 경쟁

베블런은 《유한계급론》에서 소비의 동기가 기본적으로 경쟁에 있다고 했다. 그는 "사회적인 기준에 비추어 자기보다 월등한 계급이나 그 바로 아래 계급과 자기를 비교하는 계급은 거의 없는 반면, 바로 자기보다 한 단계 위의 계급을 시샘하고 따라잡기 위해 경쟁하는 계급은 어디서나 같은 비율로 나타난다는 사실에 주목"[238]해야 한다고 주장했다. 자기보다 낮은 계급이나 아니면 월등히 높은 계급과는 비교 자체를 하지 않는다. 대부분의 사람들은 바로 차상위 계급의 사람들과 경쟁한다는 것이 베블런의 주장이다.

베블런은 제품이나 물건의 유용성에 대해 논의하면서 물건이 아름답기 때문에 가치 있는 것이 아니라 값이 비싸기 때문에 아름답고 가치 있는 것이라고 주장했다. 예를 들어 값비싼 수제품 은수저가 기계로 만든 일반 수저보다 실용성이 크다고 할 수 없다. 어쩌면 실용성의 측면에서 본다면 오히려 알루미늄의 값싼 재료를 이용해서 만든 기계제품 수저가 은수저보다 훨씬 더 실용적일 것이다. 우리는 비싸고 아름답게 여겨지는 물건들을 사용하고 감상함으로써 우월한 만족감을 얻는다. 그러나 사실은 아름다움이라는 미명 아래 숨어 있는 비싼 가격 덕분에 만족감을 느끼는 것이라고 베블런은 얘기한다. 우리가 뛰어난 물건을 더 높이 평가하는 것은 그 아름다움에 대한 순수한 평가이기보다는 대부분 비싼 가격을 지니고 있기 때문이라는 것이다. 즉 어떤 물건이 우리의 미적 감각에 호소할 만

큰 가치를 획득하려면 아름다워야 함과 동시에 비싸야 한다. 가격이 비싸다는 인식은 물건의 아름다운 특징으로 우리의 취향에 영향을 미친다.[239]

이러한 예는 비단 수저에만 적용되는 것이 아니다. 유용성이 없고 비싼 과시용 애완견의 예도 같은 맥락에서 이해할 수 있다. 닭, 돼지, 소, 양, 염소는 인간에게 유용할 뿐 아니라 영리적 목적도 갖고 있는 동물들이다. 그러나 이러한 이유로 사람들은 동물에게 아름답다거나 예쁘다는 등의 미적 기준을 적용하지 않는다. 반면 생산 목적에 기여하지 않는 앵무새나 관상용 조류, 고양이나 개, 경주마 같은 동물들은 앞서 예시한 동물들과는 달리 미적 기준을 적용한다. 이런 동물들은 과시적 소비 목록에 들어가며, 성격상 아름다운 것으로 인정받는다.[240]

베블런은 이러한 모습을 '금전적 명성에 따른 취미 규범'이라 했는데, 이러한 취미 규범에 영향을 미치는 것은 비단 애완동물을 포함한 소비재에만 국한되지 않는다. 그는 인간의 미, 특히 여성의 미역시 이에 해당된다고 했다.

여자의 노동력을 가치 있게 평가하는 경제발전 단계에서는 아름다운 여성의 기준은 튼튼하고 덩치가 큰 여자였다. 그러나 이러한 여성의 미적 기준은 그 후 변화를 겪게 된다. 중세 기사도 시대에 이상적인 여성미는 미모를 중점에 두고 우아하고 부드러운 손발, 날씬한 몸매, 그리고 특히 가녀린 허리를 가진 여성이었다. 상류계급의 숙녀들은 지속적으로 보호받고 모든 유용한 노동에서 철저히 면제 받아야 하는 존재로 여겨진 것이다. 이러한 여성미의 특징은 대체로 그녀들의 신체적 결함과 관련을 맺고 있는데, 매력적인 여성은 실용적이고 유용한 노동을 할 수 없을 뿐만 아니라 주인의 부양 없이는 그녀의 게으른 생활을 유지할 수 없는 그런 여성이었다. 남성 유한계급에게 이런 여자들은 쓸모가 없고 사치스럽기 때문에 금력을 과시하는 증거로서 중요한 가치를 지녔다. 그 결과 여자들은 시대가 요구하는 필수적인 취향 조건을 맞추기 위해 자신의 몸을 변형시키려 했으며, 서구문화에서 오랫동안 널리 사용된 코르셋이나 중국에서 오랜 시간 이어져 온 전족은 바로 이러한 기능을 위해 사용되었다.[241]

또한 베블런은 금전 문화를 표현하는 의복에 대해서도 설명하고 있다. 그는 의복(특히 여성 의복)이 금전을 낭비하는 데 최고의 품목이며, 착용자가 생산적 직업을 면제 받고 있음을 과시하는 데 가장 효과적이라고 지적했다. 챙이 매우 넓은 귀부인용 보닛 모자가 신사용 실크 모자보다 노동하는 데 훨씬 불편하다는 것은 더 얘기할 필요도 없다. 또한 여성 구두 중에 특히 하이힐은 가장 단순한 육체적 활동마저도 곤란하게 만들 정도로 실용성이 없다. 또한 반짝반짝하게 광이 나도록 닦기 위해서는 반드시 여가시간이 필요하고 따라서 힐을 신고 있다는 것은 그런 시간을 갖고 있다는 것을 보여준다. 이러한 기능은 여성의 의복 중 길게 처진 의상이나 짧은 치마 등에서도 잘 나타난다. 여성들이 이러한 의상에 집착하는 이유는 그것이 비쌀 뿐 아니라 그것을 입으면 활동하기 어려운 만큼 모든 실용적인 노동을 할 수 없다는 또는 하지 않아도 된다는 사실을 드러낼 수 있기 때문이라고 베블런은 설명한다.[242]

베블런은《유한계급론》에서 소비를 단순한 경제행위로만 이해하지 말 것을 주문하고 있다. 즉 사회문화적인 측면에서 함께 이해해야 한다는 점을 강조한다. 특히 그는 상품에 대한 소비가 상품의 기능적·물리적 효용에 대한 욕구의 충족뿐 아니라, 한 사람의 부의 수준이나 '금전적 능력'을 드러내주는 데 기여한다고 강조했다.

19세기 말에서 20세기 초 미국에 형성되기 시작한 유한계급과 그들의 소비 행태를 비판하기 위해 작성된《유한계급론》은 현대사회에서도 여전히 목격되는 과시소비의 동기와 양상을 이해하는 데 유의미한 시각을 전해주고 있다.

계급성의 발현, 과시적 여가

베블런의 주장에 따르면 금전적 경쟁문화에서 부와 권력은 단순히 소유하는 것으로 그쳐서는 안 된다(그때나 지금이나 드러내고 과시하지 않는 것은 의미가 없다. 인증샷이 필요한 이유처럼 말이다). 타인에게 부자라는 증거를 제시해야만 명성을 얻고 인정받을 수 있는 것이다. 자신은 비천한 노동에서 면제 받았으며 타인들과 다르게 품격 있고 우아하게 생활하고 있다는 차별성을 과시해야 한다. 베블런은《유한계급론》에서 유한계급의 삶은 실용적이고 유용한 직업에서 면제

받았다는 것을 그 특징으로 하며, 생산 활동의 면제와 함께 정치, 전쟁, 스포츠, 종교의례 등을 지속적으로 독점해왔다고 주장한다.[243] 여기서 베블런이 사용하는 여가라는 용어는 나태 또는 아무 일도 하지 않는다는 것을 의미하는 것이 아니며 또한 게으른 휴식을 의미하는 것도 아니다. 한마디로 베블런이 말하는 유한계급의 과시적 여가는 시간의 비생산적 소비를 의미한다. 시간을 비생산적으로 소비할 수 있다는 것은 게으른 삶을 영위할 정도로 금전적 능력이 있다는 것을 의미하기 때문이다.[244]

이렇게 시간의 비생산적 소비를 통한 여가생활에는 인간생활의 향상에 직접 도움이 되지 않는 것들이 대부분이다. 만약 인간생활에 직접적 도움이 되는 것들이라면 그것은 비생산적인 것이 아니라 극히 생산적인 것이기 때문이다. 유한계급은 시간을 비생산적으로 소비하는 형태로, 이를테면 사멸한 언어 지식이나 점성술, 연금술, 통사론, 작시법, 경주마 사육법 등을 익히고 또 이를 세분화해서 발전시켰다.[245] 자신들은 가치 없는 생산 노동에 시간을 소비하지 않는다는 과시적 열망이 실생활에 크게 쓸모도 없는 지식과 잡학에 정통하도록 만든다고 베블런은 지적했다.

이와 함께 예의범절이나 교양, 세련된 화법, 형식적이고 의례적인 관례 같은 일상의 행위들은 금방 눈에 띄는 것으로 유한계급의 징표로 기능했다. 따라서 세련된 취미나 예절, 생활습관은 상류계급에 속한다는 것을 증명하는 유용한 증거가 되었다. 그런데 예절의 습득이나 교양 있는 생활습관이 자연스럽게 몸에 배려면 이를 익히는 데 시간과 노력이 필요하다. 그러나 자신의 시간과 노력의 대부분을 노동에 할애해야만 하는 사람들에게 이러한 예절의 습득은 현실적으로 어려운 일이다. 이런 측면에서 예의 규범은 결국 신분의 표시로서 기능하게 되었다. 매너와 예법은 결국 유한계급의 생활태도로 습관화되며 그들을 상징하는 것으로 굳어졌다.[246] 베블런의 이러한 통찰은 이후 부르디외의 문화자본이나 아비투스의 개념으로 이어진다.

앞에서 잠깐 얘기했듯 소유권 제도는 인간, 특히 여자들을 소유하는 것에서 시작되었다고 했다. 여자들과 노예들은 부를 과시하는 증거이며 동시에 부의 축적 수단으로서 높은 가치를 인정받았다. 부자로 인정받기 위해서 많은 여자들은 물론 주인의 시중을 드는 노예도 소유해야 했다. 그런데 여기서 하인은 주인에게 봉사하는 실제의 일보다는 주인의 명성과 자존심을 증명하는 과시용으로 더 큰 유용성을 지녔다. 이들은 주인이 시간과 인력을 더 많이 낭비한다는 것을 과시하는 데 적합한 존재였다. 그리고 베블런은 비싸고 훌륭한 재화를 소비하는 것은 부의 증거가 되기 때문에 명예로운 일이지만, 이와 반대로 양적으로나 질적으로 기준에 미달하는 소비는 열등함과 결함의 징표라고 했다. 따라서 가치 있는 재화에 대한 과시적 소비는 남성 유한계급들이 자신의 부와 사회적 지위를 드러냄은 물론 명성을 얻기 위한 유력한 수단으로 기능했다.[247]

베블런이 주목한 유한계급의 과시적 여가는 시간과 노력의 낭비고 과시적 소비는 재화의 낭비다. 유한계급에게 이 두 가지는 모두 명성을 획득하고 부를 과시하는 방법으로서 기능한다. 특히 과시적 소비는 개인 간의 접촉이 빈번하고 인구 이동이 심한 사회에서 그 중요성이 강조된다. 따라서 과시적 소비는 시골보다 도시에서 더 활발하게 나타난다. 도시의 높은 인구 밀도와 익명성은 차이와 구별의 필요성을 높이고 이때 과시적 소비는 매우 유용한 수단으로 등장한다. 결국 도시인들은 서로를 구분하고 자신의 우월성을 입증하기 위해 더 치열한 경쟁을 벌이면서 과시적 소비의 수준을 지속적으로 높이게 된다.

이에 대해 베블런은 "과시적 소비는 상대적으로나 절대적으로 점차 그 중요성이 증대하여, 마침내 최소한도의 생계비를 제외한 나머지 가용 재화는 모두 과시적 소비를 위해 사용된다"[248]고 했다.

한편 현대 유한계급의 과시적 여가는 베블런이 주목한 시대의 과시적 여가와는 매우 다른 양상을 보이고 있다. 일례로 오늘날 기업의 최고 경영자만큼 바쁜 일상을 보내는 사람들이 없다. 하루를 시간 단위, 분 단위로 쪼개어 살아가는 그들이다. 무수히 많은 미팅과 출장과 결정해야 할 일들이 그들을 기다리고 있다. 현대사회에서 이들을 유한계급이라고 부르기엔 이들의 삶이 절대로 한가하지 않다.

이에 반해 상류층 따라가기에 여념이 없는 현대사회의 중류층에게 과시적 여가는 노동에 가깝다. 휴가철을 맞은 중류층이 여가를 보내는 모습을 생각해보면 그것이 진정한 여가가 아니라 노동이라는 것을 쉽게 이해할 수 있다. 즐거움을 위해 바캉스를 가고 여가시간을 즐긴다고 하는 것은 그들의 솔직한 속마음이 아니다. 햇빛에 피부를 구릿빛으로 태닝해야 한다는 강박관념은 일광욕과 헬스를 반드시 해야 하는 의무감으로 바뀌고, 이탈리아와 프랑스의 박물관을 미친 듯이 도는 빠듯하고 피곤한 관광 일정은 이것이 더 이상 느긋한 여가가 아닌 노동에 버금가는 의무임을 보여준다. 만약에 해외여행을 가서 하루 종일 호텔에 머물며 뒹굴뒹굴하기라도 하면 뭔가 불안하고 편치 않은 마음을 갖게 된다. 진정한 여가란 베블런이 얘기한 비생산적인 시간의 소비는 아니더라도 최소한 아무것도 안하고 게으름을 피울 수 있는 것이어야 하는데, 중간계급에게는 이것이 허용되지 않는다. 어떻게 준비해서 떠난 해외여행인데 호텔에서 빈둥거릴 수 있단 말인가?

이렇게 중간계급이 그동안 상류층에 의해 전유되어왔던 해외여행이나 고상한 취미, 스포츠 등을 통해 상류층을 따라잡으면, 이제 진짜 유한계급은 한 발짝 더 달아난다. 그들은 호화 요트를 타고 세계 일주를 하거나, 아니면 그 반대로 별장이 딸린 개인 농장에서 땀흘려 일한다. 손에 흙을 묻히며 일을 한다. 그렇다고 이것이 그들에게 노동일 리는 만무하다. 그것은 노동의 참된 가치와 의미를 나타내는 일work이다. 노동labor은 임금과 대가를 수반하지만, 일은 그 자체가 목적이며 창의적인 작업이다.

취향, 계급적 산물

소비의 계급적 의미에 대한 논의는 피에르 부르디외에 의해 그 관계성이 보다 선명해졌다. 부르디외는 각 계급이 소비행위를 통해 어떻게 서로의 정체성을 확립하고 계급 간 구별짓기를 공고히 하는 지를 설명했다. 그는 1970년대 말 프랑스인들의 문화 소비 및 취향에 대한 실증 조사를 통해 일상생활에서 나타나는 개개인의 소비 취향이 사실상 그들이 속해 있는 계급적 지위와 밀접히 연계되어 있다는 사실을 확인시켜주었다.[249] 또한 개개인의 소비 취향이 어떻게 계급관계를 재생산하고 이를 구조화하는지도 설명하고 있다.

부르디외는 특별한 취향과 소비에 대한 선호, 더 나아가 삶의 방식을 계급의 영향력이라는 차원에서 분석했다. 그는 계급 스스로가 자신의 지위를 나타내기 위해 특정의 생활양식을 채택하고 이를 통해 다른 계급과의 구별짓기를 끊임없이 시도한다는 것을 강조했다. 또한 지극히 개인적인 것으로 보이는 취향이나 소비 패턴, 생활양식 등이 사실은 각 계급들 사이에서 나타나는 구별짓기의 일환임을 환기시켰다.[250]

특히 부르디외는 아비투스Habitus의 개념을 제안했는데, 인간의 취향은 의식적·무의식적으로 특정한 환경에 의해 영향을 받아 형성되는 것으로 자신도 모르게 반복되는 행동과, 시간이 지나면서 형성된 특정 태도 등을 의미하는 것이라고 했다. 여기서 부르디외는 아비투스의 차이에는 개인이든 집단이든 단순한 다름이 아닌 우열의 의미를 내포하고 있다고 강조했다. 즉 취향이 다르다는 것은 수준이 다르다는 것의 완곡한 표현으로, '취향의 다름'에서 야기되는 이질감이나 동질감은 집단이나 계급 안의 사람들을 묶어주는 동시에 집단 밖에 있는 사람들에 대해선 배타적인 모습으로 나타난다. 이렇게 보면 취향의 차이는 사회의 계급구조를 가장 효율적으로 재생산하는 메커니즘이다. 그럼에도 불구하고 우리는 이를 의식조차 하지 못하는데, 부르디외는 그 이유가 취향을 계급의 문제가 아닌 철저히 개인적인 문제로 생각하기 때문이라고 했다(일상에서 우리는 '사람은 저마다 자기 취향이 있다'라는 말을 자주 쓴다. 바로 이 말에서 취향은 마치 태어날 때부터 저마다 고유하게 갖고 태어난 것이란 생각을 하게 한다).

취향, 특히 문화 취향의 차이는 주로 개인의 타고난 본성으로 설명되면서, 취향의 차이가 당연하고 자연적인 것으로 이해한다. 그러나 부르디외는 이러한 생각에 경제적·계급적 차이가 은폐되어 있다고 보았다. 그는 실제로 문화에 대한 차이는 문화 획득의 차이에서 유래하고, 이는 출신 가정과 학교가 중요한 역할을 한다고 보았다.[251]

휴일에 영화관을 찾는 사람과 미술 전시를 관람하는 사람의 문화적 선택은 순전히 개인적인 차이라 생각하기 쉽다. 그러나 부르디외는 이러한 생각에 분명히 반대한다. 한 걸음 더 들어가 같은 미술이라도 피카소의 추상미술을 좋아하는 사람과 대중 미술의 직관적인 그림을 좋아하는 사람 간의 차이 역시 단순히 개인적 취향을 넘어 그들이 살아온 배경이나 환경, 학벌과 같은 요인에 더 큰 영향을 받는다는 것이 부르디외의 주장이다. 부르디외는 주로 미술작품이나 사진 등을 통해 문화 활동의 계급적 성격을 설명했지만, 이러한 논리는 다른 분야에도 똑같이 적용될 수 있다.

부르디외는 《구별짓기》에서 계급별로 상이하게 드러나는 취향의 차이를 구체적으로 설명하고 있는데, 이 중 대표적인 몇 가지를 살펴보도록 하자.

스포츠 취향

부르디외는 각 계급별로 스포츠에 대해 나타내는 취향이 서로 다름을 확인했다. 그는 계급별로 스포츠 취향이 다르게 나타나는 이유가 각 활동에서 기대되는 이익과 경제적·신체적 비용상의 차이 (위험이 큰가 적은가, 체력의 소모가 심한가 그렇지 않은가 등)에서 발생한다고 보았다.[252]

부르디외에 따르면 중간계급은 스포츠의 선택에서 신체 단련, 건강에 대한 위생, 금욕주의적 절제, 엄격한 다이어트 등을 고려한다. 따라서 이들은 체조, 조깅, 걷기 등을 선호하는 것으로 나타난다. 이들은 사회적 규범을 따르려는 윤리적 성향이 높기 때문에 다른 계급보다 타인에게 비칠 자신의 모습에 더 많은 신경을 쓴다. 한편 하층계급의 경우는 체력 소모가 상대적으로 많은 격렬한 활동을 즐기며 집단 운동이나 신체적 접촉이 많은 운동을 선호한다. 그래서 축구, 럭비, 레슬링, 복싱 등을 좋아하는 것으로 나타난다.[253] 이러한 스포츠 종목들은 배우고 직접 즐기는 데 많은 시간과 비용을 필요로 하지 않는다.

반면 상층계급의 경우 이들이 선호하는 스포츠는 주로 골프, 테니스, 요트, 승마(또는 장애물 넘기), 펜싱, 스키(특히 크로스컨트리와 같은 가장 구별적인 형태의 스키) 등과 같은 것이다. 이러한 스포츠는 어릴 때부터 훈련을 받거나 특수한 복장이나 장비가 필요해서 비용이 많이 드는 스포츠로 많은 시간과 돈을 투자해야만 할 수 있는 종목들이다. 사회적 지위가 높은 상층계급이 골프나 요트, 승마와 같은 고급 스포츠를 선호하는 것은 이러한 운동이 그들의 사회적·계급적 지위를 다른 사람들과 구별하도록 하는 데 용이하기 때문이다. 특히 한국 사회의 경우 골프, 요트, 승마와 같은 스포츠는 여전히 상류계급의 여가 및 스포츠 활동으로 인식되고 있다. 그 이유는 아직도 이러한 종목의 스포츠가 일반 대중이 쉽게 접근하기 어려울 뿐 아니라 해당 스포츠를 즐기는 데 들어가는 비용 역시 만만치 않기 때문이다. 이렇게 상층계급이 선호하는 스포츠는 대체로 그 시간을 본인이 선택할 수 있고, 전용의 장소에서, 혼자서 아니면 그가 직접 선택한 파트너와 함께할 수 있는 운동이다. 더불어 이러한 운동은 체력 소모가 그리 크지 않고, 체력 소모의 양도 스스로 조절할 수 있으며, 상대적으로 사고의 위험도 거의 없다. 더불어 스포츠의 룰과 방식, 기법 등을 배우는 데 상당한 시간이 필요한 운동들이다.[254] 이처럼 스포츠에 대해 각 계급이 보여주는 취향의 차이는 개인적이기보다는 사회적·계급적 차이에 의해 다르게 나타남을 볼 수 있다.

음악 취향

부르디외는 음악만큼 계급적 취향의 차이를 극명하게 보여주는 지표도 없다고 강조했다. 그에 따르면 중간계급이나 하층계급의 경우 대체로 음반을 통해 음악을 감상하는 데 반해, 상층계급의 가정에서는 보통 어려서부터 오랜 시간 음악 교습을 직접 받으며, 이것이 음악에 대한 상류층의 취향으로 발전한다고 했다. 이 과정에서 두 계급 사이에서는 서로 다른 취향이 만들어진다. 예를 들면 부르디외의 설문조사(프랑스인이 가장 좋아하는 음악을 묻는 설문조사)에서 상류계급은 〈왼손을 위한 피아노 협주곡〉을 가장 선호하는 것으로 나타났는데, 이 곡은 가정에서 오랫동안 피아노 수업을 직접 받지 않았다면 알 수 없는 전문적인 피아노 곡이다. 이와는 달리 전문적인 음악 교육을 받지 않은 일반 대중은 위에서 말한 〈왼손을 위한 피아노 협주곡〉이나 〈바흐의 평균율〉 같은 음악보다는 대중매체를 통해서 누구나 쉽게 접할 수 있는 음악을 더 선호하는 것으로 나타났다.[255]

부르디외는 예술이나 악기 연주 등의 활동은 모든 계급이 다 동일하게 받는 정규교육 밖에서 주로 획득된다고 보았고, 특히 예술 작품의 경우는 매우 확연하게 사회계급을 구별해준다고 했다. 부르디외는 설문에서 아는 음악 작곡가나 예술 작품을 표기하라는 항목을 집어 넣었는데, 이것은 어떤 작품을 아는가 모르는가만으로도 교육수준이나 경제수준 등을 유추할 수 있다는 것이었다. 이렇게 음악이나 미술 같은 예술의 분야는 계급 간의 노출 및 접촉 정도로 커다란 차이가 나타나는 영역이다. 그리고 음악과 미술은 개인에게 체화되기까지 오랜 시간이 필요하다. 부르디외는 이러한 음악이나 미술 같은 순수예술에 대한 취향은 대체로 교육수준과 사회계급에 기초해 형성됨을 강조하고 있다.

미적 취향

계급 간의 취향 차이는 미美에 대한 태도에도 그대로 반영된다. 미에 대해 나타나는 각 계급 집단들의 취향은 특정한 위치에 있는 사람들을 다른 사람들과 구분하는 변별적 기능을 갖게 한다.[256] 여기서 부르디외는 미에 대한 계급적 취향을 세 가지로 분류했다. 그에 따르면 상층계급이 보여주는 미적 취향은 기본적으로 정통적 성격을 띠는 데 반해, 중간계급의 경우는 중간적 취향을 보여주고, 마지막으로 하층계급의 경우는 스타일을 무시하는 대중적 취향을 나타낸다는 것이다. 부르디외는 이렇게 분류된 세 계급의 미적 취향은 상층계급의 경우에는 그것이 경제적 여유에서 나온다고 보았으며, 중간계급의 취향은 상층계급을 동경하며 그들처럼 되고 싶은 욕망에서, 그리고 마지막 하층계급의 취향은 필요(즉 경제적 빈곤)에 기인하여 형성되는 것으로 보았다.[257]

한편 부르디외는 미적 성향은 작품을 이해할 수 있는 미적 능력과 연관되어 있다고 했다. 그는 교육수준이 높을수록 대상을 미적으로 감상할 수 있는 능력이 높아진다고 했다. 그는 설문조사에서 자동차 사고, 임산부, 일몰, 민속무용, 쓰레기폐기장, 양배추, 뱀 등을 주제로 사진을 찍으면 어떤 사진이 될지를 물어보았다. 설문조사 결과 임산부나 양배추, 뱀 사진에 대한 상층계급의 반응은 '아름답게 보일 것이다' 또는 '재미있다'라는 반응을 보인 반면, 하층계급의 경우 '가치가 없다'거나 '무엇을 의미하는지 이해할 수 없다'라는 반응을 보였다. 이처럼 하층계급은 사진의 의도나 기능이 분명히 전달되는 경우에만 반응하며, 사진을 감상하는 데 가독성에 기반을 두는 경우가 많다. 즉 사진으로 찍혀 전달되는 내용이 분명할 때 미학적 쾌감을 느낀다는 것이다.[258] 결국 하층계급은 그들이 해석하지 못하는 기호는 사진으로서의 의미와 가치가 없다고 인식한다. 이에 반해 상층계급의 경우는 사진 작가의 의도를 이해하려 하며, 사진의 내용이 전달하고자 하는 의미와 메시지를 해석한다. 이렇게 "상층계급에서는 이중, 삼중의 기호 해석 방법을 동원하여 모든 미적 대상을 평가하지만, 하층계급은 미적 대상이 주는 즉자적인 이미지에서 감상을 이끌어낸다."[259] 부르디외는 이러한 미적 능력은 보통 학습을 통해 형성된다고 했다. 이를테면 교육을 통해 각 예술 양식의 특징을 배우거나, 예술적 재현에 필요한 특징적 요소를 익히게 된다는 것이다.

이처럼 문화를 향유하기 위해서는 그 내용을 해독할 수 있는 능력이 요구된다. 위에서 말한 음악이나 미술, 형이상학적 사진을 보고 감동을 받거나 아름다움을 느낄 수 있는 것은 일종의 훈련 받은 능력을 기초로 하고 있다. 일정한 훈련을 받은 사람들만이 예술 작품의 의미를 이해하고 관심을 가질 수 있다는 것이다(이러한 능력이 '문화'와 '교양'이라는 이름으로 개인에게 체화되어 나타나는 것이 바로 문화자본이다). 따라서 문화적 욕구나 취향은 교육의 산물이다. 부르디외는

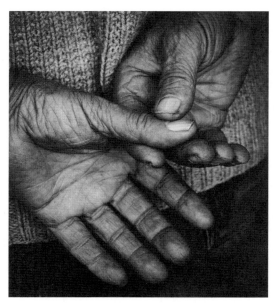

아버지의 손. 당신은 이 사진에서 무엇을 느끼는가?

각 집단이 자신의 생활방식을 타 집단과 구별짓기 하는 과정에서 특히 교육의 역할을 강조했다. 이것은 앞서 스포츠나 음악, 미술 등에 대한 취향의 차이에서 보았듯이 누구나 쉽게 즉시 참여하고 향유할 수 있는 것은 나와 타자를 구별짓는 기능에 한계가 있다. 반면 오랜 기간 동안 교육과 훈련을 통해 지식을 습득해야만 익숙해지고 참여와 향유가 가능한 활동들은 문화자본이 되어 나와 타자를 구별짓는 데 유용한 역할을 한다.

오래전에 유홍준 교수가 쓴 《나의 문화유산 답사기》가 선풍적으로 읽혀진 적이 있었다. 유홍준 교수는 이 책에서 "아는 만큼 보인다"라고 말했다. 문화재에 대한 기본 지식, 즉 해당 문화재가 제작된 배경이나 과정, 그리고 그것이 갖는 역사적 의미에 대해 알게 되면 그 문화재에 대한 이해의 폭과 깊이가 훨씬 더해져 예전엔 보이지 않던 것이 보이게 된다는 의미였다. 실제로 우리는 일상에서 이러한 경험을 어렵지 않게 한다. 결국 부르디외가 강조한 교육을 통한 미적 능력의 고양과 이에 기초한 미적 취향의 발달이란 것도 따지고 보면 같은 맥락임을 알 수 있다.

부르디외가 《구별짓기》를 통해 강조하고자 한 것은 상류계급이 음악이나 미술 같은 고급문화나 순수예술을 즐긴다는 것이 아니었다. 그가 강조하고 있는 것은 계급에 따라 다르게 나타나는 소비 패턴이 아니라, 소유하고 있는 자본의 양과 자본의 소유 구조(경제자본과 문화자본의 비율)에 따라 소비 대상에 대한 취향이 달라지고, 이러한 취향의 차이가 사회적 지위 집단 간의 구별짓기의 수단으로 작동한다는 것이었다.[260] 즉 취향이라는 것이 태어날 때부터 갖고 태어나는 것이 아니라 사회적으로 계급적 위치에 따라 다르게 형성된다는 것이다.

부르디외는《구별짓기》를 통해 가전제품, 가구, 인테리어, 여가, 음악, 의복, 요리, 책, 영화 등 광범위한 영역에서 나타나는 사람들의 취향 차이가 결국 계급적 위치와 그 속에서 획득한 문화자본의 정도에 따라 다르게 나타남을 실증적으로 보여주었다.《구별짓기》에서 부르디외가 강조한 문화자본과 이에 기초한 취향은 40여 년이 지난 21세기 현대사회에서도 여전히 강력한 힘을 발휘하며, 사회적 차이화와 구별짓기를 위한 계급적 지위의 지표로 작동하고 있다.

11장
형식적 평등과 은밀한 차별

사용가치와 기호가치

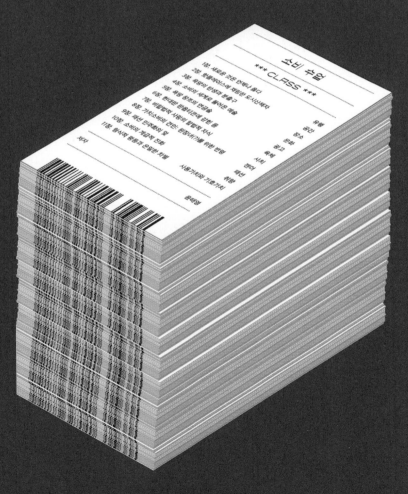

경제성장과 소득의 증가는 사람들로 하여금
점차 동일한 재화를 소비할 수 있게 함으로써 일면 사회가
평등해지고 있다고 생각하게 한다. 그러나 보드리야르는
이러한 평등이 완전히 형식적이라고 주장한다.
결국 소비는 사회 내의 차이를 더욱 두드러지게 나타내는 데 기여한다.
모두가 자동차를 소유할 수는 있지만, 모든 종류의 자동차를
소유할 수는 없다. 이렇게 우리는 소비사회 여기저기서
사물에 대한 형식적 평등 이면에 미세한 차이에 따른 구조화된
차별을 어렵지 않게 확인할 수 있다.

보드리야르의 소환, 기호와 의미에 대하여

생산 중심의 역사에서 소비는 관심의 대상이 아니었다. 그러던 소비가 보다 집중적으로 조명되기 시작한 것은 자본주의가 위기를 맞으면서부터였다. 자본주의의 생산력과 생산수단의 고도화는 필연적으로 과잉생산과 과잉공급을 초래했고, 이렇게 잉여의 생산분이 제대로 소비되지 못하는 상황이 발생하면서 자본주의는 몇 차례 위기를 맞았다. 이때마다 단골로 등장했던 대책이 유효 수요의 창출, 즉 소비의 진작이었다. 바야흐로 이제 소비는 과거와는 다른 위상을 갖게 되었다. 특히 1960년대를 지나면서 사회 전반의 분위기는 생산에서 소비로 완전히 넘어갔다. 이 시기는 산업사회가 후기 산업사회로 전환되는 시기이기도 했다. 이때부터 소비는 미덕이 되었다. 이러한 시대적 배경 속에 현대사회를 소비의 사회로 규정하고 소비가 갖는 의미를 본격적으로 탐구하기 시작한 보드리야르의 주장은 소비에 대한 인식의 지평을 확장하는 데 결정적인 역할을 했다.

이것이 현대 소비사회의 풍광을 감상하는 끝자락에 보드리야르를 소환하여 다시 기억코자 하는 이유다.

지금까지의 긴 논의에서 이미 확인했듯 현대사회에서 인간의 욕망은 소비를 통해 실현된다. 소비 과정에서 현대인들은 자신의 정체성을 표현할 뿐 아니라 타자와의 구별짓기를 실천한다. 이러한 맥락에서 보드리야르는 현대사회를 특징짓는 가장 중요한 상징으로 소비에 주목했다. 그는《소비의 사회―그 신화와 구조》에서 소비가 현대인의 의식과 가치 체계를 형성하고 지배함은 물론 현대사회를 규정하는 가장 큰 특징임을 강조했다.

보드리야르는《소비의 사회》에서 소비를 인간의 본능적 욕구를 충족시키거나 향유의 과정으로 보는 기존의 고전경제학적 관점을 넘어서야 한다고 했다. 그는 기존 경제학 이론(소비는 사용가치에 의해 이루어진다)과는 다른 소비 개념을 제시한다. 보드리야르의 소비 개념에는 단순히 사물을 소비하는 것 이상의 다른 의미가 있다. 그에게 소비라는 개념은 가시적이고 구체적인 사물이나 이미지, 또는 어떤 시각적인 실체에 의해서 정의되지 않는다. 소비는 실체를 지닌 모든 것의 의미 작용에 의해 정의된다.[261] 이 말은 소비는 단순히 세탁기를 소비하고, 의복을 소비하고, 자동차와 텔레비전을 소비하는 것에 그치지 않는다는 것을 의미한다. 여기서 세탁기나 의복, 자동차는 더 이상 무엇인가에 쓰여지는 것이 아니라 '무엇인가를 의미하는 것signify'이 된다. 아래의 글을 참고해보자.

세탁기는 도구로서 쓰이는 것과 함께 행복, 위세 등의 요소로서의 역할도 한다. 바로 이 후자의 영역이 소비의 영역이다. 여기에서는 다른 모든 종류의 사물들이 의미 표시적 요소로서의 세탁기를 대신할 수 있다.[262]

결국 보드리야르가 주장하는 소비사회 안에서의 사물은 어떤 구체적 필요성을 만족시키는 기능이나 사용가치 때문에 소비되는 것이 아니다. 그것은 특정의 '의미하는 무엇'을 내포하고 있는 기호로서 소비된다. 위의 인용글에서 언급한 세탁기는 이제 행복이나 위세를 '의미하는 무엇'인 것이다. 이렇게 의미는 사회적 지위나 명성 또는 차별적 개성 등을 표시하는 것으로 현대사회에서 기호로 나타난다.

소비가 어떤 의미를 지니는 한, 그것은 기호를 체계적으로 조작하는 활동이다.[263]

보드리야르의 이 주장은 소비가 단순히 경제적인 행위라기보다는 언어와 비슷하게 의미를 생산해내는 기호로, 인간이 자신을 표현하는 형식으로 기능한다는 것이다. 따라서 소비의 대상이 되기

위해서 사물은 먼저 기호가 되어야 한다.[264]

소비사회에서 중요한 범주는 사물의 사용가치나 교환가치보다는 기호가치, 특히 광고가 사물에 부여하는 기호가치다. 여기서 대중매체는 광고의 언어를 통해 기호가치를 창출하는 데 이바지한다. 이제 사람들이 원하는 것은 광고를 하는 상품이 아니라 광고가 만들어낸 기호가치다. 결국 사람들은 기호가치를 소비한다. 가령 사람들이 코카콜라를 마실 때 소비하는 것은 단순한 탄산음료가 아니라 '젊음'이라는 기호가치를 소비하는 것이고, 우리가 스타벅스의 커피를 마시는 것도 각성 효과가 있는 블랙의 음료가 아니라 '도회적이고 세련됨'이라는 기호가치를 소비하는 것이다.

커피를 소비하는 것이 아니라 도회적이고 세련된 이미지를 소비한다.

이처럼 보드리야르는 모든 형태의 소비가 언제나 상징적 기호에 대한 소비라고 주장했다. 그는 소비 과정을 고전경제학에서 말하는 이미 존재하는 욕구나 생물학적 욕구를 충족시키는 행위로 보지 않았다. 그가 말하는 소비는 구매자가 자신이 구매한 물건을 타인에게 내보임으로써 자신의 '정체성 의식'을 창조하고 유지하려는 시도라고 주장한다.

보드리야르에게 소비는 이제 집단적·개인적 정체성 의식을 구성하는 상징적인 과정이다. 그리고 정체성은 소비를 통해 보다 적극적으로 구성된다. 보드리야르는 바로 이 지점에서 소비가 사람들의 정체성 형성 과정에 중추적인 역할을 한다고 보았다. 그는 여기서 한 걸음 더 들어가 소비자들이 내가 누구인가에 대한 기존의 생각을 표현하기 위해 옷, 음식, 장신구, 가구 등을 구매하는 것이 아니라고 주장한다. 그보다는 오히려 사람들은 소비를 통해 내가 누구인가에 대한 의식을 만들어간다고 보았다. 즉 현대사회에서 개인은 잘생기고 매력적인 사람으로 이미 구성되어 있는 것이 아니라, 자신에 대한 생각, 자신의 이미지, 자신의 정체성을 창조하고 유지하는 데 도움이 되는 제품을 소비함으로써 자신이 욕망하는 존재가 되고자 한다는 것이다. 패션, 향수, 자동차, 음식과 음료와 같은 모든 것들은 이러한 목적을 위해 소비된다.[265] 이 재화들에 대한 소비는 내가 누구인지를 자신에게는 물론 타인에게 전달하는 유력한 수단이 된다.

한편 소비에 대한 기대가 소비 행위 그 자체보다 더 소비자에게 기분 좋은 경험을 제공하기도 한다. 보드리야르는 이것을 다음과 같이 표현했다.

이것은 '소비에는 한계가 없다'는 것을 시사한다. 만약 그것을 소박하게 몰두나 탐욕으로 간주한다면 우리는 틀림없이 만족했을 것이다. 그러나 우리는 이것이 사실이 아님을 안다.

위에서 지적하는 것처럼 만약 소비자가 사물을 '사용가치'를 위해서 소비한다면 그 사물이 제 기능을 충분히 수행하는 한 욕구의 만족은 곧 포화점에 도달할 것이다. 하지만 '기호가치'에 의한 소비에는 이러한 만족의 포화점이 존재하지 않는다.

그 결과 우리는 끊임없이 욕망하는 존재가 될 수밖에 없다. 즉, 현대사회의 소비자는 소비하면 할수록 더 많은 것을 소비하고 싶은 욕망을 갖게 된다. 그러나 욕망은 결코 충족되는 법이 없다. 욕망은 충족되는 순간 또 다른 차원의 욕망으로 부활하기 때문이다.

소비, 형식적 평등과 은밀한 차별

경제성장과 소득의 증가는 사람들로 하여금 점차 동일한 재화를 소비할 수 있게 함으로써 일면 사회가 평등해지고 있다고 생각하게 한다. 그러나 보드리야르는《소비의 사회》에서 소비가 갖는 계급적 성격에 대해 말하면서, 이러한 평등이 완전히 형식적이라고 주장한다. 결국 소비는 사회 내의 차이를 더욱 두드러지게 나타내는 데 기여한다고 주장한다.

소비, 즉 점차 많은 사람들이 물질적으로나 문화적으로 동일한 재₩와 동일한 제품을 손에 넣는 것은 사회 내의 차이와 서열, 권력 및 책임을 둘러싸고 점차 증대하는 차별을 완화시키는 것이라고 간주하고 싶은 유혹에 사로잡히게 한다. 사실 학교의 이데올로기와 마찬가지로 소비의 이데올로기는 이 역할(쓰는 것과 읽는 것 앞에서 완전히 평등한 바와 마찬가지로, 전기면도기와 자동차 앞에서 완전히 평등하다는 것에 대해 사람들이 가지는 이미지)을 잘 수행하고 있다. 물론 오늘날에는 잠재적으로 누구도 읽고 쓸 줄 알며, 똑같은 세탁기를 갖고 똑같은 문고판을 산다. 그러나 이러한 평등은 완전히 형식적이다.[266]

보드리야르는 형식적 평등이 진정한 평등이라고 생각될수록 차별 체계는 보다 효과적으로 작동한다고 했다. 하나의 예를 들어보자. 절대적 소득의 증가로 사람들은 예외없이 자동차를 소유할 수 있게 되었다. '자동차'라는 상품을 모든 사람들이 소비할 수 있게 되면, 적어도 자동차에 대해서는 형식적 평등이 달성된 것이라고 볼 수 있다. 그러나 이러한 형식적 평등을 기반으로 이제 소비 체계는 '자동차'라는 상품군 내에 여러 차이들(배기량, 경제성, 코너링, 이미지 등)을 무수히 생산해낸다. 자동차의 이 차이들은 차이 표시 기호가 되어 사회적 위세를 드러내는 표지로 기능한다. 이 차이는 자동차들 간의 교환가치의 격차를 현격하게 벌려놓는다. 2,000만 원짜리 자동차든 8,000만 원짜리 자동차든 이동수단이라는 자동차의 '사용가치'는 동일하다. 그럼에도 자동차들 간 교환가치의 현격한 차이는 '자동차'라는 제품군 내의 은밀한 차별 체계가 형식적 평등을 기반으로 견고하게 작동하고 있음을 잘 보여준다. 모두가 자동차를 소유할 수는 있지만, 모든 종류의 자동차를 소유할 수는 없다. 이렇게 우리는 소비사회 여기저기서 사물에 대한 형식적 평등 이면에 미세한 차이에 따른 구조화된 차별을 어렵지 않게 확인할 수 있다.

위의 예에서 보듯이 만약 사물들 간의 차이를 부각시키는 추상적 기호나 차별 체계가 작동하지 않는다면, 사물은 기능과 쓰임새만큼의 가치를 지니게 될 것이고, 동일한 기능을 가진 사물들 간의 가격 차이 또한 미미할 것이다. 그러나 사람들이 교환가치를 포함한 미세한 차이에 주목하고 그에 따른 차별 체계의 소비 이데올로기를 받아들이는 이상, 소비는 절대 평등하지 않으며 언제나 계급적 성격을 보이면서 사회적 차이를 만들어낸다.[267] 앞서 자동차의 예를 생각해보면 이동수단이라는 기능과 쓰임새는 대형차나 소형차나 모두 동일하다. 그러나 엔진의 배기량부터 운행의 쾌적함과 안락함, 순간 가속과 코너링 등의 차이가 만들어지고 이것이 기호와 차별을 위한 기제로 작동하는 순간 자동차에 대한 소비는 절대 평등하지 않으며, 매우 뚜렷한 계급적 성격을 갖게 되는 것이다.

보드리야르가 주목한 현대사회에서 소비는 철저히 기호의 소비다. 그는 모든 사물의 소비는 기호의 소비로 귀결된다고 보았다. 그는 상품의 소비란 사용가치의 소비를 포함하면서도 그것을 초월한다고 주장한다. 이제 소비사회는 단지 객관적 실체로서의 상품뿐만이 아니라 욕망과 같은 심리적 요인까지도 기호화하여 상품화한다. 이 말의 의미는 이제 현대인이 소비하는 상품에는 행복, 안락함, 풍요, 성공, 위세, 권위, 현대성 등이 포함된다는 것이다. 물론 이것은 앞에서 얘기했듯이 광고의 언어를 통해 기호화되어 전달되고 확산된다.

보드리야르는 인간의 욕구를 특정한 사물에 대한 자연 발생적인 욕구로 해석하지 않고 차이에 대한 욕구(사회적 의미의 욕구)로 해석한다. 그리하여 '사회적 차이'의 논리를 만들어내는데, 사회적 차이의 논리란 사람들은 상품(사물)의 구입과 사용을 통해 자신을 돋보이게 하며, 동시에 자신의 사회적 지위와 위세를 드러내고자 한다는 것이다. 따라서 보드리야르는 소비가 단순히 개인적인 욕구의 충족과 향유를 위해 이루어지는 것이 아님을 강조한다.

> 소비의 체계는 최종적으로는 욕구와 향유에 근거하는 것이 아니라 기호(기호로서의 사물) 및 차이의 코드에 근거한다.[268]

보드리야르의 주장에 따르면 소비자는 표면적으로 어떤 대상을 갈망하는 듯 보이지만 사실 이러한 소비는 욕망의 우회적·은유적 표현에 지나지 않는다. 이러한 소비는 특정 사물에 대한 갈망에서 이루어지는 것이 아니라, 그보다는 차이에 대한 갈망, 상대적 우월성에 대한 갈망, 차이 표시 기호에 대한 갈망에 가깝다. 명품 브랜드의 옷은 유행이나 고급스러움, 우아함, 헤리티지heritage 등과 같은 사회적 의미를 지닌다. 여기서 우리가 명품 브랜드의 옷을 입고자 하는 것은 욕구를 충족시키려고 하기보다는 다른 사람들과의 차이를 드러내기 위해 명품 브랜드의 옷을 입는다는 것이 보드리야르의 주장이다.

보드리야르는 《소비의 사회》에서 후기 산업사회에서 상품에 대한 소비는 궁극적으로 자신을 타인과 구별짓고, 더 나아가 자신의 사회적 지위나 명성을 구축하는 사회적 차별화의 과정이라고 강조한다. 말하자면 그는 소비를 사회적 차별화의 논리로 해석한다. 어떤 상품도 그 자체로 구매 욕구를 불러일으키거나 마음을 사로잡지는 않는다는 것이다. 그에 따르면 상품의 구매 행위는 사회적 지위나 명성, 사회계급에 대한 소속감 등과 관련이 있다. 결국 소비자는 상품 구매를 통해 상품의 효율성을 향유하기보다는 사회적 지위를 드러내고 계급적 소속감을 느끼고자 하는 것이다.[269] 이것은 우리가 소비사회를 살아가면서 차이와 코드의 영역을 벗어나 생활하기가 쉽지 않음을 말해준다.

장 보드리야르의 《소비의 사회》

소비에는 한계가 없다, 사회적 차이의 논리

보드리야르에게 소비의 사회적 논리는 앞서 보았던 것처럼 재화나 서비스의 사용 가치를 얻고자 하는 것이 아니며 또한 단순한 욕구 충족의 논리도 아니다. 그것은 사회적 의미를 갖는 것을 생산하고 조작하는 논리다. 이러한 시각에서 보드리야르는 소비 과정이 다음의 두 가지 근본적인 측면에서 분석될 수 있다고 했다.

첫째, 소비 활동이 포함되고 의미를 갖게 되는 코드에 기초한 의미작용 및 커뮤니케이션 과정으로서의 측면. 이 경우 소비는 교환 체계이며, 또 언어 활동과 똑같다.
둘째, 분류 및 사회적 차이화의 과정으로서의 측면. 이 경우 기호로서의 사물은 코드의 의미상 차이뿐만 아니라 서열의 지위상 가치로서도 정리된다.[270]

여기서 보드리야르가 말하는 소비는 두 가지 측면에서 논의될 수 있다. 하나는 소비를 의미 작용과 소통 과정으로 보는 것이다. 지금까지 보드리야르가 주장한 내용에 근거해 소비가 갖고 있는 의미 작용이나 커뮤니케이션 과정을 설명하면 이렇다. 오랜만에 동창회에서 친구를 만났을 때 서로의 근황을 궁금해한다. 하지만 졸업 이후 그리고 현재 서로가 어떻게 살고 있는지 구구절절 얘기하지 않아도 그가 타고 온 자동차를 보면 어느 정도 짐작할 수 있다. 이때 자동차는 언어 이상의 매우 직관적이고 유효한 커뮤니케이션의 기능을 갖는다.

다음으로 소비를 분류 및 사회적 차이화의 과정으로 보는 것이다. 앞의 예와 동일하게 이 역시 동창회에 타고 온 자동차의 크기와 브랜드에 따라 동창들 간에 눈에 보이지 않는 사회적 지위상의 위계와 서열이 매겨진다.

앞서 이미 언급한 것처럼 우리는 사물 그 자체를 소비하지 않는다. 우리는 자신을 타인과 구별짓는 기호로서의 사물을 소비한다. 여기서 보드리야르는 우리가 자신의 욕구에 따라 자유롭게 소비하는 것처럼 보이지만 실제로는 무의식적이고 구조적인 사회적 강제, 즉 사회적 차이화의 강제에 의해 소비하게 된다고 지적한다. 따라서 소비는 자유로운 선택이 아니며, 소비 행위는 타인과 구별될 것을 강요하는 사회적 요구에 의해 이루어진다. 보드리야르는 이것을 "사회적 차이화의 강제"라고 표현했다. 그리고 이렇게 타인과 자신을 구별짓는 것은 곧바로 사회 전체의 현상이 되고 불가피하게 개인을 초월하는 전체적인 질서를 만든다고 했다. 소비자는 욕구를 가지고 자신의 선택에 따라 타인과 다른 소비 행위를 하지만, 그의 소비 행위는 결국 차이화와 코드에 대한 복종이라는 것이다.[271]

사람들은 결코 사물 자체를 (그 사용가치를 통해) 소비하지 않는다. 이상적인 기준으로 받아들여진 자기 집단에 대한 소속을 나타내기 위해서든, 아니면 보다 높은 지위의 집단을 준거로 삼아 자신의 집단과 구분하기 위해서든 간에 사람들은 자신을 타인과 구별짓는 기호로서 (가장 넓은 의미에서의) 사물을 늘 조작한다.[272]

결국 사회적 차이화의 논리란 사물의 구입과 소비를 통해 자신을 구별짓고 동시에 자신의 사회적 지위와 신분과 위세를 나타내는 것이다. 이것은 사물이 소비의 대상이 되기 위해서는 기호로 조작되어야 한다고 얘기했던 것처럼 이제 소비의 대상은 지위와 신분의 계급화를 표현하는 의미를 갖게 되었음을 말한다. 소비자들은 사회 전체가 정해놓은 코드와 의미에 따라 자신이 속해 있는 집단이 주로 사용하는 물건들을 구입한다. 상류층은 중간계급과 구별되기 위해 물건을 구입하고, 중류층은 상류층을 모방하기 위해 또는 하류계급과 차이를 갖기 위해 물건을 소비한다. 이때 물건은 욕구를 만족시키기 위해서가 아니라 지위와 신분과 위세를 의미화하기 위해 소비된다. 이렇게 사회적 의미를 지닌 물건은 이제 다른 물건과의 차이를 통해 소비된다.

한편 소비사회의 욕구가 기본적으로 차이를 만들어내는 것에 있다면, 유감스럽게도 그 차이를 만들어내는 소비는 결코 충족되지 않는다. 개인이 소비를 통해 타인과의 차이를 만들면서 개인의 차이화 욕구는 충족되는 것처럼 보인다. 그러나 한 개인이 차이를 만들어내는 것과 마찬가지로, 이 사회에 존재하는 무수히 다른 개인들 또한 소비를 통해 그 차이를 따라잡거나 아니면 또 다른 차이를 만들어낸다. 따라서 충족된 것처럼 보였던 개인의 차이화에 대한 욕구는 이 집단적인 차이 생산과정에 의해 즉시 충족 전의 상태로 되돌아간다. 특정 개인이 생산해낸 우월적 차이는 즉시 수많은 타자들의 차이 생산에 의해 따라잡힐 뿐만 아니라 곧바로 뒤쳐져 열등한 것이 되어버릴 수도 있다. 이러한 이유로 현대사회에서 소비는 '한계가 없다'는 성격을 갖게 된다.

욕구에 대한 충족과 관련해서 만약 욕구의 충족이 열량이나 에너지 또는 사용가치로 계산된다면 그것은 아마 곧 포화점에 도달할 것이다. 그리고 100퍼센트 충족된 욕구는 더 이상 발생하지 않을 것이다. 이미 포화점에 도달했기 때문이다.

그런데 오늘날 우리가 목격하는 것처럼 소비는 끊임없이 이루어지고 있다. 이러한 현상을 욕구 충족의 논리로 과연 설명할 수 있을까? 결국 우리는 보드리야르가 지적한 것처럼 욕구 충족의 논리가 아닌 사회적 차이화의 논리로만 이러한 소비의 무한적인 성격을 이해할 수 있다.

> 생산의 증가에는 한계가 있지만 욕구의 증대에는 한계가 없다. 사회적 존재(즉, 의미의 생산자이며 가치에 있어서 타자에 대해 상대적인 존재)로서 인간의 욕구에는 한계가 없다. 음식물의 섭취량에는 한계가 있고 소화기관의 활동에도 한계가 있지만, 음식물에 관한 문화 체계는 무한하다.[273]

위의 인용은 말 그대로 재화의 생산과 공급의 증가는 일정한 한계를 갖지만 욕구의 증대는 끝이 없다는 것이다. 따라서 욕구의 증대와 생산력 증가 사이에 어쩔 수 없는 불균형이 발생하게 된다. 보드리야르의 주장처럼 산업의 집중과 도시로의 인구 집중에 따라 인구 밀도가 높아지면 사람들 사이의 차이화에 대한 요구는 물적 생산력보다 더 빨리 증대한다. 특히 사회 전체가 도시화되고 커뮤니케이션이 완벽해지면, 욕구는 서로에 대한 경쟁에 의해 더 비약적으로 증대한다.[274] 산업의 집중이 재화의 생산 증대를 가져오는 것처럼 도시로의 인구 집중도 무한히 욕구를 자극하고 증대시킨다.

개성화에 담긴 진실

보드리야르는 소비사회에서 나타나는 사회적 차이화와 우리가 익히 알고 있는 개성화 간의 차이에 대해서도 설명하고 있다. 그에게 차이화는 개성화의 다른 표현으로 이해된다. 대체로 소비는 타인과 자신을 구별짓고자 하는 욕구의 표출이자 개성의 표현이다. 개인적 특성을 중시하는 현대의 소비사회에서 타인과의 차이는 나 자신만의 개성이 된다. 현대사회의 여러 광고나 주장들이 '당신만의 개성을 창조하라'고 한다. 자신의 개성을 발견하는 것은 진실로 자기 자신이 되는 즐거움을 발견하는 것이다.[275] 그러나 소비사회가 얘기하는 '개성'에는 알맹이가 빠진 껍데기에 지나지 않다는 것이 보드리야르의 주장이다.

보드리야르에 따르면 소비사회에서 개성은 이미 자취를 감추었다. 그리고 껍데기만 남은 개성은 소비사회에 의해 소비의 증폭제로 이용될 뿐이다. 그는 개성 없는 사회에서 개성을 부르짖는 것, 그것이 바로 '개성화'라고 일갈한다.

'개성화'는 현재 도처에서 진행되고 있는 환경의 '자연화'와 유사한 효과가 있다. '자연화'는 자연을 해체한 후에 기호로서 현실 속에 부활시키는 것이다. 따라서 사람들은 숲을 베어내고서 그곳에 '녹색 도시'라고 명명한 마을을 세운다. 그곳에 몇 그루의 나무를 다시 심고서는 그것이 자연을 '대신한다'고 하는 것이다.[276]

보드리야르의 이러한 주장에 따르면 소비사회의 개성화는 개성을 해체하고 추방한 상태에서 개성을 추구하는 아이러니한 상황을 보여준다.

한편, 보드리야르는 개성화에 대한 추구 역시 기호에 기반을 두고 있으며, 사물 및 재화 그 자체가 아니라 '차이'에 근거하고 있음을 강조한다. 이러한 이해가 있어야 현대사회에서 보이는 '과소 소비under consumption'나 '비非과시적 소비inconspicuous consumption'를 설명할 수 있다는 것이다. 그는 이것을 "위세의 초超차이화"[277]라고 했으며, 소비 중에서도 최고의 소비라고 했다. 이와 관련하여 중간계급은 거꾸로 과시적으로 소비하는 경향이 있으며, 이 점에서 중간계급은 문화적으로 순진하다고 보드리야르는 지적한다. 즉, 과소비가 보편

자연을 대신한다는 '녹색 도시'.
자연이 있던 곳을 밀어 없애고 그곳에 나무 몇 그루를 심고
'green city'로 명명한다.

화되면 과소비는 더 이상 상류계급의 특권적 성질을 상실한다. 따라서 상류계급은 일반에 대하여 자신들의 차이를 부각시키기 위해 역으로 '과소소비의 행태'를 보인다는 것이다. 그들은 마치 과소비의 천박성을 간파했다는 듯, 자신들은 그런 저차원적 욕구 충족을 달관했다는 듯, 온갖 현학적인 관념들로 자신을 합리화하면서 과소비를 비웃는다. 이를 통해 과소비는 상류계급의 특권적 행태로 승격되고 검소함은 소비 중의 최고의 소비가 된다. 결국 소비는 '차이화'를 그 본질로 삼고 있음을 다시 한 번 확인할 수 있다.

보드리야르와의 만남을 마치며 그가 우리에게 하고자 했던 얘기를 간단히 정리해볼 필요가 있겠다. 그는 현대사회의 소비는 특정 사물에 대한 소비가 아니라 기호에 대한 소비, 의미에 대한 소비, 상징에 대한 소비임을 전하고 있다. 더불어 현대인은 소비를 통해 끊임없이 사회적 차이를 만들고, 나와 타자 사이의 구별짓기를 위해 한계가 없는 소비를 무한히 반복한다. 그는 소비에 내재된 성격과 특징을 이와 같이 규명함으로써 무심히 이루어지는 일상의 소비가 현대 자본주의 사회 운영 원리의 핵심임을 강조한다. 즉 그는 소비를 제대로 이해하지 않고서 현대사회의 성격을 얘기하기란 매우 어려운 일임을 말하는 것이다.

에필로그-1

공간 소비에 대한 단상

익선동, 성수동, 연남동, 을지로, 상수동…… 이곳은 2020년 대한민국의 소비문화를 대표하는 핫플레이스들이다. 많은 이들이 이곳을 찾아 시간과 공간을 소비한다.

사람들이 핫플레이스를 찾는 데는 이유가 있다. 거리엔 항상 걷는 사람들로 넘쳐나고, 개성 넘치는 상점과 공방이 이들을 기다린다. 카페엔 커피 볶는 향내가 가득하고, 골목엔 오감을 자극하는 이국적인 식당들이 즐비하다. 쇼윈도 앞엔 목을 빼고 구경하는 커플들이 있고, 주말엔 브런치를 즐기는 행렬이 이어진다. 이러한 모습은 모두 기록되어 페이스북이나 인스타그램에 사진으로 공유된다. 모두가 배우이자 관객이 되는 곳이다. 이렇게 2020년을 맞는 대한민국 핫플레이스의 풍광은 많은 이들이 선망하는 공간이 되었다.

핫플레이스로 대변되는 소비공간은 현대 소비사회의 특징을 읽어내는 공간적 매체로 기능한다. 현대의 소비공간은 공간 그 자체가 이미 소비의 대상이 되었다. '공간의 소비'는 현대 소비사회의 특징 중 하나로, 장 보드리야르는 이러한 특징을 '분위기의 소비'라 했다. 핫플레이스가 만들어내는 분위기는 하나의 기호가 되었으며, 현대인들은 이에 대한 소비를 통해 자신을 표현한다. 주말 휴일을 어디에서 어떻게 무엇을 하고 보냈는지는 이제 내가 누구인지를 얘기하는 또 다른 방식이 되었다.

공간에 대한 소비가 늘어나는 이유 중 다른 하나는 현대인의 일상 중 많은 부분이 전자매체를 이용한 가상적 공간에서 이루어지고 있기 때문이다. 이러한 사실은 역으로 구체적이고 실물적인 공간에 대한 체험 욕구를 증가시켰고, 마침내 도시의 거리는 구체적 물질성을 경험하고 사유하는 물리적 공간으로서 제 모습을 되찾게 되었다.

도시와 거리에 대한 경험과 사유의 역사는 19세기로 거슬러 올라간다. 독일의 문학평론가이자 철학자인 발터 벤야민은 그의 위대한 유작 《아케이드 프로젝트》에서 19세기 모더니티의 수도로서 현대도시의 원형을 보여주었던 파리의 모습을 기록했다. 19세기는 산업자본주의의 기틀이 확립된 시기로 아케이드, 백화점 등 상품의 세계로 인도하는 소비의 성전이 등장한 시기였다. 벤야민은 도시산책자의 걸음과 시선으로 이제 막 도시로 성장하기 시작한 파리의 풍광들(상품, 유행, 진열, 소비, 패션, 광고, 건축 등)을 세밀하게 관찰했다. 19세기 파리를 사유한 벤야민의 걸음과 시선은 핫플레이스를 찾아

나서는 현대 소비자들의 모습에 그대로 재현된다. 현대의 소비자들은 벤야민이 그랬던 것처럼 도시산책자가 되어 핫플레이스를 유랑한다. 이러한 맥락에서 거리의 산책은 현대 소비와 소비문화를 이해하는 중요한 매체가 된다.

거리의 산책은 속도의 강제로부터 벗어나 느림의 미학을 향유하게 한다. 최근 핫플레이스로 부상하고 있는 소비공간은 속도를 거부하고 산책의 느린 속도로 거닐 수 있는 곳, 작은 공방에서 문화예술인들의 작품을 만날 수 있는 곳, 낯설고 이국적인 음식과 풍광이 있는 곳에 만들어진다. 이것이 한데 모여 분위기와 기호를 만들고 사람들의 발길을 이끌며 핫플레이스로 등장한다.

그러나 한 시대를 풍미하며 수많은 사람들의 발길이 끊이지 않는 핫플레이스도 영원히 지속되지는 않는다. 물론 그곳이 사라진다는 얘기는 아니다. 다만 핫플레이스로서의 지위를 내려놓는다고 해야 할까? 그리고 더는 산책자의 시선으로 이국적 경험과 풍광을 찾아나서는 게으른 산책이 허용되지 않는다.

상점과 공방과 작은 카페에서 나누던 일상의 소소한 이야기는 대자본과 프렌차이즈의 규격화된 '포인트 적립'에 묻힌다. 이국적 체험에 대한 기대와 설레임은 계획되고 획일화된 상품과 서비스로 대체된다. 이렇게 우리는 도시의 거리 하나를 또 잃는다.

가로수길이 그러했고 경리단길이 그러했듯 대자본의 공습으로부터 속수무책이다. 초기 작은 상점들이 만들어냈던 가로수길의 문화와 정취는 이미 자취를 감춘 지 오래다. 이들은 세로수길로 그리고 또 다른 어느 골목으로 내몰리고 있다.

2020년 익선동, 성수동, 연남동 길에는 어떤 변화가 찾아올까?
모두가 잘 아는 대로 그렇게 변해가지 않기를 기대해본다.

에필로그-2

소확행을 넘어

계급사회가 시작된 이후 지금까지 사치는 세 개의 계급에 의해
주도되었다. 처음에는 성직자를 중심으로 종교 계급에 의해서였고
(이것은 고대 제의祭儀 과정에서 기원했다), 그 뒤를 이어 황실과 귀족이 사
치의 주체로 등장했다. 이들은 국가의 권위를 내세워 유적과 의복,
물건, 제의와 파티의 사치스러움을 통해 자신의 존재를 부각시키고
자 했다. 마지막으로 등장한 세력은 상인, 즉 부르주아 계급이었다.
이들은 무역과 상업이 발달하면서 권력은 없지만 엄청난 부를 축적
하며 사치 소비의 주역으로 등장한 것이다.

그러나 현대에 와서 사치 소비는 일반 대중에게까지 확대되었
다. 그동안 돈 많은 부르주아 계급의 전유물이었던 사치 소비가 이
제 마음만 먹으면 '누구나 누릴 수 있는' 것으로 그 주체가 크게 확

장된 것이다. 최대한 많은 사람들에게 사치의 세계로 들어가는 문호가 개방되었다. 이 과정을 앞당긴 것은 누구나 접근할 수 있는 중간재적 사치품이 대거 등장하면서부터였다. 매스티지Masstige, 맥럭셔리McLuxury등과 같은 신조어들의 등장이 이를 잘 보여준다.

자본주의 사회는 '욕망이 제도화된 사회'이다. 19세기 프랑스의 부르주아들이 그러했던 것처럼 현대인들 또한 모든 가능한 수단과 방법을 동원하여 사치의 영역을 확장하고 있다. 그렇게 되면서 이제 모두에게 통용되는 단일한 사치는 더 이상 존재하지 않으며, 각양각색의 대중을 위해 여러 층위를 가진 사치들이 존재하게 되었다. 이것은 사치가 더는 부자와 가난한 자, 지배자와 피지배자와 같은 고전적 대립에 기초하지 않음을 의미한다. 계급의 요구와 계급 구분의 논리들이 여전히 남아 있기는 하지만, 이것이 더는 사치 소비의 핵심적 이유가 되지 못한다. 이때부터 사치의 논리들은 주관적이고 감정적인 것으로 재구성된다. 즉 지금의 사치는 계급의 이미지보다 개인의 이미지 향상을 위해 복무한다. 이제 사치 소비는 사회 계급을 전제로 차별화하기 위한 전략이 아니라 개인의 쾌락과 감정, 감성 상태에 더 충실하기 위한 수단으로 기능한다. 이렇게 오늘의 사치는 개인적인 감정의 추구가 과시 욕구나 사회 인식의 욕구보다 더 중요해졌음을 보여준다.

최근 들어 우리 사회를 지배하고 있는 트렌드 중 하나로 '작은 사치'가 있다. 이것은 비록 값비싼 명품 브랜드의 옷이나 백은 구입할 수 없지만, 1만~2만 원대의 프리미엄 디저트는 먹을 수 있음을 통해 사치를 향유하고자 하는 현대인들의 소비 욕망이 전제되어 있다. 물론 여기엔 자신을 소중한 존재로 인식하는 '자기애' 또는 '자기존중감'도 깔려 있다.

이러한 '작은 사치' 트렌드는 그 모습과 내용을 조금씩 바꾸면서 최근까지 이어지고 있다. '욜로YOLO', '소확행', '나나랜드' 등은 출발지가 모두 비슷한 맥락을 갖는다. 최근의 현대인들은 소소한 일상 속에서 자신의 존재가치를 고양함으로써 작지만 단단한 행복을 얻고자 하며 이 과정에 '작은 사치'가 기능한다. 불편하게 들릴 수 있지만 이렇게 자본주의 사회에서 행복은 불가피하게 사치에 대한 욕망과 혼재되어 나타난다.

사실 사치에 대한 인간의 감정은 양가적이다. 우리는 사치를 동경하면서도 경원시한다. 모든 것의 럭셔리를 얘기하면서도 왠지 모를 거부감을 드러낸다. 사치에 대한 우리의 이중적 태도는 불편하지만 부정하기 어려운 진실이다. 이러한 맥락에서 오늘날 현대인이 추구하는 작은 사치와 소확행이 물질 소유에 대한 과시와 사물에 대한 사치에 그치지 않고, 자신의 감정과 경험과 사유의 사치로 확장해가기를 기대한다. 이를 통해 많은 이가 추구하는 소확행의 삶이 진정 풍요로운 삶으로 발전해가는 과정에 작은 돌다리가 되기를 희망하며 이 책을 마친다.

후주

1장 새로운 것은 언제나 옳다 - 유행

1 게오르그 짐멜, 김덕영, 윤미애 옮김,《짐멜의 모더니티 읽기》, 새물결, 2005, 57쪽.

2 같은 책, 59쪽.

3 지그문트 바우만, 윤태준 옮김,《유행의 시대》, 오월의봄, 2011, 35~36쪽.

4 박정자,《로빈슨 크루소의 사치》, 기파랑, 2006, 225쪽.

5 강신주,《상처받지 않을 권리》, 프로네시스, 2010, 321쪽.

6 게오르그 짐멜, 앞의 책, 57쪽.

7 같은 책, 57~58쪽.

8 김창남,《한국민족문화대백과사전》, 한국학 중앙연구원, 2011.

9 강신주, 앞의 책, 135~136쪽에서 재인용.

10 박기웅, 조정연, "현대 소비사회에서의 취향과 유행의 상관성과 대중문화의 역할", 한국 콘텐츠학회 논문집, 166쪽.

11 강신주, 앞의 책, 136~137쪽에서 재인용.

12 박상준,《에세이 인문학》, 케포이북스, 2016.

13 장 보드리야르, 이상률 옮김,《소비의 사회》, 문예출판사, 1970, 153쪽.

14 구본준, "19세기 파리, 근대성은 허상이다", 한겨레신문(2005. 3. 4).

15 이금희, "19세기 파리 백화점의 출현과 패션산업", 한국생활과학회지, 67쪽.

16 같은 글, 66쪽.

17 조지프 아마토, 김승욱 옮김,《걷기, 인간과 세상의 대화》, 작가정신, 2006, 291쪽.

18 이다혜, "발터 벤야민의 산보객 개념 분석: 아케이드 프로젝트를 중심으로",《도시연구: 역사·사회·문화》창간호, 2009, 108쪽.

19 같은 글, 108~109쪽.

20 같은 글, 113쪽.

21 발터 벤야민, 조형준 옮김,《아케이드 프로젝트》, 새물결, 2005, 1028쪽.

22 같은 책, 1015쪽.

23 김왕배,《도시, 공간, 생활세계》, 한울아카데미, 2018.

24 장 보드리야르, 이상률 옮김,《소비의 사회》, 문예출판사, 1970, 88쪽.

25 게오르그 짐멜, 김덕영, 윤미애 옮김,《짐멜의 모더니티 읽기》, 새물결, 2005, 47쪽.

26 같은 책, 36쪽.

27 강신주,《상처받지 않을 권리》, 프로네시스, 2010, 80~81쪽.

28 같은 책, 81쪽.

29 게오르그 짐멜, 김덕영, 윤미애 옮김,《짐멜의 모더니티 읽기》, 새물결, 2005, 41쪽.

30 같은 책, 42쪽.

31 같은 책, 43쪽.

32 같은 책, 49~50쪽.

33 같은 책, 50쪽.

34 강신주, 앞의 책, 88쪽.

35 강신주, 앞의 책, 87~88쪽.

36 같은 책, 90쪽.

37 이경훈,《서울은 도시가 아니다.》, 푸른숲, 2011, 244쪽.

38 같은 책, 40쪽.

39 이다혜, 앞의 글, 116쪽.

40 이경훈, 앞의 책, 13~14쪽.

41 같은 책, 59쪽.

42 같은 책, 40쪽.

43 유현준,《도시는 무엇으로 사는가》, 을유문화사, 2015, 291쪽.

44 유현준,《어디서 살 것인가》, 을유문화사, 2018, 132쪽.

45 장 보드리야르, 앞의 책, 130쪽.

46 유현준,《어디서 살 것인가》, 을유문화사, 2018, 125쪽.

47 이다혜, 앞의 글, 121쪽에서 재인용.

48 같은 글, 112쪽.

49 같은 글, 112쪽.

50 김홍진, "도시산책자의 미적 체험과 의미 범주",《새국어교육》80호, 600쪽.

51 같은 글, 603쪽.

52 윤미애, "대도시와 거리 산보자",《독일문학》제85집, 389쪽.

53 같은 글, 389쪽.

54 앤 미콜라이트, 모리츠 퓌르크하우어, 서동춘 옮김,《도시를 보다》, 안그라픽스, 2012.

3장 욕망의 탄생과 분출구 – 장소

55 김인호,《백화점의 문화사》, 살림, 2006, 13~14쪽.

56 이지은,《부르주아의 유쾌한 사생활: 탐구의 시대 현대의 발명》, 지한출판사, 2011, 213쪽.

57 같은 책, 210~211쪽.

58 같은 책, 175~176쪽.

59 같은 책, 177쪽.

60 같은 책, 178쪽.

61 이금희, "19세기 파리 백화점의 출현과 패션산업", 한국생활과학회지, 71쪽.

62 발터 벤야민, 《아케이드 프로젝트 1-파리. 19세기 수도》, 새물결, 2005, 72쪽.

63 김인호, 앞의 책, 8~9쪽.

64 이금희, 앞의 글, 71쪽.

65 가시마 시게루, 장석봉 옮김, 《백화점의 탄생: 봉 마르셰 백화점, 욕망을 진열하다》, 뿌리와이파리, 2006, 15~17쪽.

66 이금희, 앞의 글, 71쪽.

67 가시마 시게루, 앞의 책, 19쪽.

68 같은 책, 19쪽.

69 같은 책, 27~28쪽.

70 같은 책, 20쪽.

71 이지은, 앞의 책, 180쪽.

72 이금희, 앞의 글, 72쪽.

73 같은 글, 72쪽.

74 같은 글, 73~75쪽.

75 가시마 시게루, 앞의 책, 60~61쪽.

76 같은 책, 64~65쪽.

77 같은 책, 68~70쪽.

78 김인호, 앞의 책, 4~5쪽.

79 같은 책, 36~37쪽.

80 로버트 보콕, 양건열 옮김, 《소비》, 시공사, 2003, 151쪽에서 재인용.

81 강신주, 《상처받지 않을 권리》, 프로네시스, 2010, 135쪽.

82 김인호, 앞의 책, 48쪽.

83 가시마 시게루, 앞의 책, 65~66쪽에서 재인용.

84 같은 책, 66쪽.

85 김인호, 앞의 책, 16쪽.

86 김인호, 앞의 책, 4쪽.

87 박정자,《로빈슨 크루소의 사치》, 기파랑, 2006, 117쪽.

88 같은 책, 119쪽.

89 피에르 부르디외,《구별짓기: 문화와 취향의 사회학》, 새물결, 2006, 40쪽.

90 홍성민,《취향의 정치학》, 현암사, 45쪽.

91 같은 책, 45쪽.

92 같은 책, 77쪽.

93 원유선, "기호 가치속의 음악 박물관",《음악과 민족》44호, 121쪽.

94 같은 글, 124쪽.

95 같은 글, 133쪽.

96 발터 벤야민, 차봉희 옮김,《현대사회와 예술》, 조광석, "대중소비사회와 예술", 현대미술 학 논문집, 168~169쪽에서 재인용.

97 《월간미술》351호, 2014.

98 Ortega y Gasset, The Debumanization of Art, 조광석, "대중소비사회와 예술", 현대미술 학 논문집, 171쪽에서 재인용.

99 오진경, "팝아트를 중심으로 본 복제의 미학",《미술사 논단》, 2014, 136~137쪽.

100 같은 글, 138쪽.

101 같은 글, 139쪽.

102 진휘연, "미술과 일상성의 전치와 병합 — 팝아트와 후기모더니즘의 시작",《미국사 연구》, 2000, 130쪽.

103 같은 책, 130쪽에서 재인용.

104 오진경, 앞의 글, 141쪽.

105 같은 글, 144쪽.

5장 욕망 창조의 연금술 – 광고

106 이해익, "CEO 에세이", 머니투데이, 2007.

107 같은 글.

108 같은 글.

109 같은 글.

110 양정혜, 《광고의 역사》, 한울, 2009, 25쪽.

111 같은 책, 25쪽.

112 같은 책, 29~30쪽.

113 같은 책, 32쪽.

114 같은 책, 52쪽.

115 같은 책, 112~113쪽.

116 같은 책, 7쪽.

117 같은 책, 9쪽.

118 이정은, 《사람은 왜 인정받고 싶어 하나》, 살림지식총서 15, 2005.

119 강신주, 《상처받지 않을 권리》, 프로네시스, 2010, 144쪽.

120 김홍덕, "인간은 타자의 욕망을 욕망한다", 크리스찬저널, 2016.

121 노명우, 《텔레비전, 또 하나의 가족》, 프로네시스, 2008, 43쪽.

122 같은 책, 56~57쪽.

123 같은 책, 57~58쪽.

124 같은 책, 63~64쪽.

125 같은 책, 64쪽.

126 같은 책, 64~66쪽.

127 같은 책, 67~72쪽.

128 같은 책, 47쪽.

129 같은 책, 101쪽.

130 같은 책, 117~118쪽.

131 같은 책, 123쪽.

132 같은 책, 122~124쪽.

133 제임스 트위첼, 김철호 옮김,《욕망, 광고, 소비의 문화사》, 청년사, 2001, 27쪽.

134 박정자,《로빈슨 크루소의 사치》, 기파랑, 2006, 183쪽.

135 같은 책, 192쪽.

136 같은 책, 193쪽.

137 같은 책, 195쪽.

138 제임스 트위첼, 앞의 책, 14쪽.

139 이명석, "1인 미디어의 역사, 혼자 만들고 세계가 즐긴다", 한국콘텐츠진흥원, 12쪽.

140 같은 글, 13쪽.

141 같은 글, 14쪽.

142 같은 글, 14쪽.

6장 현대판 판옵티콘에 갇힌 몸 - 육체

143 장 보드리야르, 이상률 옮김,《소비의 사회 — 그 신화와 구조》, 문예출판사, 1970, 208쪽.

144 같은 책, 209쪽.

145 박정자,《로빈슨 크루소의 사치》, 기파랑, 2006, 231쪽.

146 같은 책, 231쪽.

147 박은아, "신체 존중감이 주관적 안녕감에 미치는 영향에 관한 비교문화 연구", 한국심리학회지(제22권 2호), 2003, 39쪽.

148 정희준, 권미경, "미디어 시대, 새로운 몸의 등장: 소비자본주의적 몸에 대한 사회문화적 고찰", 한국스포츠사회학회지(제20권 3호), 2007, 575쪽.

149 같은 글, 573쪽.

150 같은 글, 571쪽.

151 마이크 페데스톤, 김성호 옮김, "소비문화 속의 육체"(《문화과학》1993 가을), 정희준, 권

미경, "미디어 시대, 새로운 몸의 등장: 소비자본주의적 몸에 대한 사회문화적 고찰",
572쪽에서 재인용.

152   정희준, 권미경, 같은 글, 573쪽.

153   박정자, 앞의 책, 234쪽.

154   장 보드리야르, 앞의 책, 213쪽.

155   임인숙, "몸 자아의 소비문화적 연결방식과 불안정성",《한국사회》8집, 2007, 104쪽.

156   임인숙, "남성의 외모관리 허용 수위와 외모 불안 지대",《한국사회학》39, 2005, 93쪽.

157   임인숙, "몸 자아의 소비문화적 연결방식과 불안정성",《한국사회》8집, 2007, 104쪽.

158   고석주, 정진경, 조혜정, "외모와 억압",《한국여성학》8, 1992, 37쪽에서 재인용.

159   같은 글, 37~38쪽.

160   박정자, 앞의 책, 252쪽.

161   임인숙, "몸 자아의 소비문화적 연결방식과 불안정성",《한국사회》8집, 2007, 105쪽.

162   임인숙, "남성의 외모관리 허용 수위와 외모 불안 지대",《한국사회학》39, 2005, 89쪽.

163   같은 글, 89쪽.

164   이수안, "소비문화산업의 몸 이미지와 젠더화된 응시",《한독사회과학논총》, 2008, 202
      쪽에서 재인용.

165   같은 글, 205쪽.

7장   비합법적 사랑의 합법적 자식 – 사치

166   마르셀 모스, 이상률 옮김,《증여론》, 한길사, 2011, 28~29쪽.

167   같은 책, 30쪽.

168   같은 책, 101~104쪽.

169   김현자, "마르셀 모스의 '증여론'",《인문논총》제68집, 2012, 503쪽.

170   조르주 바타유, 조한경 옮김,《저주의 몫》, 문학동네, 2000, 32쪽.

171   같은 책, 62쪽.

172 같은 책, 62~63쪽.

173 같은 책, 71쪽.

174 같은 책, 148쪽.

175 같은 책, 151~153쪽.

176 베르너 좀바르트, 이상률 옮김,《사치와 자본주의》, 문예출판사, 1997, 91쪽.

177 같은 책, 14쪽.

178 같은 책, 38쪽.

179 같은 책, 45쪽.

180 같은 책, 66쪽.

181 같은 책, 91쪽.

182 같은 책, 92쪽.

183 같은 책, 146쪽.

184 같은 책, 168쪽.

185 같은 책, 169쪽.

186 같은 책, 172쪽.

187 같은 책, 175쪽.

188 같은 책, 176쪽.

189 조준현, "다시 읽는 자본주의 3, 마음껏 사랑하고 마음껏 사치하라", 국제신문.

190 같은 글.

191 같은 글.

192 같은 글.

8장 가치소비의 견인: 된장녀(?)를 위한 변명 – 젠더

193 질 리포베츠티, 이재형 옮김,《가벼움의 시대》, 문예출판사, 2017, 76쪽.

194 같은 책, 77쪽.

195 같은 책, 78쪽.

196 같은 책, 79쪽.

197 같은 책, 80쪽.

198 설혜심, 《소비의 역사》, 휴머니스트, 2017, 52~53쪽에서 재인용.

199 질 리포베츠키, 이재형 옮김, 《가벼움의 시대》, 문예출판사, 2017, 81~82쪽.

200 로버트 보콕, 양건열 옮김, 《소비》, 시공사, 2003, 152~153쪽.

201 설혜심, "여성과 소비의 역사", 《여성과 역사》 20, 2014, 261쪽.

202 같은 글, 262쪽.

203 같은 글, 262쪽.

204 권혜경, "현대 소비문화의 형성과정에 나타나는 젠더의 정치성과 고착화, 그리고 그 전
     복적 대응", 《영미문학 페미니즘》(제14권 1호), 2006, 8쪽.

205 같은 글, 9쪽에서 재인용.

206 같은 글, 9쪽에서 재인용.

207 로버트 보콕, 《소비》, 시공사, 2003, 151쪽에서 재인용.

208 권혜경, 앞의 글, 11쪽에서 재인용.

209 같은 글, 83쪽.

210 설혜심, "여성과 소비의 역사", 《여성과 역사》 20, 2014, 267쪽.

211 같은 글, 15쪽.

212 같은 글, 15~16쪽.

213 로버트 보콕, 양건열 옮김, 《소비》, 시공사, 2003, 153쪽.

214 같은 책, 153쪽.

215 같은 책, 162쪽에서 재인용.

216 같은 책, 166~167쪽.

217 모현주, "화려한 싱글과 된장녀: 20, 30대 고학력 싱글 직장 여성들의 소비의 정치학",
     《사회연구》 15, 2008, 52쪽.

218 같은 글, 42~43쪽.

9장 패션 민주화의 덫 – 패션

219 세계기독교박물관, www.segibak.or.kr, 성서사물.

220 다이애너 크레인, 서미석 옮김, 《패션의 문화와 사회사》, 한길사, 2004, 17쪽.

221 같은 책, 25쪽.

222 같은 책, 28~29쪽.

223 질 리포베츠키, 이득재 옮김, 《패션의 제국》, 문예출판사, 1999, 100쪽.

224 오렌지 망고, "지금 샤넬은 가짜다", 다음 브런치, 2019.

225 오렌지 망고, "지금 샤넬은 가짜다", 다음 브런치, 2019.

226 김윤태, 《시민의 세계사》, 휴머니스트, 2018.

227 "그가 스커트를 자르자 패션 혁명은 시작됐다", 중앙일보(2012. 8. 11).

228 유재부, "피플에게 '패션 민주주의' 선물한 칼 라거펠트의 '매스패셔니즘'", FashionN 칼럼(2014. 8. 15).

229 같은 글.

230 같은 글.

231 질 리포베츠키, 이득재 옮김, 《패션의 제국》, 문예출판사, 1999, 103~104쪽.

232 같은 책, 104쪽.

233 같은 책, 101쪽.

234 권오경, "당신이 입는 옷이 지구를 망치고 있다", 그린포스트코리아, 2018.

235 같은 글.

236 같은 글.

10장 소비의 계급적 진화 – 취향

237 양은경 외, 《문화와 계급》, 동문선, 2002, 124쪽.

238 소스타인 베블런, 김성균 옮김, 《유한계급론》, 우물이있는집, 2012, 138~139쪽.

239 원용찬,《유한계급론, 문화 소비 진화의 경제학》, 살림, 2007, 189쪽.

240 같은 책, 190쪽.

241 소스타인 베블런, 앞의 책, 183~186쪽.

242 같은 책, 209~210쪽.

243 원용찬,《유한계급론, 문화 소비 진화의 경제학》, 살림, 2007, 169쪽.

244 같은 책, 170쪽.

245 같은 책, 171쪽.

246 같은 책, 172쪽.

247 같은 책, 176쪽.

248 같은 책, 177쪽.

249 최유정, 최샛별, "소비의 계급적 지형과 그 함의: 식생활 및 의생활 영역을 중심으로", 《소비문화연구》, 2012, 122쪽.

250 같은 글, 122쪽.

251 같은 글, 76쪽.

252 피에르 부르디외,《구별짓기: 문화와 취향의 사회학》, 새물결, 2006, 380쪽.

253 홍성민,《취향의 정치학》, 현암사, 2012, 71쪽.

254 같은 책, 71~72쪽.

255 같은 책, 78쪽.

256 같은 책, 73쪽.

257 같은 책, 73쪽.

258 같은 책, 67쪽.

259 같은 책, 115쪽.

260 조광익, "여가소비양식의 분석을 위한 문화자본 이론의 적용", 한국관광학회, 2006, 396쪽.

261 배영달,《보드리야르의 아이러니》, 동문선, 2009, 22쪽.

262 같은 책, 109쪽.

263 장 보드리야르, 배영달 옮김,《사물의 체계》, 지식을만드는사람들, 2011, 276쪽.

264 배영달, "보드리야르의 초기 저서에 관한 연구",《프랑스문화연구》21집, 189쪽.

265 로보트 보콕, 양건열 옮김,《소비》, 시공사, 2003, 109~110쪽.

266 장 보드리야르, 이상률 옮김,《소비의 사회 — 그 신화와 구조》, 문예출판사, 1970, 77쪽.

267 같은 책, 78쪽.

268 같은 책, 113쪽.

269 배영달, "보드리야르의 초기 저서에 관한 연구",《프랑스문화연구》21집, 191쪽.

270 장 보드리야르, 이상률 옮김,《소비의 사회 — 그 신화와 구조》, 문예출판사, 1970, 80쪽.

271 같은 책, 81쪽.

272 같은 책, 81쪽.

273 같은 책, 87쪽.

274 같은 책, 88쪽.

275 같은 책, 128~129쪽.

276 같은 책, 130쪽.

277 같은 책, 133쪽.

지은이 윤태영

연세대학교 대학원 의류환경학과에서 '의상사회심리와 소비행동'을 공부했고,
〈한국 패션기업의 공급사슬민첩성에 대한 연구〉로 박사학위를 받았다. 현재 연세
대학교에서 〈현대 소비사회의 이해〉 등을 강의하며 겸임교수로 재직 중이다.
20여 년 이상 패션산업에 종사하면서 파리를 패션의 고장으로만 이해했던 무지를
깨닫고, 근대의 탄생과 도시, 소비자의 원형을 발견할 수 있는 보고로 파리를 새롭
게 사유하기 시작했다. 이와 함께 최근 4차 산업혁명에 기초한 '지속가능 패션'을
위한 연구에도 많은 관심을 가지고 있다.
Mail : yoon1227@yonsei.ac.kr

소비 수업

1판 1쇄 발행 2020년 2월 28일
1판 3쇄 발행 2023년 4월 1일

지은이 윤태영
펴낸곳 (주)문예출판사 | 펴낸이 전준배
출판등록 2004. 02. 12. 제 2013-000360호 (1966. 12. 2. 제 1-134호)
주소 04001 서울시 마포구 월드컵북로 21
전화 393-5681 | 팩스 393-5685
홈페이지 www.moonye.com | 블로그 blog.naver.com/imoonye
페이스북 www.facebook.com/moonyepublishing | 이메일 info@moonye.com

ISBN 978-89-310-2109-7 03300

∘ 잘못 만든 책은 구입하신 서점에서 바꿔드립니다.

문예출판사® 상표등록 제 40-0833187호, 제 41-0200044호